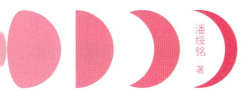

风痕

我与性社会学互构

潘绥铭 著

生活·讀書·新知 三联书店

Copyright © 2023 by SDX Joint Publishing Company.
All Rights Reserved.

本作品版权由生活・读书・新知三联书店所有。
未经许可，不得翻印。

图书在版编目（CIP）数据

风痕：我与性社会学互构／潘绥铭著．—北京：
生活・读书・新知三联书店，2023.8（2024.1重印）
ISBN 978-7-108-07586-4

Ⅰ.①风⋯　Ⅱ.①潘⋯　Ⅲ.①性社会学－文集　Ⅳ.① C913.14-53

中国版本图书馆 CIP 数据核字 (2022) 第 233439 号

责任编辑	王海燕
装帧设计	刘　洋
责任印制	卢　岳
出版发行	生活・讀書・新知 三联书店
	（北京市东城区美术馆东街 22 号 100010）
网　　址	www.sdxjpc.com
经　　销	新华书店
印　　刷	河北松源印刷有限公司
版　　次	2023 年 8 月北京第 1 版
	2024 年 1 月北京第 2 次印刷
开　　本	635 毫米 × 965 毫米　1/16　印张 24.75
字　　数	341 千字
印　　数	6,001－9,000 册
定　　价	63.00 元

（印装查询：01064002715；邮购查询：01084010542）

目 录

一点说明	001
1981—1988，我怎么开始研究"性"	003
无心插柳	003
研究之始：看，有设计地看	010
问卷调查，蹒跚学步	014
贵人相助	016
1987，社会性别理论的虹吸	019
论述女性的性权利	019
提出"性与性别的生命周期"	020
生命周期中的性生活	024
1988，从历史学到初级生活圈理论	027
性的载体，不是个人而是"圈"	028
性的差异是初级生活圈的建构	032
理论意义与学术论敌	034
1988—2004，从性学走向性社会学	040
"性"为什么值得研究	040
可怜天下夫妻情	043
从"性科学"脱颖而出	047
1989—2016，互动的性权利	050
从我遇到的故事说起	050

2008 核心观念：性的人权道德	052
2016：性权利的新解	054
1990—2010，预防艾滋病，我的参与和体验	**061**
初涉"界河"	061
专家一度	065
学相异，人和合	068
1991 年以降，致青春	**073**
七次调查：大学生的性	073
2010：调查全国少年之性	076
中国独一无二："单性别成长"	078
性教育：理念为先	079
90 年代：性关系研究	**082**
当今的二奶	082
专偶制剖析	085
1993，论证中国的性革命	**089**
发生的时机与背景	090
独生子女政策 = 性革命之母	094
总结与展望	096
1995・2006・2012，全性的概念确立	**100**
我的一波三折：性・性存在・全性	100
全性的基本命题与理念	102
全性的逻辑构成	106
1996—2018，反思调查与"论方法"的构建	**112**
学统计的感悟	112
求真的执念：绝不"假数真算"	115
社区考察与相处调查	118
求异法：《论方法》一书的精髓	119
生命在于质疑：挑战时髦学术	123

1997—2010，我在红灯区 … 126
- 怎么想起研究这个 … 127
- 倾心之作八本书 … 129
- 国内外的主要理论 … 134
- 我的纠结 … 140

1997—2018，性骚扰与性暴力研究 … 149
- 性骚扰：话语建构与主体建构之悖 … 149
- 性暴力问题深究 … 153
- 性的情感苛政 … 158

2000—2015，世界领先：四次全国总人口的性调查 … 160
- 世界领先，有目共睹 … 160
- 为什么能够代表全中国成年人 … 163
- 调查方法：我将心比心，你实话实说 … 169
- 善始善终 2015 … 174

2005·2011，性社会学，自立于学术之林 … 177
- 实至名归：1993 年研究所诞生 … 177
- 2005 和 2011：本学科的确立 … 180
- 42 辑之多的《研究通讯·研究丛书》… 183
- 我们师门：非孤独，乃独处也 … 187

2006 年始，学术回馈社会 … 193
- 社会培训：举步维艰 … 193
- 提篮小卖：我和李银河的巡回讲座 … 196
- 奖掖新人与抱团取暖 … 197
- 教学相长：专业培训与邂逅"性技巧" … 201
- 缘聚：我的草根朋友们 … 204

2007，主体建构论的萌发 … 207
- 基本的表述 … 208
- 理论来源与认知意义 … 209

主体建构的社会性别新论　　　　　　　　　　212
2008年起，反思西来理论　　　　　　　　　　　214
　　　西化：随波逐流20年　　　　　　　　　　214
　　　反思西方理论：南橘北枳　　　　　　　　216
　　　本土化：坐井观天还是酸葡萄心理　　　　223
2010，思维方式比理论更重要　　　　　　　　　224
　　　光谱式思维　　　　　　　　　　　　　　224
　　　个体差异大于整体区别　　　　　　　　　228
　　　四步条件分析法的研究思路　　　　　　　229
　　　从"公理判定"走向"多维建构"　　　　232
　　　整体论之殇：全性之全景　　　　　　　　236
2012，性与社会变迁　　　　　　　　　　　　　237
　　　社会变，性才变　　　　　　　　　　　　237
　　　性，是如何被政治斗争利用的　　　　　　238
　　　价值观："三国演义"中的我们　　　　　243
2013，"性化"理论的建构　　　　　　　　　　246
　　　21世纪中国的性化　　　　　　　　　　　247
　　　性化与社会性别　　　　　　　　　　　　257
　　　性化的意义与理论分析　　　　　　　　　259
2014，阴阳：本土性别之构建　　　　　　　　　265
　　　阴阳与性别：中西方的差异　　　　　　　265
　　　男尊女卑之基：女性被五种身份封死　　　279
　　　《金瓶梅》：女性的性竞争　　　　　　　280
　　　殊途同归：社会性别理论与阴阳哲学　　　283
2014，阴阳哲学中的"全性"　　　　　　　　　287
　　　儒道佛的性哲学　　　　　　　　　　　　287
　　　火之弱：男人的"恐阴情结"　　　　　　293
　　　水之情：女人的"惜阴意识"　　　　　　302

2015，主体建构论的确立 ... 305
性，只能由主体来标定 ... 305
主体建构论的哲理化表述 ... 309
全性的主体建构 ... 311
主体建构论的普适性 ... 317
最根本的主体建构 ... 325

2014—2018，播下另类的种子 ... 327
"民间性学"登上大雅之堂 ... 327
老年的性，不都是性的老年 ... 328
《我在现场》：研究者的心路历程 ... 333

2017，理论探求不负勇往 ... 337
决定论的各种理论 ... 338
建构论的视角 ... 341
互动论种种 ... 345
我的多元共振视角：性风采研究 ... 348
宿命："野路子"，难归顺 ... 351

2018，更进一竿：性的社会空间理论 ... 353
生活世界：性的理想、底线与景深 ... 353
性制度的社会空间 ... 358
合谋：性与制度的互构 ... 367

2019，刨根问底，继往开来 ... 370
基本假设必须重构 ... 370
性研究的元矛盾 ... 371
性社会学的元问题 ... 377
方法论的再出发 ... 379
我的未竟之业 ... 382

附录：一个性社会学家的自我修养 ... 383

一点说明

"性社会学"这个名称和概念不是来自西方,英文里没有这个对应词。在中国也不是我第一个使用。我开始使用这个词的时候也没有太多的学术根据,主要是1986年我从中国人民大学历史系转到社会学系之后,很需要为自己的性研究"正名",因此必须牢牢地抱住社会学这个大腿。此后,由于研究性问题的各路人马日渐增多,为了相互区别,我一直刻意地坚持使用"性社会学"这个称呼,不厌其烦地纠正大众传媒给我强加的"性学家"的帽子,虽然基本无效,却也坚贞不屈。

在国际学术界,与我所做的事情最接近的称呼是"性研究"(sexuality study),但是它的内容比我的研究要宽泛得多。我自己的研究只是越往后才越向"性研究"靠拢。因此在这本书里,我在回顾21世纪之前的研究时,更多地使用"性社会学",再往后则更喜欢用"性研究"。

作为学术性的回顾,本书不可避免地要罗列我发表的著作与论文。按照学术规范,必须注明发表的刊物与日期等细节,但是本书兼有我的心路历程的意义,对于一般读者来说,这些发表出处不仅毫无意义而且不胜其烦,所以我都一概省略,只留下标题和发表年份。如果有读者需要查证,互联网上一搜就有。还有很多英文文章,现在为了让中国人知晓,反正也要写出中文标题,索性就省略英文标题,只标注(英文)。

本书是学术自传(我的个人生活索然无味),主要为了留下史料,让有兴趣的读者和后学者能够查到,曾经有人做过这些研究。所以有些研究成果已经不那么新潮了，却是国内仅见，也就纳入本书了。

天有不测风云，因此在定稿之时，我把大多数当年的当事人、涉事者的姓名都处理过，只留下我自己无处可逃。

1981—1988，我怎么开始研究"性"

无心插柳

误入"歧途"

我出生在北京一个高级干部的家庭，但是九岁时父亲就因为"右倾"被发配到外地去了，直到我30岁才平反离休。所以我并非高干子弟，那个圈子也绝不认我。15岁到35岁，我平均三年左右就换一个居住地，所以只能说是北方人，而不是北京人。我当过红卫兵、狗崽子、农场工人、大集体镀锌工、工农兵中专生和机关小职员，所以哪个阶层也不像。

我的青春期始于"文化大革命"前，上的是北京五中，当时是男校，清一色的秃小子，所以对什么叫"无性文化"颇有些感受。下乡等于白下，并没有真正了解农民，也没有增加任何与异性交往的知识和经验，只是记住了一些东北和内蒙古农村的口头性文学。有一次听一个不太老的老头儿唱"十八摸"，大概我的学生气的反应太明显了，老头儿似乎自言自语地说：过去的人太穷了，娶不起媳妇，只好这么唱唱，快活快活嘴。后来我觉得，这才是我的性学第一课。

这种经历在我们那一代人里太平常太平淡了，甚至是很欠缺的，所以我觉得自己的生活经历跟日后研究性学，实在没有太大的关系。没有那么多必然性或者弗洛伊德主义，因为压抑只能产生躁动和盲动，追求知识只能由知识来启动。

1981 年，我在女儿八个月时，以同等学力考上了东北师大历史系的研究生并最终获得硕士学位。其实就是从初中生一步登天。研究什么？世界中世纪史。为什么？因为我在自学历史时（那时候还挺时髦），觉得只有这一段最糊涂。

此前的 1980 年我就考过一次，报考的是兰州大学赵俪生教授（1917—2007）的研究生，但是没有被录取。通知书寄给我的时候，被单位的同事给偷拆了，赵先生给我的专业课成绩居然是 72 分。这一来，单位的同事都公认"小潘是那块料"，都猜测我没被录取仅仅是因为名额有限。连领导也从此给我大开方便之门，在接下来的一年里给了我很多学习时间。我 1981 年去东北师大复试，就是单位找了一个出差的借口，给我报销了往返差旅费。

我虽然没有资格见赵俪生教授一面，但是他给我的这个 72 分，确定无疑是一种无言的鼓励，是对我这样的自学者的充分肯定，否则也就不会有我的今天。所以，在我自己可以招收博士生后，我也通过力争，招过两位以同等学力报考（就是没有硕士学位）的学生。

我的硕士生导师是郭守田教授（1910—1993），副导师是朱寰教授（1926—2020）和孙义学副教授。他们都没有说过为什么录取我这样一个半路出家的野路子学生。但是后来同学们传言，主要是因为我的英文笔译非常快，一小时笔译英文八页，赢了本系排名第一的那位女本科生。可是说实在的，我的英文绝没有那么好，只是我敢猜敢意会敢推演，那篇英文又是世界史专业的，所以只需要认得那些关键词，其他的内容猜也猜出来了，才得以如此一帆风顺。

上研究生是一种资格——看书和拜师的资格。导师郭守田教授不经意的一句话成为我的座右铭："一个人一辈子能干多少事？"正因如此，我才该抓紧干，至少把我占据的这点时空染上自己的颜色。也正因如此，我才不该期望过高，挨骂或无成果是必然的。

学世界古代史要从原始时期学起，东北师大保存了一大批 20 世纪

50年代之前的英文著作,所以我一扎进书库,就迎头碰上许多记载原始性风俗与性文化的英文书。看的第一本是什么已记不清了,但第一年中印象最深的是德国人弗林格尔1921年写的《原始人的性生活》。

弗林格尔在性学史上没有多高地位,在人类学史上的地位,我也还没有考证过。但当年把我"震住"的,并不是他的议论,而是他所记载的,我这个中国已婚男人别说知道,就是做梦也梦不出来的那些千奇百怪的人类性行为。例如,我一直不能不对爪哇男子在自己阴茎上横穿六个窟窿,再插上六根小木棍,以示其美感到强烈的好奇;不能不对地中海西岸一些部落的母亲居然会用嘴含着青春期儿子的阴茎,以使他平静下来感到惊讶;甚至无法想象南美母亲在破身仪式上掏出并吃掉女儿的处女膜时,该是怎样一种情景。

当年的震惊,现在很难描述。我不知查了多少英文熟词,甚至有好多次为增删一个字母再去查字典,因为我无法相信这是真的,生怕是我理解错了或者书上印错了。再早下乡的时候,有一个男知青姓焦。别人常故意问他:你贵姓?他总是回答:姓焦。别人就偷笑。直到后来全连男知青差不多都狂笑时,我才明白,原来是"性交"!(现在想起来,还为焦某扎心。)这就是那时我的性知识基础,怎么经得起上述"性描写"的狂轰滥炸?

一旦知道,就更好奇。我写第一本书时用过和没用过的资料卡片一共有5100多张,全都是读研究生时一笔一笔手抄下来的(那时候没有电脑)。有一次回家,小偷摸到我兜里装满卡片的笔记本塑料皮,以为是钱,连试四次终于偷走。这大概是我第一次对别人进行"性教育"吧,但愿他看不懂。

后来我又查到一套30卷的《东方圣书》。除了神奇的印度经典(例如《卡马经》,又译作《爱经》,我就是在这套书中第一次读到),我发现居然还有中国道教的一些性的教规。这是我第一次接触到"房中术"的皮毛。但当时既不了解道家史和道教史,也不知道还有房中术此物,再加上英文很难返译成准确的中文原文,当时并未深究。直到1985年,我表兄留学牛津，寄回来国外博物馆里保存的一些中文原件的复印件，我才开始真正了解房中术和中国古代性文化。

毕业后，一切似乎都顺理成章了。1985年，中国人民大学号召青年教师开设新课，我就报了一门"外国性观念发展史"，没想到系主任专门在大会上予以了表扬。于是我就在9月开讲了，而且是本科生的必修课。学生骂我"脸皮厚"（首届学生语），也得听。此后，副业和隐业就变成了正业和显业，除了1989年下半年停了一学期课外，一直讲到2013年年底我退休。早在1987年9月，我的课程就已经扩展为本系研究生的必修课"对于性存在的社会学研究"了。随后的一年，我的课程又扩大为全校硕士研究生的选修课。到1991年，这个课程就从社会学系的必修课扩展为人民大学全校的本科生选修课。如果加上成人教育和干部进修班，听过我的课的人已经超过孔夫子弟子的人数了。

讲性也有窍门，既是切身经验，又是授课法总结。在讲一个学期（68课时）的内容时，我总是在第一堂课就狂轰滥炸，把人类性行为的一切细节通通倒出来。否则，听课的人一周受一次刺激，就根本无法听其中的学术了。这叫强制脱敏。刚开学时，就连已婚研究生都喊受不了，但到期末时，即使纯情女生也能讨论《金瓶梅》中的性细节了，而且脸不变色心不大跳。当然，如果只是一次讲座，那就要把性细节放到最后，可怜天下害羞心嘛！

1981年我最初接触性学资料时，是对性感兴趣，尤其对性的历史感兴趣。1985年我在中国人民大学首次开设和讲授"性社会学"课程时，是对人的情况感兴趣，所以从1986年开始就全力投入到社会调查中。但是，大约在1988年夏天，几个不眠之夜后，我对自己说：如果你能把性说清楚了，那还有什么不能说清楚？到1991年调查大学生的性行为时，我已经能够在自我介绍时自觉地说出：我只对性学的后一个字感兴趣，只对人类和人类之谜有好奇心。

我从来没有相信过弗洛伊德的学说，但我一直渴望着有一天能像他那样自豪地宣称："没有人像我这样，把深藏于人类胸膛里的半驯化的魔鬼的大部分罪恶都召唤出来,并寻求与之奋力搏斗;也没有人能像我这样,指望着经过这场搏斗而不损毫发。"

最大的苦恼是学术进展上的,是不是这块料的疑问会一直伴随着我走到退休那一天。

对我这个人,我也该有一些起码的交代。不过,那都是自我感觉啊。

我的外表年龄比实际年龄至少大15岁。这对我的工作有利。世界上只有两种职业是越老越受人欢迎,一是医生,二是教师。我不是医生,但是总有些朋友来找我,帮他们解决一些隐私问题,所以也算跟"医心者"沾边。我常做调查,外表老一些更好。年轻的觉得可信赖,年老的觉得有共同语言,女同志有安全感。

我的性格至少是有一些孤僻,宁可独处,不喜欢聚,因此得罪过一些朋友。我不大可能成为一个好的调查专家。除了调查任务逼迫之外,我基本上是待在家里看书、写东西和想事情。过去一直住在父母家,只有10.5平方米的一间屋,1993年春节才在人民大学分到一套两居室的住房。

我和妻子是毛主席做的大媒——"文革"中因下乡而相识相爱。她是乡镇的店员之女,我从她和她家获得了许多乡镇生活的知识。她当年是会计,自从我上研究生开始,她挣的钱就一直比我多。她并不想搞学问,但她始终相信我做的一切都是正经事和好事,直到今天她也没有逼我下海捞钱,而我的两位很有前途的小师弟,都因为后院起火而事业夭折了。

我们赶上了独生子女国策。女儿一出生就拿了100元独生子女奖金。她长大后会有自己的事业选择,我早下定决心,绝不干涉。[①] 时至本书写作之时的2019年,我女儿事业有成,生活幸福,我帮忙带外孙子,也可以重温她成长中的温馨。

[①] 以上这些内容发表于《传记文学》(1994年5月),是我最早的一个回忆,因此更加可靠。撰写本书时增加了一些细节。

偶遇体制

1988年5月，我的第一本专著《神秘的圣火》刚刚出版，没想到首先得到的读者反馈来自海关。当时国家海关的一位科长找到我，想讨论一下进口邮检中如何把握审查色情品的尺度。刚谈两次，我在英国留学的表兄的邮件便被检查出来了，是给我寄的一些中国古代房中术的资料，其中有几张秘戏图。那位科长打电话告诉我，这次予以放行，但下不为例。当然，换了我也会这样做的。

现在回想起来，当时我们讨论得已经非常深入了。我记得我还搬出马克思主义来说事。"文革"中我曾经认真地读过一点书，记得恩格斯同时代的哲学家伯恩斯坦说：原始人没有衣服可穿，所以裸体不为羞耻。后来人类为了防护身体才穿上了衣服，结果习惯成自然，谁再裸体就不道德了。可是恩格斯却大怒，批判他是修正主义和唯心主义。我当时惊诧不已，我觉得伯恩斯坦说的没错啊。后来再去读恩格斯的《家庭、私有制和国家的起源》才明白，原来恩格斯认为，是因为私有制和专偶制（一夫一妻制）把性和性器官也"私有化"了，所以才不可以当众裸体。随着私有制被消灭，人类的裸体美会重放异彩。我和那位科长一谈，他也读过恩格斯的那本书，于是我们两个哈哈一笑。

到了1988年9月，当时的中宣部提出了一个主张：以往的"扫黄"都是行政部门自行制定标准进行判罚，这造成越来越多的被罚者不服气，说自己的产品并不"黄"。可是当时又没有任何相关的法律，因此需要建立一个专家委员会来进行判定，以平民怨。这在当时是顺理成章的事情，而且很得民心，于是就有一位中宣部的年轻人找到我，邀请我参加这个委员会。没错，他是我的读者。

1988年12月27日，新闻出版署发文，这个"色情品鉴定专家委员会"正式成立，而且在媒体上发布消息。我是19名委员之一。据我的那位读者说，本来我是被剔除掉的，后来是他建议说既然是委员会，也需要有一点反对意见才像那么回事，所以我方得加入。

可是，这个专家委员会没有召开过一次会议，更没有进行过任何活动。它仅仅是20世纪80年代特殊时期的最后一点回光返照，随后就自生自灭，音讯全无。可是我自己太天真，过早地对外说出我的委员身份，结果在整个90年代里，别人在介绍我的时候都格外提到这个头衔，而且往往认为我是"鉴黄师"，问我一天要看多少部"毛片"。由于身在这个虚设的委员会，我在80年代后期也曾经写过关于色情问题的文章①，而且头脑中不由自主满是传统思维。不过委员会解散之后，我也就金盆洗手了。

随后我参加过的第二个专家委员会是民政部的婚姻家庭专家委员会，成立于90年代初。我是80年代末期在北京市做过婚姻家庭的研究，还得过奖，所以才被选拔进去的。这个委员会开过几次会，也持续工作着，只是我自己的研究越来越脱离婚姻家庭，参加活动的积极性大减，所以大约2002年的时候，换届之后的委员会就没有我了。当然这不会有人通知我的，是我自己看到新发布的名单才知道的。

到1988年年底，在我还企图"混迹于"普通老百姓当中的时候，我去深圳（那时候还要办理和查验"边防通行证"），检查我的那位警察问我："最近写什么新书啦？"这让我第一次明白自己的真实处境——因为办理这个通行证的过程中，从来没有人问起我的职业与工作情况。后来我听朋友说，这种故意让你知道自己被监控的做法，往往是一种"预警"。后来我在出国或者与国际组织交流的时候，又屡次遇到过。直到2000年之后，对我们研究所的几次重大审查，反而不再找我了。我到现在也不知道，这究竟是意味着我过关了，还是我根本就轻如鸿毛，无须一顾。

总之，这几颗流星，把我从青春期带入了成熟期或者说油腻期。

---

① 《性描写与性犯罪》（1987）、《性信息的传播、交流与性犯罪》（1988）、《色情录像对夫妻心理的危害》（1992）。

初战告败

下决心走进性社会学之后，虽然没有什么理论指导，但是我本能地觉得需要做社会调查才行。于是早在 1983 年还在东北师大读研究生的暑假，我就通过朋友，联系到当地一位作家，由我来付钱，请他带着我去内蒙古土默特地区的"后山"，去探察民间"酸曲"——就是带有性描写的"爬山调"（类似陕北的信天游）。可是才到武川县的第一天，那位作家跟我熟了一点，就坦率地告诉我说："你这样调查不行。你不像我，我是作家，我只要来了就有收获，就能写东西。你呢？你要的酸曲，就连我都不会唱给你听的。"我在他亲戚家住了一晚，第二天一早就灰溜溜地滚蛋了。

后来我还试图回到我在黑龙江下乡的地方，去调查当地的"大车店"。因为在我当知青的时候，住在那里面的男性"车老板"们会自发地表演各种"荤转子（二人转）"，其实就是模仿各种性交动作，载歌载舞，绘声绘色，应该是难得的民间性文化。可是我连当年的当地朋友都找不到了，只得作罢。

这些失败的经历，从学术上来说，使得我终于明白了社会学的研究不需要像人类学那样融于当地生活；从人生经验来说，促使我认清了自己的性格弱点，彻底断了任何文学或心理学之妄念。我曾经在 1978 年写过一篇"伤痕文学"小说，用我老婆的名字发表在呼和浩特市文联的杂志《山丹》上。这一度误导过我，否则我会早两年转向学习历史，也就会早一些考上研究生和踏入学术之门。

研究之始：看，有设计地看

这些失败的经历也促使我发现：观察，单纯的观察也可以作为独立的调查手段，但必须有明晰的理论假设、调查设计和操作规范，才可能获得有学术意义的成果，才不致流于文学化的"大透视"或"面面观"。

社会对于异性亲昵行为的宽容度

20世纪80年代末期,城市公园里异性间亲昵行为的增加是有目共睹的,评论甚多却无研究。因此,我按照这样一套指标体系,进行了观察:

1. 把当事人的亲昵举动划分成十个"行为等级";
2. 把周围是否还有非情侣的别人、离当事人有多近、是路过还是驻足久留、当时的可见度(天色与有无遮挡)等因素综合成十个"场景等级";
3. 行为与场景的乘积就是该对象的"综合等级";
4. 加权平均求出该公园该时期的"总体等级";
5. 用中位数标识出人们实际的"亲昵界限";
6. 历时态地计算出不同城市的发展曲线和总曲线。

这项观察在1985—1989年的每个夏天,在北京等六城市的13个公园中,在日落之前(20米之外可以看清观察对象的眉眼)实施,共观察了23532对情侣。观察结果很有意义,因为它说明的绝不仅仅是当事者有多么"勇敢",更是周围人(代表社会)有多么"宽容",而且只有把两者综合起来才能说明这一侧面的性文化的总状况和历史发展。但这个结果并不是最重要的,引起国际学术界注意的是思路、指标和量化测算方法,尤其是实施观察中的一套操作规则。

1. 不允许在日落后或者绕过遮掩物去观察,因为那时的场景与人们在屋里床上是一样的,观察毫无意义。
2. 一切行为等级均以观察者的第一眼所见为准,不得超过三秒。行为等级还包括仅仅是并肩而行,不得略掉。
3. 观察场景前经过现场试验,估测观察对象与周围人之间的距离时,精度单位为二米。
4. 在每个公园里都确定最佳的和不变的巡视路线,不得绕道而行;巡视间隔不少于半小时,以免重复观察。
5. 巡视中,20米以外的对象不予记录,以免失真。

6. 当场在手心记下行为与场景两个等级数。

这样观察所获得的结果，实证了80年代后期，中国社会对于"公然亲昵"的宽容度在不断增加。这个研究的结果，我写成了文章发表①，同时也发表了英文论文②。

对"小姐"③实际规模的测定

这是我1997年在东莞某镇，运用定时定点监测统计的方法，对该地有性交易的发廊的经营情况的观察记录，然后加以统计，推算出小姐的实际规模，发现其活动特点，确认活动规律。观察的重点是小姐们可见的活动。

这样做是因为：在目前所见的有关研究成果（包括我过去的研究）中，相当多的研究者仅仅是根据被调查者的主诉来记录、分析和议论的。例如，一个地方的卖淫场所究竟有多少个，是询问当地人而获知的；一个卖淫场所一般有多少小姐和嫖客，经营规模有多大，特点和规律是什么，等等，都是询问当地有关人员才知道的。

这样，研究者就变成了一个简单的询问者和如实的记录者，降低为初级新闻记者，甚至可能降低为奇闻逸事的搜集者。这是因为，哪怕研究者询问的是性工作者本人，哪怕对方肯于说出一切实情，但是她们并没有真的去现场调查和统计过此地的所有小姐人数。她们所说的"整体情况"，其实只不过是她们自己的估计而已。虽然她们的估计可能比局外人的估计更准确一些，但是如果研究者并没有对她们的主诉进行过核实与检验，那么研究者据此所做出的一切分析，其实还是不比初级记者高

---

① 《公然亲昵的种种心态》（1989）。
② 《中国城市公园里异性公开亲昵的定量行为分析》（英文，1993）。
③ 下文以及全书中不断出现的"小姐"、"红灯区"、性产业等名词，在官方的正式用语中被统称为"卖淫嫖娼"。我所使用的是现实生活实践中的民间说法。小姐，就是职业地从事性服务工作的女性。妈咪，是在某个娱乐场所里管理小姐的女性。鸡头，一般是男性，是招收和管理小姐的人。红灯区，是指在某个明确的地理范围之内，性服务场所相对集中的区域。性产业则是泛指一切提供性服务的行业。为了行文流畅，就不再一一加引号了。

明多少。

例如,在当地某度假村的歌舞厅里,我也问过那里的酒吧男服务员:"这里每天大约有多少个三陪小姐?"他回答说:"平时200个,周末300个。"我又问他:"您亲自数过吗?"他赶快说:"没有,从来没有。"实际上,我在那里现场清点的结果是当晚只有76个小姐先后进来。那个服务员显然并不是故意欺骗我,但他所提供的数字,却是真实情况的三到四倍。

我所进行的定点的、时段的和时点的观察记录,就是为了核实与检验在访谈中所了解到的,当地性产业的共性的东西。

我首先选择一个进行监测的地方。它既要适于长时间的监测,也要比较隐蔽,尽量不被监测对象发现;还要能够尽可能多和尽可能清楚地观察到对象。

使用"历时态、定时点的监测"的方法,就是从某一时点监测到另一时点,把这段时间里的所有情况累计,得出一个总的数据。运用这种方法可以观察到,在同一个地方,在不同的时点上,到底发生了什么样的变化。

运用这种方法,我在将近一周时间内,在两个不同的监测点,对十间发廊分别进行了监测,获得了如下结果:其一,在这十间发廊里六天的各时点平均小姐人数;其二,在六天里进入这十间发廊的男人比例(%)。

根据这两个数据,把所得到的总数除以监测的总时间,再除以监测的发廊总数,就得出这样一个很有意义的平均数——在一间发廊里,在一个小时之内,究竟发生了多少次性交易。据此就可以计算出"发廊中性交易的成交率"——每个小姐每天平均只不过有0.26次性交易。

这个数字,虽然并不能代表该地所有发廊在所有时间内的所有情况,但是可以给人们提供一个推算的基础,以便人们更正确地估计性产业的规模,不至于过分夸大或者过于低估。据我所知,使用这样的方法得出这样的数字的,在当时的中国还没有过,过后也没有人再用过这种方法。①

从上述实例可以看出，对某些难以通过访谈或问卷调查的性现象或涉性现象，完全可以实施观察。例如传媒炒得很热却从不去研究的"三陪"现象、自发保姆市场中的涉性交易、饭馆商店利用色相招揽顾客或推销商品、具有性意义或性别意义的街头广告对路人的影响、"性商店"中主客的行为方式、脱衣舞的观众的反应等。总之，一切用公开行为来表现的涉性现象，性社会学都可以用观察法来研究。

但是，观察法的局限性也是尽人皆知：很多情况下，根本无法观察。我曾试图运用上述的观察法，考察北京王府井一带当时闻名遐迩的被称作"金三角"的那三家五星级大酒店的娱乐场所，去观察小姐们的活动。但是在那种昏暗嘈杂的环境中，又不了解男女双方讲价的方式，还没有任何圈内人的指点，所以我连去四个晚上，只偶然听到小姐之间的交谈，此外一无所获。

问卷调查，蹒跚学步

1985年，我在中国人民大学历史系开设了"外国性观念发展史"的课程，开始了我的性社会学的研究生涯。我那时的奋斗目标就很明确，讲历史最终还是要研究当下中国的性问题，因此还不如直接去了解现状。另外，我那时已经看了许许多多关于性的抽象思辨和议论，不免产生疑问：这些议论的依据何在？与其我们瞎吵一顿，还不如首先调查一下人们在实际生活中究竟在干些什么。于是我在1986年就开始了自己的首次问卷调查。

那时候，我对于社会学和社会调查完全是门外汉，也没有什么可以借鉴的，就自己拍脑袋设计了一个有40道问题的问卷，基本全是直接询

---

① 21世纪以来在预防艾滋病工作中开始推行"mapping"，就是在地图上标出性产业场所的位置与从业人数。据我作为专家委员所知，各地基本上都是借用卫生督察的权力，直接闯进那些场所去问，不再需要我那种学术研究的笨办法了。

问性生活细节的。那时候还没有电脑,更没有激光照排打印,我是请私人朋友任×林的老婆,用铅字打字机打在蜡纸上,再找另外一个朋友,在他的单位里印刷出来。然后,我就发动所有认识的人去找亲朋好友,帮助我在北京范围内散发和回收,最后回收了614份问卷。但是由于还没有电脑,我只能手动统计出最简单的百分比,根本无法做任何相关分析。其实,我自己马上就看出来,这些百分数什么也说明不了。因此,这次调查彻底失败,那些百分数也从未发表过,后来就遗忘了,只保存下来一些当年手打油印的调查问卷,也许在印刷发展史上勉强可以作为文物。

我第一次成功进行的调查是在1988年,其中三分之二的被调查者都是在"性科学培训班"里听过我讲性社会学的成人学员,共计603人。那时我对计算机和统计学一窍不通,全靠我的同事朋友史希来,后来他一直手把手地教我,直到1991年,我能够独立处理和分析调查数据。

第二次问卷调查是1989年年初,谭深[①]带领我和史希来、周孝正去上海,随机抽样调查了参观"人体油画大展"的19万上海观众。[②]

第三次是1990年,北京妇联的商兰果帮助我获得了北京市哲学社会科学"七五"规划的一个项目"北京市婚姻新情况的调查研究",随后她通过妇联系统,在北京市区的17个居委会里进行调查,有效回收927份问卷,1993年完成报告,获得北京市哲学社会科学优秀成果一等奖,还用英文发表了论文[③]。

后来,调查的速度就加快了:对全北京所有大学生的抽样调查、运用《金西报告》中的问卷对中国读者的调查、对南方三城市非婚性行为的调查。这些调查也越来越好,调查的设计越来越合理与精细,许多重要的相关关系被发现了,一些可能性很大的原因可以推测出来了。

调查来调查去,我逐渐发现,当时中国的性研究虽然也很缺乏调

---

① 时任中国社科院社会学研究所的编辑,她自己也从事调查研究,这次调查就是她的课题。
②《中国人对三种性展示物的接受程度与效果》(英文,1993)。
③《中国妻子性高潮频率的影响因素分析》(英文,1993)

查,但更缺乏的是理论,尤其是提不出较好的假设,甚至根本说不清自己想调查什么。例如我的第一次调查,后来看来幼稚之极,把性知识水平、性观念取向、性行为实况全都混在一起来调查,而且自己也不知道它们之间可能有什么关系。结果只能算出来一些简单的百分比,例如有多少人看过色情录像,有多少人用过后面进入的性交姿势。更要命的是,这些百分比不但不能代表全体中国人,而且根本无法解释人们为什么会这样做。当时我在基本理论上进展甚微,还无法提出好的假设。这样逼来逼去,我似乎被迫又转回去,重新思考那些当年非常诱惑我的"大问题",所以才有了后来的一系列概念和理论模式。

贵人相助

我常说,我这辈子总遇到高人,而且都是女性。就说说 20 世纪 80 年代的事情吧。

第一位是听我课的人民大学新闻系的女研究生。我讲课时使用"非婚性行为"这个词,她当场就说:"干吗老是用这个词?就没有'非爱性行为'吗?为什么不说?"说得我心服口服。

第二位是我在北京陶然亭游泳场遇到的一位穿三点式的女性。因为在游泳场门口的大牌子上写着"禁止三点式",我就问她:"你怎么敢穿呢?"她说:"这个(三点式)不是我敢穿不敢穿的问题,是你敢看不敢看的问题。"说得我心悦诚服。

一直有些朋友(尤其是外国的)关心我所遭受的阻力甚至磨难。其实没那么多,更没那么严重。当年历史系的教研室主任劝过我停课,老一辈先生发过火,相当高的头头下令调查过我的调查,公安和保安审查过我的身份,但是,一来我解释清楚后就再没有什么,二来这都是他们的职责使然,三来这些并没有对我构成压力,更形不成阻力,说它干吗?倒是后来 90 年代中后期出现"性学热"后,有位记者问我:当初的选择是不是因为新学科更容易突破?我只好说:现在这么想还差不多，你太年轻，不明白我的那个根本无从选择的时代。

知情人最好奇的并不是我"讲性"，而是在人民大学这样的学校里，怎么会有人能"讲性"呢？为什么李银河当时在北大就开不出这样的课程呢？这就没有什么必然性了，完全是偶然性。1985年批准并且鼓励我开课"讲性"的那位历史系的系主任李文海教授（1932—2013），后来荣任人民大学的党委书记和校长（1987—2000）。虽然他老人家再也没有提过这件往事，但是也从来没有明确地否定过。结果，下面的某些人虽然屡次试图停掉我的这门课程，但是终归没敢下手。

其实，我与李文海校长不但没有任何私交，就连偶然见面还是在学校组织的疗养期间，而且只有一次，以后再无交集。本书写作以前的30多年，我从来没有说过这个过程，生怕给老校长带来任何麻烦。现在老校长已经仙逝，我再不说，就对不起他老人家了。

此后，承蒙曾任人民大学副校长的郑杭生教授（1936—2014）的厚爱，我才能从历史系转到社会学系，从而创立和推进性社会学这个分支学科。郑杭生教授曾经在2005年一次会议的开幕词中回顾道："1987年，在我担任中国人民大学社会学系主任期间，潘绥铭从我校历史系转到社会学系。当时他已经专门研究性社会学而且做出了成绩，当然也受到了一些非议。我的态度非常明确：从社会学的角度来研究人类的性现象，不仅对于社会转型与社会的良性运行是必要的，而且也是建设具有中国特色的社会学学科所必需的，应该大力支持。"

当然，反向的相助也属遇到贵人，因为人家把我当回事。20世纪最初十年，在预防艾滋病领域中有一位老先生，他最主要的主张就是使用安全套来预防艾滋病是不可靠的，应该实行"洁身自好"。因此他也就到处批评我，说我主张性自由，促进艾滋病传播。这本是言论自由，我也曾经在一次会议上当面反驳过他，很伤老先生的面子。但我没想到的是，老先生居然几次三番地跑到人民大学来告我的状，要求"处理"我。在科研处处长跟他谈过之后，他仍然三次来找校长，到了第四次，是郑杭生教授作为副校长跟他谈了，他才作罢。

其实郑老师从来也没有告诉过我这件事。是过了很久,有一次他谈起老年人的固执,就举这例子,说老先生这一代人不懂得以辩论取胜,只相信组织处理就可以批倒一个人的学问。但是郑老师并没有说出他的名字,是别人问起,他才点头的。只可惜,我不知道他是怎么说服老先生的,也许是点通了他们那一代人的灵犀吧。

我的几本关于小姐的专著,全靠阮芳赋教授[①]帮忙,在台湾出版;还有的研究专著则是靠李丹[②]帮忙,在香港出版的。

---

① 改革开放后第一本《性知识手册》的作者。
② 翔凤文化节策展人。

1987，社会性别理论的虹吸

在我刚刚开始研究性问题的20世纪80年代后期，西方传入的社会性别（gender）理论风起云涌，几乎是一夜间就占据了我的整个脑海。1995年世界妇女大会在北京召开之后，几乎一切与性别或者妇女有一星半点儿联系的研究，都不得不套用和遵从社会性别理论。我也不可能例外，所以我在那个时期做过如下的一些研究。

论述女性的性权利

1987年，我发表了《女性性权利的历史命运》一文，在国内首次提出了这个问题。随后发表了一系列文章。[①]

除了这些文章，我从1985年开始不断宣讲的课程"性社会学"里，还从人类的性进化开始，详细地论述了女性性权利特有的生物来源与生理依据：女性乳房的进化、阴蒂的发达与性高潮的出现，才足以带来"性的男女平等"的客观要求。这些内容至少占据两个课时，还配有

[①] 1988年4月到1989年12月，在《分忧》上连续发表系列文章九篇：《女性的性权利是如何丧失的》《主动，也是女性的性权利》《少女的性权利》《未婚女性的美与爱》《结婚，不等于性屈从》《弱者无权利》等，每月一篇。此外，还有《少女也有性权利》（1988）、《女性性高潮频率的心理与行为因素》（1994）、《中国性与社会性别的背景与探索》（英文，1995）、《技术上的"处女"，社会的耻辱》（2004）、《"失贞"仍然在残害女性》（2004）、《不能用爱体会"性暴力"》（2004）、《性也需要男女平等》（2007）。

图片。

这些知识是女性这个社会整体的安身立命之本，也是任何一个女性个体享有"性福"的认知前提。如果不讲清楚女性特有的性进化，还是按照哺乳动物的特质来看待女性，那么整个女性主义，就都是空中楼阁。

因此，我坚持不懈地讲了整整 33 年，直到 2018 年春天我因病而止①。这样的课程，我不仅仅是在人民大学和其他高校的课堂里讲，也不仅仅是在学术界的各种培训与演讲中讲，而且还成功地打入社会上的两个纯粹商业化的、高收费的"女性精英讲习班"，并且连续讲六期，把听课的大约 300 位女性精英震得不轻。

让我耿耿于怀的是，据我所知，直到 2010 年的学术圈和高校里，全中国仍然只有我一个人在讲这样的内容。②我曾经多次在讲课中感慨：这是女性必备的知识，却只有我一个男人在讲，而且从大老爷们讲成"油腻男"再讲成糟老头子，还是"孑然一身"，四顾茫茫。所以我只能斗胆猜测：那些羞于或耻于讲"性"的，无论打着什么旗号的所谓女性主义者，其实都是心甘情愿地把"性"拱手相送，最终成为男尊女卑的专利和武器。

提出"性与性别的生命周期"

在我追随和套用西化的社会性别理论的过程中，也不是完全没有自己的思考。抚今追昔，我觉得"性与性别的生命周期"这个我独创的命题及其论述，是我在这个方面足以居功自傲的一个研究成果，所以呈现

---

① 最后一次是 2018 年在中国政法大学的"西方文明通史"课程中，我讲"西方性爱史略"，包括上述的内容。这是给该校一年级全体本科生开设的必修课。我连续去讲过六年，听过课的应该有 12000 人以上。
② 大约 2010 年之后，年青一代的女性主义者开始更加强调"性"，但由于代沟，我不知道她们讲不讲女性的性进化，甚至承认不承认这段史实。

于此处。①

性的生命周期并不是指人的自然生命过程,而是指人的一生当中,在性方面会出现哪些情况、何时出现,其实是由社会的性文化来制约的,是社会为个体在性方面的发展所设置的定轨。个体在性方面的发展与这个社会的定轨在不断地相互作用,就是性的社会化与个性化过程。生命周期理论不是生物学而是社会学,不是"本质主义"而是"建构论"。

任何一个社会,都会做出种种具体规定,来制约一个人在一生的不同时期中的性方面的发展。这些规定往往是根据个人的年龄来设置的。任何个人如果在生命的某一周期里违反了社会所设置的这样的定轨,就会受到社会的各种制裁。

同样,社会性别也不是生下来就如此,而是在成长过程中社会与个人不断相互建构的结果。尤其是,生物学没有任何证据可以证明任何一种性少数与异性恋存在显著差异,所以他们/她们仅仅是社会学意义上的少数人群而已。

所以,一切对于"男性"与"女性"的描述,都不得不加上一个生命周期的限定。我们在两小无猜的那个阶段,也曾经没有后来所说的那种社会性别,到我们成为"老小孩儿"的阶段,社会性别也会混合起来甚至倒转过来。君不见,生龙活虎跳广场舞的基本都是大妈,几乎没有本应是刚强铁汉的老头子。

由此说到"性"上面来,在我们的一生中,可曾真的有过一种不变的"男人之性"或者"女人之性"?这个标准其实是随着年龄而变化的。因此,我们在讨论诸如"性健康"之类的话题的时候,究竟是在谈千百万人的生活实践,还是在做概念游戏?难道可以用20岁的人的标准来衡量80岁的人是不是性健康吗?

---

① 最早见于《中国性科学百科全书·性社会学卷》(1998)。

从无性到无性

在传统中国，性的社会周期首先地和主要地表现为，大多数人都经历了一个从无性到有性再到无性的过程。

青春期之前的少儿被社会强制地规定为"无性人"。社会不仅拒不承认少儿也同样可能出现性反应，可能做出性行为，而且把所有出现性反应和性行为的少儿统统视为"反常"，甚至认为是"思想品质问题"。

到了青春期，人人都会出现种种性的生理发育与心理发育。社会不得不承认，从此时起，人开始有性了。但是社会创用了"性成熟"这样一个社会意义上的概念，以便制约任何可能发生的越轨行为。其反义词则是"青苹果"。

到了婚恋时期，社会又对个人的所有择偶行为做出了种种具体规定。它们的实质意思就是，可以求爱或者求婚，却不可以寻求发生婚前性行为。

到了结婚以后，社会不仅承认人是有性的，而且鼓励人们为了生儿育女而过性生活。但是人到老年，社会又规定个人应该重返无性状态，至少是不再有性交合。

"男尊女卑"，何时开始

人们都知道，在上初中之前，女孩子往往比男孩子更加自信一些，因为她们往往伶牙俐齿、乖巧可爱，足以从大人的怜爱中获取更多的肯定。男孩子则相反，往往由于调皮捣蛋而被大人斥责为"七岁八岁狗也嫌"；或者因为吃得多而被贬低为"半大小子，吃死老子"。

可是，为什么从初中阶段起，女生与男生的自信心开始此消彼长？为什么到了高中，女生普遍开始自卑？为什么到了18岁以后，大比例的女性开始追求"小鸟依人"的"淑女"形象，而另外一些女性则物极必反地宣誓"不婚不嫁"？

总之，女人为什么越长大越自卑，而男人却越来越自豪？很多人从社会制度方面来分析，却往往忽视了一个非常重要的方面：性发育。

初中阶段正是女孩儿青春期伊始,月经初潮往往给她们带来负面的影响。直到 2010 年,这样的女孩子在中国 14 岁到 17 岁的少女中依然占多数。这是因为,经血一直被认为是肮脏的,来例假则一直被认为是"倒霉",至少也是添乱的"大姨妈"。这严重地挫伤女孩子此前的自信心。我在讲课中就曾经遇到女生直言不讳:"说男女平等有什么用?男人有我们这种拖累吗?"

可是,男孩子就真的没有"月经初潮"吗?那么,首次遗精是什么呢?不也是莫名其妙地从自己的身体里流出某种未曾相识的液体吗?男人在以后的大半生里,不是也常常遗精吗?这不也是一种"例假"吗?与来月经又有什么本质的区别呢?

唯一不同的是,男孩子的性发育受到了各种各样的或明或暗的鼓励,诸如"有种啦!""该娶媳妇啦!",结果他们的自信心从此被激发出来。

那么,有没有一些男孩子像女孩子那样,在首次遗精之时惊慌失措、忧心忡忡呢?当然有,直到 2010 年也仍然占一定比例。可是,他们的这种烦恼能向谁述说呢?父母与长辈会骂他"没出息",男伙伴们会耻笑、讽刺、嘲笑,甚至把他暴打一顿。结果,男孩子的这种烦恼就被压抑住了,被封锁住了,被羞耻化了,而且他们正是在被斥骂的不断"锻炼"中,大多数最终成长为"合格的男子汉"。

随后,男女都进入婚恋期。姑娘们会不由自主地想:自己努力奋斗下去又有什么意思呢?最后还不是当老婆、生孩子、养孩子?看看自己的母亲,不就是这么过了一辈子吗?结果,女性的自信心越来越弱。反之,小伙子们却在婚恋期内看到了自己娶妻生子、成家立业、儿孙满堂的锦绣前程,自信心当然会越来越强。

总而言之,少男少女都有"首次流出",都可能因此而自卑;但是千年的社会传统,对此做出了截然相反的解释,对他们和她们进行了背道而驰的培训。如是,"男尊女卑"的观念就从青春期开始,被如此这般地培训出来了。

再长大之后，在这样的社会定轨的制约之下，大多数中国人都会在一生中经历一种"男女互变"。

生命周期中的性生活

性欲强度的互变

年轻男人的性通常表现为生龙活虎与急不可耐；而青春少女则表现为柔情似水与含羞待放。可是，一到中年，男人与女人却越来越反过来了。

这种生命周期来源于，在传统社会里，女性做姑娘时必然是"性盲"，婚后又要怀孕、生育、哺乳，拖儿带女忙家务，所以往往要到30岁以上才能有足够的时间、精力和欲望来投入性生活。再加上少女的羞涩已逝，男人的"底牌"也摸清了，性生活多少也有了一些经验，因此她那长期被社会文化所压抑着的天然性欲，就水到渠成地喷涌出来，甚至判若两人。

男人正相反。他的性能力高峰期是在青春期开始后的第一年，以后至多是持平，35岁之后一般会出现递减。尤其越是年轻时"能征惯战"的刚强铁汉，中年之后面对着性欲蓬勃有如经历"第二春"的女性，就越会感到力不从心，暗自感叹落花流水春去也。但是在传统男权社会的强力束缚之下，男性不可能认识到这不过是自然而然之事，结果就凭空生出许多对女性的厌恨，似乎一切都是女性的不对和不好。

如此这般，人到中年，阴盛阳衰，实乃司空见惯、事出有因。

性爱观念的反转

在双方的关系上，男女也互变了。年轻的时候，是女人嫁给男人，是"嫁汉嫁汉，穿衣吃饭"；可到了老年，却成了"秤杆儿离不开秤砣，老汉离不开老婆"。您到任何一个中国城市里去看，满大街跳广场舞的几乎都是老太太，比小伙子还来劲儿。老头儿呢？顶多是在旮旯里下棋打牌,"静若处子"了。也就是说,男人始于刚强独立,止于柔弱依赖;而女人则是越活越刚强,越老越独立。男人和女人过了一辈子,却发现他们互相颠倒过来了。

对于年轻人,西方有句俗话:"男人通过爱来实现性,女人通过性来实现爱。"中国也是如此。这种男女差别在日常生活中更是尽人皆知。不管一个小伙子多么爱一个姑娘,如果她说永不结婚、永不性交,他也会知难而退。但是一个姑娘却可能对"鸿雁传书""精神恋爱"坚信不渝。所以,面对一个不肯就范的女郎,男儿恨不得一语道破:"最终,一切不都是为了那个吗?"而面对小伙子的"猖狂进攻",姑娘常常大惑不解:"除了那个,他还有没有别的?"

天旋地转,老之将至,男人的话开始变成"万恶淫为首,夫妻情如山";不再信奉"风流偶傥尽在床帏",反而力求"相知相亲、相敬如宾,相濡以沫、相依为命"。用白话说就是:"老也老了,还弄那种事干什么?"

同样,人到中年,女人的牢骚也变了"连那种事都没有了,他还说他爱我!"只不过由于传统社会压抑女性的性表达,所以找不出多少这方面的成语和妙句。

但是在性问题咨询中可以获知,中年左右的妇女确实普遍性地把性与爱融合在一起来看待。她们常常把姑娘对"纯情"的迷恋看作"太年轻、不懂事",也开始敢于向丈夫提出性要求。如果丈夫不能充分地给予,她们也开始敢于对同年龄、同性别的人诉说。她们往往认为,只要爱不要性是很奇怪的。

如此这般,对于性与爱的关系,男女的看法也在不惑之年"阴阳颠倒",性少数则很有可能持有与异性恋男女都不一样的性爱观。

性是生命周期建构出来的

这种男女互变表明:

首先,传统社会鼓吹的"天在上、地在下、男强女弱、男主女从"

等信条,包括排斥一切性少数,其实并不是生活的真实,只不过是用来固化"男尊女卑"的教条而已。

其次,变化是由性生活所引起和推动的。性生活不能改变人的生物性别,却可以改变他(她)的社会性别,因此传统社会才那样不遗余力地禁锢它,因此我才会提出"妇女革命自性革命始"。

当然,还有一个至关重要的前提:只有那些一生中的性生活至少是基本顺利的人,才会出现上述情况。独身而且禁欲者、性趣缺乏者、性方面受过创伤者等,均不在此列。

1988，从历史学到初级生活圈理论

我是学历史出身的，所以最初的性研究成果就是从1985年10月起发表一系列"性史"的小文章[①]开始的。1988年5月，我出版了第一部专著《神秘的圣火——性的社会史》[②]。书中我提出了两个基本命题：1.生产·生殖·生长：人类基本生存模式的产生；2.性进化：生态·人·社会的纽带。这就是我的"初级生活圈"理论的肇端。

这一本土化的、系统的新概念，我于1994年在《社会学概论新修》的第九章"家庭、婚姻与性"中首次提出并且加以论述，2003年又在《中国人"初级生活圈"的变革及其作用——以实证分析为例的研究》一文中加以发挥和系统化。此文在2006年被澳大利亚的伊莱恩·杰弗里斯教授翻译成英文并纳入关于中国性与性别的专著[③]，在其中"初级生活圈"被翻译为primary life cycle，在国际上为人所知。

[①] 《割礼的起源及意义》《性的历史源头》《伊甸园中的圣火》《文明的代价》《人人心底的审查官》《中国传统性道德之根》《古代希腊罗马文明中的性》《中国古代性观念的特点》《性在古代印度文化中》《中世纪性禁欲主义的漫漫长夜》《房中术与汉唐性风尚》《爱的初春》《明清小说中的性观念》《清教徒式的禁欲的由来》《中国性文化为什么转向禁欲》《西方性革命的原因与结果》《性文化：怎样走到今天的》《乱伦禁忌的进化原因》《科学避孕的社会历史足迹》。
[②] 1986年李小江教授在郑州大学主持了改革开放以后第一次关于妇女研究的学术会议，我有幸被邀请参会而且被邀请写作此书，随后被李小江纳入她主编的丛书，1988年得以出版，但是初版是"内部发行"。
[③] "Transformations in the primary life cycle: the origins and nature of China's sexual revolution", *Sex and Sexuality in China*, pp. 21-42, Routledge, 2006, ISBN:0-415-40143-7.

性的载体，不是个人而是"圈"

初级生活圈的新概念

自人类形成开始，人们就在从事着三种最基本的社会活动：物质再生产、人口再生产和精神财富再生产。无论历史上的具体形态如何，这三种基本活动都必然是首先存在于生殖、养育、婚姻、性、爱情、社会性别这六个活动所组成的初级生活圈之内。由于三种再生产的互动发展，人们必然不断地寻求更合适的初级生活圈的形式。同时，社会对于三种再生产的广义管理，也必然不断地寻求更合适的初级生活圈的形式。个人生活与社会运行连接于此，互动于此，双方是否协调发展也首先体现于此。这就是人类最基本的各种活动之间的相互作用的总和，是人类活动的基础。我们每一个人从小是这样，人类社会从初始也是这样。

引申社会学关于初级群体的基本概念，可以把它视为人类的"初级生活圈"。

初级生活圈是人类在漫长的进化过程中，从哺乳动物的"性"（sex）发展为人类特有的性（sexuality），并且以此为中心纽带，迫使男人与女人不得不紧密地、长期地、稳固地结成性关系，进而不得不共同抚养双方的后代，因此人类才能够得以延续。也就是说，初级生活圈的概念从人类最基本的生活实践出发，更深刻地揭示了人类根本社会形态的形成与发展的内在机制，因而具有更强的解释力。

在图 1 中，男人、女人和孩子是初级生活圈的最基本构成单位，斜跨的长虚线则表示女人与孩子被生物地连接在一起，其间的两个密集虚线表示人类最基本的供养关系，靠着它，孩子才能成长为下一代的男女。图的顶部中央表示男人与女人通过性来实现连接与互动，爱情与婚姻则是随后由性而产生的。整个图形表达的是：性关系是把男人与女人连接起来的纽带，客观上出现生殖的结果，迫使男人与女人不得不共同供养孩子，使之成长为新一代的男人与女人。人类就是在这样一个初级生

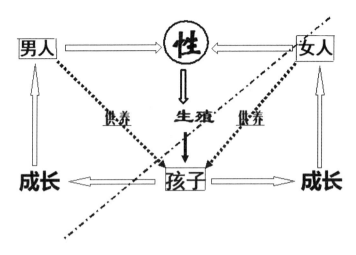

图1：人类之初渔猎社会的"初级生活圈"示意

活圈中生生不息。从个体的产生与成长来看，它就是最初的"社会"；从社会的构成来看，它又是最初级的"单元"。

它的理论意义是：性不是一个可以独立存在的活动，而是我们整个生活的一个组成部分。这个整体状况决定了每个人的性是什么样的。它的基本逻辑是：性不是被压抑了也不是被解放了，而是被社会设置在某一个目标上，顺之者昌，逆之者亡。

初级生活圈的发展推动着性之变

最重要的是，初级生活圈概念不仅足以解释人类之初的社会形态，也足以更加深入地解释此后人类社会的发展机制。它既是历史变迁的产物与见证，也是社会文化发展中的能动因素，体现着个人生活与活动对于社会文化历史的构建与推动，区别于一切社会历史决定论。

进入农业社会后，人类在耕种实践中发现，如果不把种子种到地里，就长不出庄稼。类比于自己，人类终于发现不性交就不会怀孕，没有精子也不会怀孕。最典型的就是在汉字中，种植的种与种子的种从来就是同一个字。这样一来，生殖从女性的魔力变成了男性的功劳，男女不平等的婚姻则变成社会的中心纽带而且主宰着性与爱情,也开始排斥任何一种不能生殖的同性恋与性少数。如图2所示。

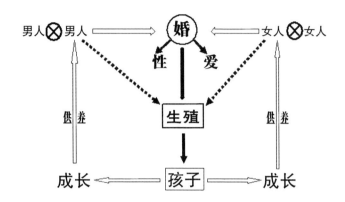

图2:农业社会中的初级生活圈示意

进入工业化社会之后,随着物质生活水平的提高和人口夭折的减少,人口过剩危机、供养的社会化与日新月异的人工孕产技术,共同促使生殖这个环节在社会中的重要性日益降低。结果初级生活圈就不得不出现了全新的结构变化,性开始日益与生殖相对分离,开始获得更大的独立的价值与意义。这在1980年到2016年中国独生子女政策严厉执行期间呈现得格外清晰。

进入信息社会(后现代社会)以后,最主要的生产活动不再是体力劳动,而是脑力劳动,这就要求必须有最广泛的自由才能不断创新。现在的一些IT企业,就连按时到同一个地方上下班这样一个最强大的工业传统都给破除了。由此,一切对于性的管制也就都跟着放松了,已经没有足够的理由和需求再像过去那样严加管控了。

到21世纪的数字化时代,"性的虚拟"与"性的独处"方兴未艾,社会性别的多元化和"跨性别"的现身成为普遍现象。这些新发展共同造就在可预见的将来,人类初级生活圈很可能转型为全新的结构,可见图3。

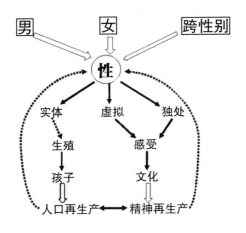

图 3：初级生活圈的展望

因此，性没有把社会给革命了，而是社会把性给革命了。用我的理论来说，就是初级生活圈的状况及其变化带来了性的历史、现状和未来。

初级生活圈的发展变化，在各民族历史上都表现为两种常见情况。

第一，大多数关于初级生活圈的法律和制度，都基于某个共同的法理，具有极强的共通性与互补性。人们在日常生活中实际上也持同样看法。例如现今中国人在讨论婚外恋的危害时，并不是单独地指责它破坏现有的婚姻，而是从整体上指责它危害原有的初级生活圈，也就是子女的养育与成长。

第二，大多数关于初级生活圈的法律和制度，都是在某种既有社会形态进入转型时期后，首当其冲地被怀疑、被批判。同样，在转型完成之际，新的社会形态也总是首先确立和实施自己所需的初级生活圈的制度。这种冲突在当时的社会斗争中，往往被提到惊人的高度，占据了极大的比重，甚至会成为焦点之一。五四时期对封建婚姻制度的批判、战争时期对人口生殖的推崇、中华人民共和国成立初期对红色婚姻的赞扬、"文革"中对爱情与性的压抑、20世纪80年代后期至今对爱情的不断追求、80年代开始的独生子女政策等，都是首先改造初级生活圈，以适应和牵动个人生活与社会运行的共同更新。

性的差异是初级生活圈的建构

在性的方面，男人与女人之间、异性恋与性少数之间存在着显著的差异。这就带来一个基本的问题：这些差异究竟是动物给人类留下的遗产，还是人类自己在社会发展过程中造成的？前者通常被称为本质主义的视角，后者则是社会文化的建构主义的视角。下面举几方面的例子来深入讨论。

性与爱

西方的谚语说：男人通过爱来实现性，女人通过性来实现爱。这种情况虽然不是百分之百，但也非常常见。例如某些男人虽然爱某个女人，但如果女方永远都不跟他发生关系，那么很少有男人能够始终不渝。反之，如果女方无法从性生活中得到爱，她也很难满意。

社会生物学认为，这是由于女性不得不承担性的结果，就是怀孕和生育，所以她不得不寻求爱，而男性不需要承担这些结果，也就会"只要性不要爱"。

社会建构论则认为，其实男人也需要承担性的结果。例如在大型食肉猛兽里边，雄性与雌性在固定的时段里结成稳定的"养育合作关系"，雄性当然就不得不承担起保护幼崽的任务，寸步不离。只不过在人类社会里，男性可以使用其他的东西来替代自己的责任，例如权力、金钱等，他才可以不需要爱。所以说，这种性别差异不是人类天生的，是进入男女不平等的社会之后才产生的，是人类社会给建构起来的。

性反应的差异

在中国明清之际的小说里，常形容在性生活中"男人如火女人如水"。男人就像蜡烛，一点就着，性反应来得非常快。可是也像蜡烛那样一吹就灭，射精以后很快就进入不应期。反之，女人就像是烧一锅水，烧热了很慢，放凉了也很慢。这种现象也是普遍存在的。

社会生物学认为，这是因为男性的性敏感区太集中了，都在龟头，所以一旦刺激就会产生性反应；女性的则是太分散太隐蔽了（例如阴蒂），因此女人的性反应就比较慢。

社会建构论则认为，性敏感区本身就是被社会和文化所建构和发展的。中国一直到明代之前，文献里都查不到口交这种性行为，也从来没有"颜射"这种事情，证明这些都不是动物遗传给我们的。为什么现在都有了？不是中国人的基因有什么突变，而是社会文化巨变了，人们对于性生活方式的定义改变了。

性高潮的不同解释

性高潮本身是一回事，当事人对此做出什么样的解释是另一回事。例如人们都知道，有些人把自己达到性高潮解释为"我征服了对方"，或者把对方的性高潮解释为"被我征服了"。另外一些人则把性高潮解释为"我自己陷于昏迷状态"，是性高潮使"我"有了更深刻的关于自己生命的体验。

在社会生物学看来，第一种人就是男人，女人是第二种，是因为我们继承了动物的遗传。这就是本质主义。

可是社会建构论却认为，不是所有的男人都是第一种人，也不是所有的女人都是第二种人。因此我们只能说：第一种人在男性中更多一些，第二种人在女性中更多。那么，那些不认为是"征服对方"的男人，那些不认为是"生命体验"的女人，又是怎么出现的？为什么这样的人往往被说成是"变态"或者"不成熟"？就是男女不平等的社会造成的，一旦违背了"男尊女卑"的社会规则，就被其他人歧视和排斥。

性的快乐与烦恼

在日常的性生活中，男女的快乐相同，就是性高潮的区别不大，可是烦恼却不一样。男人获得性高潮几乎是自然而然的，女人却不是。男人最大的烦恼是阳痿早泄，就是如何产生和维持阴茎勃起，女人最多的烦恼却是如何获得性高潮或者如何获得更多。

社会生物学说，这是动物遗传给我们的，就是男人必须阴茎勃起才能得到性高潮，所以因此而烦恼；而女人则是因为怀孕和分娩都不需要性高潮，所以性高潮才这么少。

社会建构论却认为，这些烦恼都是因为社会文化给这些现象赋予了否定的意义。最典型的就是，阳痿对男人来说，并不是通常所说的疾病，因为它既不发炎也不会损伤器官；唯一的危害就是很难性交了。可是这为什么就一定会带来烦恼？有些善良的男人是觉得自己对不起女方，无法给她应得的享受，这就是爱情了。可是更多的男人却觉得这是没有达到社会对于男人的要求，是不合格，是损害了自己的男子汉大丈夫的人格与尊严。那么，这就是社会规范所塑造出来的性现象与性烦恼了。

进一步说，无论男女，这些烦恼都不是病，仅仅是一个双方合适不合适的简单问题。如果一个"性趣味缺乏"的女人找了一个阳痿的男人，那就是天设地造、幸福美满的一对儿。如果一个性高潮来得快的女人找到一个早泄的男人，也是幸福美满。所以，绝对不是男人错，也不是女人错，更不是谁有病，而是因为双方都按照社会规定的那些条件来选择对象，例如财富、身高等，却没有或者不敢从性的方面进行挑选，因为这被叫作"不正经"。

理论意义与学术论敌

理论意义

这是我的独创，也是中国本土思考的产物。

在已有的研究成果中，要么是关注于个体或者群体等行为及其变化的微观视角，要么是关注于社会环境与社会制度变迁的宏观视角。微观的研究过于聚焦在具体的研究对象上，宏观的研究过于忽视个体的行为，因此缺少一种既能体现个体行为又能展现社会制度变迁的中观研究。

初级生活圈作为个人生活和社会运行的中介，同时扮演着两种角色，既作为生活实体而存在，又作为一种社会设置而存在。这两种角色不可能时时刻刻保持一致。这种不完全一致在良性运行的社会中是协调式的存在，在社会转型期就可能成为显性的社会问题。

从操作层次来看，在正处于转型中的中国社会中，从对初级生活圈中生殖、养育、婚姻、性、爱情、社会性别这六大要素及其相互关系、作用机制和变化与重构的考察研究来展现中国社会的变迁无疑具有重大的学术价值和研究意义。

综上所述，初级生活圈从学术上来说，既是解释力更强的新概念，也是更深刻地研究社会变迁的新视角。从社会实践的层面来看，人类所关心的一些最根本的问题，例如人的生物属性与社会属性、精神与肉体、个人与社会、理智与情感、自私与无私等相互关系和作用机制的问题，都得到了充分和集中的反映。这是人类活动的其他领域所难以比拟的。因此，社会学对这一领域的研究，不仅是本学科完善和发展的必需，也是与其他学科交叉、渗透、综合的最佳突破口之一。

当然，初级生活圈只是一种主流模式，并不贬斥任何其他形式。它至少具有生活方式、经济活动和年龄构成这三个相关事物和支持系统，本书暂不展开讨论。

学术论敌之一：社会生物学

这种理论主要来自威尔逊（Edward O. Wilson）1975年出版的《社会生物学》，其出版后，很快地风靡起来，到2000年以后被翻译成三本中文书，流传甚广。总结起来，它的立论与逻辑是这样的。

1. 在繁衍后代中，谁付出更多，谁就更珍惜后代。

人类的卵子比精子大800倍，卵子一次只排出一个，可是精子一次射精就包括一亿多个；卵子一般一个月才排出一个，可是射精却可以天一次。因此，一个受精卵，对于男人仅仅意味着自己精子的大约三千亿分之一，可是对一个女人却意味着卵子的三百分之一。

2. 谁来生殖？

人类的终极目标，其实就是保存物种的基因，可是男人不能生殖；女人的"总和生育率"（最大生殖可能性）只有 18 个孩子。因此，男人的"基因遗传策略"不可能是专一爱情，只能是广种多收，就是尽可能多地与不同的女人性交，以便生出最多的孩子。

3. 谁来养育后代？

在原始时期，人类的难产率大约是 8%，孩子在 14 岁之前的夭折率大约是 40%；养活一个孩子到 14 岁，大约需要消耗三吨的谷物。因此，女人的养育策略必然是要求男方专一和持久。

那么初级生活圈理论如何评论社会生物学呢？

第一，社会生物学讲的一切都是生物现实。可是这些生物现实就一定会变成人类的行为动机与价值观吗？这中间的联系机制是什么？

初级生活圈理论认为，人类的亲情是被建构出来的。只有在初级生活圈里边，在男人和女人被性联系在一起，有性生活——包括人类独有的性爱抚，有性关系，才能够产生所谓亲情。否则，别的哺乳动物怎么都没有人类这样强烈和持久的亲情呢？

第二，唯独是女性来供养孩子吗？大型食肉猛兽的养育合作制都是雌雄两性分工合作的，我们人类则发展为初级生活圈。人们不是想不想加入这个圈的问题，而是如果不加入就不会有后代，"男人不负责"的社会也就无法续存。因此，从女人单独抚育的基点出发来论证问题，这就是社会生物学的失误。

第三，社会生物学讲的这些生物现象，到底是怎么被组织起来的呢？直到 19 世纪之前，这些生物现象，人类一个都不可能认识到，更不可能据此来进行任何社会化的组织活动。

总之，社会生物学失误之处并不是生物根据，而是一种"本质主义"的思路，就是误认为人类天生如此。具体来说就是三个方面的失误。

第一个失误是它相信人类有个统一规律。错了，不但不同的个人之间没有统一规律，各民族之间也没有，全世界也没有。因此，那些初级生活圈不够稳定与持续的部落或者民族就历史地消失了。例如欧洲史前的尼安德特人很可能就是如此。

第二个失误是逻辑断裂。社会生物学怎么一下子从卵子与精子的大小，跳跃到男人跟女人去了？原始人类是不可能知道这些的。这中间缺了必要的环节与过程，因此在逻辑上不成立。

第三个失误是不符合历史。社会生物学所说的那一切生物现象，在最近200年都没变，就是婴儿和少儿的死亡率降低了。那为什么男女关系变了？为什么会出现男女平等和多元性别？怎么解释？

所以社会生物学无论是针对原始人还是现代人，都是失误的，应该属于一种奇思怪想的单纯推理。这不但不能损害初级生活圈理论，也不能见容于任何一个成熟的人文社会科学学科。

学术论敌之二：进化心理学与乱伦的起源

在以往的理论中，乱伦禁忌被认为是人类一切性道德的基础与起源。

以社会生物学为代表的进化主义思想认为，其实很多哺乳动物中都存在乱伦禁忌，因此人类的乱伦禁忌并不是人类自己创造出来的，而是动物遗传给我们的。

对这种遗传理论的批判，往往是各种性别理论和精神分析学的中心任务，但是它们都太过于强调人类精神的作用，有意无意地忽视了社会结构的强大作用。因此，我按照初级生活圈理论来解释，乱伦禁忌的产生机制就一目了然。

人类社会最强烈禁止的首先就是父女乱伦。可是原始人并不知道性交与怀孕的关系，就是"民知其母，不知其父"[1]，根本不可能有"父

---

[1]《庄子》。

亲"与"女儿"这样的身份与认知,更不可能去专门禁止他们之间的性行为。因此,所谓的禁止父女乱伦,其实就是禁止任何一个成年男子与任何一个未成年女子发生性交,因为这必然会破坏初级生活圈的合作供养制度。如果作为物质生产主力的成年男子,可以与作为被供养者的未成年女子结成性关系,那么那些生儿育女的成年女性就没有男性生产者来合作,她们的子女就无法得到男女合作的供养,人类也就无法繁衍到今天。

同样地,人类之所以禁止母子乱伦,也是因为未成年的儿子无法作为一个生产者,如果他与自己的母亲结成合作供养的关系,那就无法养育后代。

在全世界各个民族,乱伦禁忌最宽松的是兄妹之间的乱伦,甚至很多民族都认为自己的祖先就是兄妹相婚的。这是因为:如果兄妹双方都是被供养的未成年人,那么他们之间的性关系无足轻重,不会影响到成年人之间的合作供养制度。反之,如果双方都是成年人,那么他们就因为性行为而结成了合作供养关系,与初级生活圈并不存在矛盾。至于他们是不是兄妹,其实不重要,因为所谓近亲繁殖的危害,人类直到19世纪才知道。

总而言之,在初级生活圈里面,性不是为了生殖,而是为了结成合作供养关系的纽带;人也只分男女,没有父女与兄妹这样的身份。因此所谓乱伦禁忌禁止的并不是具体的性行为,而是禁止结成相对稳固的性关系;禁止的不是某些亲属之间的性交,而是禁止男人与女人结成任何一种不利于合作供养制度的性关系。由此可以说,根本就不存在什么"乱伦",并不是由于某些性行为会搞乱血缘关系或者辈分关系,而是禁止"乱制",就是禁止任何一种性关系来破坏初级生活圈。

从初级生活圈理论出发,我们就可以洞若观火地获得以下三点新的认知。

首先,所有那些从精神分析视角出发的理论,都存在一个历史的逻辑错误:不实行乱伦禁忌的那些人类群体,早就因为无法维系合作供养制度而灭绝了。所以时至今日仍然出现的各种乱伦现象，只能是个体的孤立的行为。对于这样的行为的任何研究，无论多么精彩，都无法用来解释人类群体与社会，更不应该由此推导出任何关于社会性别的理论。

其次，所有的动物遗传论都存在一个致命的逻辑漏洞：如果真的是遗传，那么人类就根本不可能违反，例如呼吸、吃饭、睡觉等。可是乱伦禁忌却不是这样，总会有人违反这种"遗传"。反之，只有人类自己创造出来的制度，才可能有人去违反。

第三，初级生活圈所产生的一切，都会随着初级生活圈自己的变化而变化。到21世纪之初，人类的生殖与养育活动已经日益社会化，甚至连男女之间的合作都不再是必不可少的了，例如单亲、性少数者同样可以养育后代，那么乱伦禁忌还怎么可能继续保持它最初的定义与规范呢？

1988—2004，从性学走向性社会学

潘光旦教授1946年编译的《性心理学》于1986年再版时，费孝通教授在此书的后记中写道："中国从一个闭关锁国的局面正在通过开放和改革向现代化社会转变，科学与民主已成为群众性的要求，历来成为禁区的'两性之学'将能得到坦率和热情的接受。"这就是我起步之时的学术背景。

"性"为什么值得研究

几千年来人类所争论的几乎一切重大哲学问题，都最突出、最集中地反映在性的方面。这里也只举几例。

精神和肉体的关系，在性高潮中最让人千古迷惑。

性高潮有三大特征：一是肌肉不由自主地收缩和律动；二是某些生理功能的改变，如出血减少、体能和协调性的超限度发挥等；三是意识和自控能力的短暂丧失，会做出种种自己都不可想象的疯癫举动。此时此刻，人的意志哪儿去了？人的动机还有用吗？你还是你自己吗？

在性高潮中，人类由于机体潜能的超水平发挥而体验到新生或再生。但与此同时，人又体验到灵魂（自我）飘然离去或喷吐而出，甚至脑中一片空白，连听觉、视觉和触觉都丧失了。这像是死亡，是对死的切身体验。尤其是男人还有"不应期"，对新的刺激不再做出应有的反

应，这就更像死。在人类的一切活动中，可曾有过这样同时体验到生与死的事？

自私与无私的关系，是性生活美满与否的关键所在。

性是最自私的，因为性只存在于你自己身上，只有你才能感受它，不太考虑对方的感受。唯一最符合这种自私要求的，只有自己手淫。

但人是社会化过的，社会强制人不得不跟另一个人一起过性生活，不得不适应、照顾或迁就对方那些同样极端自私的性要求，否则要么干不成，要么无缘享受对方性高潮对自己的额外刺激。结果每个人又都不得不无私一些。双方总得协调，或牺牲一方，或寻找中间点。古往今来，为什么总有一些男人嫖娼？三妻四妾或者老婆百依百顺为什么也挡不住？卖淫小姐用放弃自私来换钱，恐怕是重要原因之一。

个人与社会的关系，在性生活中最让人头疼。

人们很少意识到，我们实际上是带着一大堆社会框框投入性生活的。什么脏，什么丑，什么不像话，其实都是在我们成熟的过程中，由社会悄悄地强加给我们的。许多人最大的遗憾，并不是没"花"过，而是从来也没有尽情尽兴地、毫无顾忌地、昏天黑地地过上哪怕一次性生活。

人们常以为至少在夫妻性生活中，我面对的只是一个具体的男人或女人，其实他（她）同时也是某一性别集团的成员，是某一家庭或家族的历史长河中的一滴水，他（她）身后矗立着某个巨大的社会阶层。贵族在床上是装不出来的，就像林妹妹即使爱上焦大，也无法使他在性方面满意。人们至少在做爱时，都希望还是不戴面具好。牛郎织女的千古佳话，不正是表达着中国的老祖宗们，也渴望着冲决社会的罗网，以自由的性爱来实现性爱的自由吗？社会强制的婚姻已经散掉了多少？只见牛郎和织女还隔着银河相守。

总之，以性高潮为中心的性活动是人类独有的、无法替代的、性质与意义极特殊的生命现象过程，因此正是在这里，孕育着多学科渗透与交叉的最优结合点和人类认知自身的最佳突破口。

遥远的性学

虽然我是学历史出身，但是 1985 年最初决定要研究性的时候，也理所当然地试图从正宗的、经典的"性学"入手。

学医已经不可能了，但我还是希望学点性心理学，于是就在 1987 年找到钟友彬大夫（1925—2009）①学习。我跟钟大夫交流过，我既不是要学这个专业，也不奢望能有什么长进，就仅仅是了解了解而已。那时候钟大夫在首钢医院上班，我就跑去跟班，想多少有点感性认识。谁知道我跟着钟大夫了解了几个病人之后才发现，自己是一头雾水，全然无感。钟大夫也对我说：你这么学不是个办法，还不如去看书呢。所以我坚持了两个月都不到就落荒而逃，此后虽然不免写一写带心理味儿的通俗文章②，却再也不敢擅闯山门。

我也从另外一条线索努力过。1987 年的时候我已经看到了关于"房中术"的文献，因此想知道现在是否有人还在练这个。当时我想，我是学历史的，从传统文化出发应该是康庄大道。最初是一个朋友给我介绍了一位号称道家养生的边氏功法的传人，可是大家一起聊了一次之后我发现，他基本上不知道"房中术"。第二次私下里聊，他坦承：在练功的圈子里，"房中术"是旁门左道甚至是万恶不赦。但是他说有一个芜湖的男人一直在练，给他来过信，就给了我那人的邮寄地址，因为那时候通信几乎全靠写信。

于是我兴冲冲地奔赴芜湖，没想到那个地址是一个小饭馆。店主人说他是帮别人转信，但不肯告诉我究竟是谁，说是去问问人家愿不愿意见我。我只好住下，等到第二天下午还没消息，我就问店老板："就是你自己吧？"他神神秘秘地来了一句："天机不可泄露。"于是我掉头就走，再不纠缠。

此后的岁月里，我还见过多个江湖骗子，有几位还是找上门来死缠

---

① 我国著名心理学家和精神病专家，"认识领悟疗法"的创始人。
②《女性性高潮频率的心理与行为因素》（1994），但是这其实还是社会学的文章，因为是调查的结果。

烂打,都是想利用我来卖东西的,我一概拒不理睬。其中有一位很有意思,他自己有一个很大的矿业公司,却非要去发明一种"带功性药",然后就四处奔走要申请诺贝尔奖,居然见到了国家的三位部长。我觉得,他恐怕是自己把自己骗了,因为他找我居然是勒令我把这个诺贝尔奖记入史册云云。

时至 2010 年以后,不知道是哪股风吹的,有一帮人开始用"房中术"骗钱。我无权无势,只能在各种演讲中予以痛斥:"他们认得房中术的汉代文字吗?"可是到了 2016 年,我的一位老朋友被我的这个故事提醒,回忆起他在"文革"下乡期间,曾经被当地妇女拉去练过密宗的"阴阳双修"。这真叫我感慨:踏破铁鞋,却在身边。

可怜天下夫妻情

进入 21 世纪后,有一位在海外的中国留学生写文章说:潘绥铭早年只研究夫妻之间的性生活(大意)。我的学生来问我,是这样吗?我哈哈大笑:时代啊时代!90 年代写性,不说是夫妻性生活,谁敢给你发表?

从 1992 年到 1994 年,我在《南方周末》上连续发表了一系列千字左右的通俗文章,讲的都是夫妻性爱的一些常识,而且基本上都是心理与情感范围内的,没有任何关于性生活技巧的内容,总计有 30 篇左右。可惜由于当时的报纸还没有电子版,我也就无法保存这些小文章。尤其是,我自己一直觉得这仅仅是履行社会责任,我志不止此。

随后,各种报纸、杂志纷纷邀我写稿,或者把我以前写的小文章重新发表。当时还有吴宗健[①]与我合作,他的专业是马克思主义哲学,所以《南方周末》的这些小文章每次都标明作者是:社会学副教授潘绥铭、马克思主义哲学讲师吴宗健。现在看来很搞笑,那时候却是不可或缺的护身符。

---

① 他当时是北京一所高校的马克思主义专业的讲师,业余热爱性研究。

下面我在注中罗列出一部分文章的题目，以便读者可以管中窥豹，了解一下90年代初期，中国开始"谈性"时的社会风貌。主要是我做过的研究课题①、发表的通俗文章②、发表的英文论文③。

上述的这些通俗文章大多数是我的乘兴之作，它们的社会价值远远大于学术价值。这也是一种歪打正着。多年后我听到阮芳赋教授总结他的学术经历时说：我是先在报刊上写一些科普文章，然后学术投稿的时候，编辑一看这个作者眼熟，起码就会看看我的稿子，被发表的机会就大增。我一听，这不就是我在90年代做的事情吗？只不过我当年完全没有想到这是个"捷径"。

除了写文章，我还被各方面邀请去讲课，甚至被硬拉着做"婚姻咨询"。可是就我所见，我最惊讶的不是痴心女子负心汉，而是男人和女人竟然如此不了解对方的世界，一个性别觉得天经地义的事情，另一个性别却打死也不相信。这就催生了我提出的"性别的生命周期"理论。

可是即使排除性别差异的影响，中国人的夫妻之情还是存在着根本的矛盾。幸亏我是学世界史的，很理解所谓的"爱情"究竟是何时何地因何而生，所以我在婚姻问题上的得意之作，就是下文。

婚姻内鬼：浪漫情爱与夫妻恩爱的冲突

首先请看这个表格，这是西方与中国两种不同的爱情观的对照。④

---

① "提高北京人婚姻质量的操作方法的研究"（1993—1995），北京市哲学社会科学规划"八五"项目。"中国夫妻之间在性行为与性关系方面的交换模式研究"（1994），与加拿大新布朗斯威克大学合作的项目研究。
② 《夫妻·性误解·婚外情》《婚后手淫》《恋爱请重视性选择》《婚姻烦恼源自爱情观的矛盾》《婚后性生活如何寻求美感？》《恋爱时应懂点性心理》《恋爱时如何协调男女差异》《何谓女性性洁症》《女人的性与爱矛盾吗？》《女人为何把性与爱对立》《中国人为何难接受性伴侣一词》《公平交换 新婚姻道德准则》《哪种性格对性生活不利》《新婚请为性和谐奠基》《性投入的关键是什么》《性能力——心灵的品位》《丈夫，请学会性爱按摩》《性与个性》《男人的性烦恼》《找回性感觉》《国人的"无性"婚姻》等。
③ 《中国27城市已婚者的性行为与性观念之间的相互关系》（英文，1992）、《中国人性满意度的相关因素》（英文，1996）、《中国人性生活与性关系的满意度》（英文，1997）。
④ 《中国婚姻研究的新视点：夫妻恩爱与浪漫情爱的冲突》（2002），《性关系的核心结构及其意义——非婚同居与婚姻的实证比较研究》（第二作者，2016）。

	西方浪漫情爱	中国夫妻恩爱
最终目标	纯粹爱慕、精神交流	共同生活、过日子
实现标志	相爱就是结果	必须结婚：有情人皆成眷属
集中特征	爱情唯一、至高无上	恩在前，爱在后，相互施恩报恩
维系方法	爱情只存在于追求之中	同甘共苦、相濡以沫
主体感受	激情澎湃，包括痛苦	和和美美、圆圆满满
性的地位	禁行	讳言
结束标准	有：激情不再	无：白头偕老

从西方传进来的浪漫情爱，最终目标仅仅是纯粹的爱慕，是精神交流。可是我们中国人的夫妻恩爱的目标就是共同过日子。"过日子"，这三个字就包括一切。

在西方文化中，相爱就是结果，结不结婚不重要，甚至说婚姻是爱情的坟墓。而我们中国则是天下有情人必成眷属，必须结婚。时髦说法叫作"一切不以结婚为目的的谈恋爱都是耍流氓"。我在政法大学讲课，专门问一年级本科生：这话，你们究竟是同意还是不同意？非常多的女生都高呼：同意！男生最后总算有一个说：反对。可是这个问题早在五四时期就解决了：婚前的自由选择万岁！所以说，传统观念的力量比我们想象的要强大得多，流传得要广泛深远得多。

在西方文化中，爱情唯一，至高无上，你会不会为它赴汤蹈火这难说，但是至少人们相信它、追求它。而我们中国人讲究的是恩爱，夫妻恩爱。恩爱是世界上任何一种语言都无法精确翻译的，用一两句话你都说不清楚，为什么恩在前，爱在后。

这就是因为在过去中国长期的小农生活中，一男一女结婚就意味着互相有恩。女人相信"嫁汉嫁汉，穿衣吃饭"，他供养你。男人觉得"光棍苦，光棍苦，年过二十五，衣服破了没人补"，娶一个媳妇不但能给你做家务，还能给你提供日常的性生活，不用再花钱了。再加上民间社会一直在提倡"滴水之恩，当涌泉相报"，因此双方有恩在前，才会有爱。反之，恩断，才会义绝。现在有的年轻夫妻一打架就说："当初要不是因为什么什么，我才不嫁（娶）你！"这一下子就是恩断义绝，无力回天。

再看维系情爱的方法。西方人认为情爱只存在于追求之中，一旦不追求就没有了，不需要理由，也无法挽回。可我们中国不是，必须是同甘共苦、相濡以沫，通过互相帮助来维系这种夫妻恩爱。柴米夫妻，爱不爱的，没那么重要。因此，就算我不追求你了，你也跑不了。

情爱的主体感受，西方的浪漫情爱重视的是激情澎湃，包括痛苦，包括失恋。也就是说，失恋也是一种美，痛苦也是一种美。可是中国不行，叫作和和美美、圆圆满满，夫妻之间一辈子没红过脸，这才是典范和理想。这就遗传给我们无数的玻璃心和巨婴。

那么性在情爱中处于一种什么样的地位？西方人是禁行，在中世纪的基督教里，情爱完全不可以有性。中国人是不说，许做不许说。例如"一日夫妻百日恩"，你翻译成外文全世界听不懂。一日夫妻是24小时，百日恩是三个多月，怎么换算的呢？其实这说的是初夜，初夜处理得比较好，双方就会有长久的感情。这符合儒家所说的"天地之间纲纪人伦……造端乎夫妇。"

那么情爱可以不可以结束？结束的标准又是什么？西方的浪漫情爱是可以结束的，只要激情不再，那么这个情爱就没了，说别的全没用。可是我们中国不，鼓吹白头偕老。尤其是最近几十年来，白头偕老的思想恶性发酵，有些新婚夫妻还对着孔子像宣誓。这其实是一种相反相成：离婚率和婚外恋越是不断攀升，相信和追求白头偕老的人也就越是增多。可是，这其实就是把一个未必能够实现的美好愿望变成了一个结婚的先决条件，你说刺激不刺激？

西方情爱与中国夫妻恩爱的这种冲突，直到今天依然表现得很突出。我们基本上是从浪漫情爱开始，走进夫妻恩爱，相信从此永远幸福圆满。可是我们别忘了，夫妻恩爱会磨损浪漫情爱，时间越久，磨损得越厉害。所以一旦你希望重新追求浪漫情爱,就会大概率地造成婚外恋。最近这几十年来,这样的故事不断地重演着。

从"性科学"脱颖而出

1988 年的"性科学培训班"

说起中国的性社会学的发展史,局外人恐怕很难想象,大众传媒也一直没有发现,早在 1988 年 3 月,中国人民大学社会学系就开办了第一期"性科学培训班",为期六天,针对全国计生委系统招生。1990 年起扩大为社会招生,到 1991 年结束,总共四期。前两期在北京中国人民大学开办,第三期在安徽黄山,第四期在北戴河中直机关疗养院,每次都招上百人。这不仅是中国的首次,在全世界恐怕也是非常罕见的。

可是严格来说,这四期培训班不能算作性社会学的发展环节。因为它们并不是出于发展或传播学术研究而举办,而是为了社会学系的"创收",就是"赚钱班"。当时,社会学系刚刚成立,"小金库"里空空如也,老师们的福利没有着落。好在已经开始城市经济改革,所有单位都在一窝蜂地"创收",我们系里的资料员杜建军[①]就自告奋勇,开始办培训班赚钱。他认为,性科学是一个新热门,就拉上我和马晓年医生一起讲课,主要招收全国各级计生委的干部来培训。

从 1988 年到 1991 年的这四期培训班,对于性社会学的发展,应该说没有什么实际的影响。不仅因为我和马晓年医生都是仓促上阵,讲些皮毛,而且当时来的学员也没什么人真的想学,都是为了公款出差加旅游。这在那时候的中国还不是一种特权,更谈不到腐败,仅仅是对基层干部此前的清教徒式的生活方式做出的一种补偿。

从我的心路历程来看,当时的我还是以其昏昏使人昭昭的状态,所

[①] 他 1998 年离开中国人民大学,自主办学,2003 年因车祸去世,享年 48 岁。

以才使用"性科学"这个莫名其妙的标题来自称。有意思的是，当时的校长也是糊里糊涂，在审批我们的办班申请的时候问道：性科学？不对吧，应该是"科学性"啊。这并不奇怪，我相信，当年接受培训的那三百多位学员，也没什么人真的学明白了。

后来，社会学系的"赚钱班"连续开办了很长时间，但是都不再集中于"性"，仅仅是我去讲其中的一课，因此与性社会学的发展再也没有关系了。从我个人的秉性来说，我是最喜欢独自一个人做学问的，可是为了给系里创收，我也一直给历届的各种培训班讲课，粗算起来，听过我的课的学员在千人以上。当时我觉得这也就足够了，对得起研究者的社会责任了。

冲击"性的医学霸权"

20世纪80年代末，我尝试学习经典性学失败以后，就不自觉地开始运用性社会学的视角和理论，来解读那些一直被认为是医学问题或者心理学问题的性现象，写了很多文章。①

但是真正学术对学术地分析和批评所谓"性医学"的文章，还是2004年发表在权威期刊上的《性社会学基本命题的实证》。该文的主要论据是我们的全国调查数据分析，主要论点则是：在人们通常认为的"性"的五个具体方面（性欲强度、性欲的实现、性行为方式、性生活频率、性高潮频率），其实都是社会因素的作用大于生理因素。

到2007年，我又依据调查分析，专门指出了一直被认为是纯粹医学问题的"性障碍"，其实也是"社会病"。② 在后来的岁月中，我屡次被邀请去给男科医生讲课。我的主要发现就是：ED（阳痿）是魅力缺乏病，是穷人病，是生活焦虑病，是夫妻关系病，是爱情病。听课的医

---

① 《美好性感受的社会文化原因》（1990）、13篇系列文章"中国人的性生活与性关系系列报告"（2002）、《21世纪中国城市婚姻与性问题展望》（2001）、三篇系列文章"夫妻性交换"（2002）、《中国城市成年人的性实践与性满足》（英文，合作，2007）。
② 《中国城市男女的性障碍：全国总人口调查结果》（英文，合作，2007），《中国城市成年人的性实践与性满足》（英文，合作，2007）。

生们都很感兴趣,但是也和预防艾滋病的公共卫生工作者一样,觉得自己也就是听听而已,根本无法应用。虽然这是隔行如隔山的正常现象,但是医生们没有把我赶出来,就证明性社会学已经根深叶茂,自立于世。

唯一遗憾的是,我在这方面的文章,人文研究、社会科学与医学这三方的杂志都不肯发表,使得性社会学的传播被很大地削弱。直到2016年,《中国人的性技巧之变——21世纪全国18~61岁总人口四次随机抽样调查的实证分析》一文终于面世。它揭示出:性技巧这个经典"性学"最擅长进行行为学研究的性现象,其实也是社会阶层分化的结果,而且完全是一种"时髦"(社会变迁的产物)。

1989—2016，互动的性权利

从我遇到的故事说起

1989年6月，我的《公开亲昵与人权道德》一文，在《道德与文明》杂志上发表了。它最主要的意思是：公开亲昵的当事人在行使自己表达爱情的权利的同时，不能侵犯和损害周围人的"不看的权利"，否则就是不道德的。

在哲学和法学里，这样的思想有很多种精辟的表述，往往被归结为经典的权利观。我倒是一直没有从那么高深的视角来论述，仅仅是对于社会现象的有感而发，而且就是来源于我的一个亲身遭遇。

大约是1987年，我和当时70岁的老母亲一起坐公交车。有一对青年情侣在拥挤的车厢里接吻，离我们的脑袋也就是30厘米远。我母亲就嘟囔了一句："真恶心。"没想到那个男青年还嘴说："你不想看你闭眼啊。"我当时是想维护我母亲的，可是也一时语塞，无言以对。

我对这件事耿耿于怀，直到1989年写出上述文章才觉得出了一口恶气。在2006年我又发表了《我们需要什么样的性道德？》一文，到2008年扩展改写为论文《性的人权道德》。这又是为什么呢？也是来源于三个小故事。

第一个小故事。

2000年秋冬，我在美国芝加哥大学访学期间，去过一家"性商店"

（sex shop，卖色情杂志和性玩具）。我发现，商店中摆放的每一本杂志都用一个透明的套子给密封起来，只能看到封面和封底，不能打开看里面。我当时就想：还是美国资本家聪明啊。色情杂志都是大同小异，如果允许顾客打开看，那我可以看上半天最后却不买。这么一封，你想看就只能掏钱买了。

回来后，我沾沾自喜地跟接待我的美国教授说了我的分析。他不服，马上带着我重返那个商店，直接去问售货员：画报为什么要加上封套？那位高高瘦瘦的年轻人想都没想就回了一句"I don't like it"（我不喜欢看）。美国教授颇为得意地对我说："懂了吧！别老耍中国人的小聪明！"

可是说实在的，我是直到第三天才想明白，然后跟美国教授确认了。

这就是性的人权道德的真谛：你是顾客，来买画报，我售货员不能侵犯你买、你看的权利，不能对你"劝善"。可是我售货员却不喜欢看，因此你顾客不能当着我的面打开画报来看；因为我作为售货员不能离开，所以你当着我的面打开来看就是侵犯了我不看的权利。你和我都是平等的人，不能搞什么"你死我活"，所以咱们之间只能寻找一个互不侵犯的中线，以保障双方各自的权利，那就是在画报上加装一个封套。这样，你牺牲了翻看的权利，却保住了看封面的权利；我也牺牲了不看封面的权利，却坚持了不看内容的权利。这就形成了建立在人权道德基础之上的和谐的人际关系。美国教授还告诉我，美国的一些城市规定，不可以在大街上露出任何色情杂志的封面，因为那就侵犯了过路人的"不看的权利"。

第二个小故事。

2002年，我在英国威尔士大学访学，去伯明翰看朋友的时候去看当地的所谓"红灯区"，其实就是一个街口聚着三五位小姐。可是，我从她们面前走过，她们就那么呆呆地站着看着，没人理我；我再走回去，还是没人理我。我没辙了，只好说了一声"hello"，这才有一位上来跟我说话。我问她刚才为什么不理我,她只说了一个词:"Illegal(非法)。"

这是怎么回事?我百思不得其解,与我在国内研究的情况更是南辕北辙。我就托朋友去问他的英国教授。那位教授查了资料转告我:当地的法律确实规定卖淫不犯法,但是拉客犯法。这是因为卖淫是双方自愿的,所以谁也不侵犯谁的权利;但是拉客却很可能侵犯那些只是路过并不想买淫的人的"不嫖的权利"。天啊,我在中国痴长50年,不知道也不可能理解"不嫖的权利"这个概念。

第三个小故事。

2003年我去美国,住在威斯康星州我表弟家里,知道了他们"小区"刚刚发生的一件事。有两个中国老头儿,分别来给儿女看孩子。晚上儿女下班回家,他俩就没事了,就一起在小区里遛弯儿。谁知道还不到一周,社区的志愿者组织就来家访了,说是要"给中国的老年男同性恋者提供应有的便利"。原来,美国人以为他们俩是因为同性恋被家里赶出来了,无处可去,才满小区团团乱转。误会解除之后,这个小区的四家中国人聚了一次,受到的教育被我总结为:两个个人之间的性权利是相互制约的,但是任何一个人的性权利同时也是他/她的公民权,对于社会是单方面的权利,只能是社会保护公民权,绝不能反过来。

我相信,读者看完这三个小故事,就会明白我下面所说的"人权道德"了。不过我还是学术地总结一下更好。

2008 核心观念:性的人权道德

人权的相互界限

即使在如今的西方,天体运动和乳房解放,都不是随心所欲的。如果要在"他人在场之处"举办活动,都需要报批,也都需要限定在某个时间和空间之内,而且警察也都会到场。

但是警察不是来维持秩序的,而是来保护人权的。既保护支持者的人权，同时也保护反对者的人权，就是任何一方都不可以超出范围。所以，一旦出事，法律不罚主张，只罚越界。

这就是人权理论中最起码的一个原则：我的权利以别人的权利为边界，而且首先是对于伸张自己权利的那一方而言。

人权的基础是人人平等，而且每个人的权利都相等。对于支持"公开做爱也是人权"的人来说，如果你有权叫别人"看不惯就别看"，那么别人也就有权让你"想做就去别处"。反过来也一样，反对者如果可以说"你滚开"，那么支持者也就可以说"你闭眼"。只不过目前反对者人多势众，根本不会讲理而已。

无论是仗势欺人还是蔑视群氓，都是错误的"权利单边论"，都是主张自己的人权可以压倒别人的人权。其核心依据其实就是"因为我正确，所以我可以任性；因为他们错误，所以他们必须服从我"。如果此论成真，我们就只能重返阶级斗争，甚至是打内战，而且是毫无意义的宗教战争。

人权道德之两要点

第一，从行为主体的角度来说，应该是以自己的权利为前进动力（而不是盲从任何一种社会道德，无论是保守的还是开放的），以对方的同等同样的权利为前提（而不是诱、骗、欺、压），以不侵犯所有相关者的个人权利为界限（而不是天马行空），去从事一切性方面的活动。

第二，从人际关系的角度来说，如果双方之间或者双方与其他人之间发生了权利方面的冲突，那么绝对不是以"好坏、对错、美丑"等道德标准来剥夺或者减少任何一方的权利，更不存在谁胜谁负的问题。唯一的解决办法是在平等协商的基础上，寻找出双方都能够接受的中间界线，达到"没有受害者"的境界。

这里面的要害是：必须把我们衡量一切事物的标准，从传统的"是好还是坏？"转变为"是否损害了他人的同样的权利？"，尤其是要坚决反对那种"因为我是好人，所以就有权利去打击坏人"的道德标准。

这样的人权道德，不仅仅是来自发达社会的榜样，更是来自"文革"中我们中国人自己的惨痛的历史教训。

时至今日，我们这一代人，行将就木。如果我们不把这个血与泪的教训传递给后代，如果还放任一些社会势力去扑杀"弄潮儿"；或者反过来，如果我们不能让"弄潮儿"懂得必须尊重别人"不看"的权利，那我们还有何颜面去见列祖列宗？

所以我要不断地呼吁："正确""先进""高尚"都不能给自己带来特权，不能成为损害别人的道德理由！人与人之间，唯一的道德尺度、唯一的交往方式，就是"充分行使自己那些不损害别人权利的权利"。

这其实一点也不新鲜。"己所不欲，勿施于人"说的不就是这样的道德吗？

2016：性权利的新解

2016年我在"谈性说爱"（lovematters.cn）这个网站上再次讨论性的人权道德。这是因为，从2008年以来，短短的八年过去，某些年轻人在某些性方面的社会活动中，越来越多地打出人权和性权利的大旗，却忽视了我上面所讲的一切。

直接触发我写文章的则是我的一位学生，居然被其中的一种"公开做爱也是人权"的论调给迷惑了，这迫使我不得不说话。

"性"的什么才不可公开

性的私密，其实说的仅仅是，性行为不可以公然进行。

可是，性的范围很宽泛，从裸露某些身体部位到直接做爱，任何一种情况都有可能被认为是应该私密的。例如，在"文革"伊始，别说裸露身体，就连女人烫发和男人穿瘦腿裤，都会被当街殴打，被剪掉头发、剪开裤腿。现在我们都会觉得这实在是太荒谬了，可是那个时候的红卫兵却真心认为，这些就是"性"，就不应该公然显露，所以殴打他们是理直气壮的"革命行动"。

所以说,如果仅仅简单地争论"性应不应该私密",真的没有什么意义,而是应该仔细地考察一下,人们究竟把什么样的情况归到"性"里面去了,然后才能具体地讨论各类情况应不应该私密。

例如,现在有些人当街接吻,甚至有些地方还举办"接吻大赛",支持者和反对者不断地对骂,却都没有认真地讨论一下,接吻,究竟算不算"性行为"呢?为什么算或者不算呢?尤其是谁说了算呢?

做爱,为什么不可以被别人看到呢?除了"会害羞""会挨骂"这些表面原因之外,您觉得,如果别人看到自己做爱,究竟会带来什么不良后果呢?

进化心理学认为:性交需要双方高度集中注意力,别人的观看只会打扰,因此做爱者自己就需要私密化。反过来看,公开做爱对于观看者来说,是一种很强烈的性刺激,很容易激发观看者"取而代之"的欲望甚至行为。因此,性交的私密化,其实是当事人的一种"安全需求",是为了保障自己的做爱不被"第三者插足"。

可是社会建构主义学派却发现,在原始人群中,公开性交虽然普遍,却并没有引发"横刀夺爱"。只是在"性被私有化",也就是"专偶制度"(一夫一妻制)建立起来之后,性交的双方互为私产,性才越来越害怕被别人"打劫",越来越私密,就像我们的存折一样,别人连看一眼都不行了。①

到了19世纪以来的西方工业社会里,由于大规模生产越来越需要严格的组织纪律,因此社会也就越来越强调"秩序",越来越严厉地打击任何"越轨行为"。正是因此,西方心理学发明了"偷窥癖"和"露阴癖"这一对术语。于是,做爱就不得不越来越私密。

可是,这种社会禁忌越严,必定会生产出越多的"犯忌之乐",从脱衣舞到AV影视,难道不是因为"玩儿的就是心跳",才能够如此赚

---

① 这是恩格斯《家庭、私有制和国家的起源》中论述的大意。

钱吗？

尤其是，如果禁忌发展到荒谬，"变态"也就会更进一步地荒谬。例如很多人都想不明白，所谓"走光"和"裙底偷拍"所能看见的，难道不仅仅是内裤吗？公共游泳池不都是可以直接看到的吗？这就是因为，穿游泳衣游泳不是社会禁忌，所以即使是比基尼，也不会有多大刺激作用的。

虽然公开做爱还很少见到实践活动，但是"身体表达"的发展过程却可以引以为鉴。我国女性的服装越来越"薄、露、透"，而且反对的声音日渐式微。这里面包含着两层意思。

首先，在精神的层次上，社会越来越把"性"扩大化，所谓"性福"（有性还要有福）的说法才会应运而生。可是在身体的层次上，"性"却越来越狭窄化，基本上只剩下"三点"了。

其次，也是更加重要的：上述的袒露身体不是"为露而露"，而是在表达和宣扬某些哲学思想和社会主张。例如，天体运动是主张人类应该自然生存，女性的乳房解放运动则是为了推动性别平等。因此在现代西方社会里，人们越来越把这些看作政治活动，而不是性行为，也就网开一面。也就是说，人们的宽容，并不说明裸体或者撕掉乳罩就必然正确，而是说明越来越多的人认为这也是一种言论自由。

性，怎么样才叫自愿

性交必须是双方自愿的，这是一个人权的口号，当然应该大声疾呼。但是现实问题却是：我们应该怎么做才对呢？

例如，在任何一种性关系之中，最常见的烦恼，并不是所谓"性暴力"，而是甲方有心，乙方却无意。那这时候，双方究竟该怎么办呢？

如果说，乙方就应该无私奉献，那么，自愿原则与性权利何在？可是，如果说甲方因此就必须苦苦哀求，那么，双方还是平等的吗？尤其是，如果甲方因此而出轨，去找愿意做爱的别人，那可怎么办？无论您怎么痛骂甲方，问题其实只有一个：乙方需要这样的结果吗？如果乙方真的需要或者不怕,那当初又何必结成性关系呢?

面对这样的日常生活实践,光喊口号,意义不大。我们只好细细分析下去。

我们中国人基本上都不知道的是,国际上性别平等运动主张:判定"违背对方意愿"的原则应该被180度地颠倒过来。

过去的推理逻辑是没说不愿意,那就是愿意。现在翻转过来了:没说愿意,那就是不愿意!那就是强奸!

然而,难道没有"半推半就"吗?难道没有"欲擒故纵"吗?西方的志士仁人说了:所谓"半推半就"就是压迫与屈从,受损害的一定是其中的弱者。尤其是弱者很难对强势者说 No,所以为了保护弱者,没说 Yes 就是 No!

在现今的中国,虽然几乎人人都同意"性的自愿原则",可是,如果真的这样来判定愿意不愿意,强势者能受得了吗?弱势者会喜欢这样吗?如果真像北欧人主张的,先签同意书再上床,那中国可真是要天翻地覆了。

自愿,是多大程度上的

如果甲方愿意和乙方做爱,却不愿意在某些场景中、不愿用某种方式、不想时间很长或者很短,甚至不愿被触及某些部位,那么,这一次性生活,还算得上是双方完全自愿的吗?

在各式各样的做爱过程中,任何一点点细小的言行举止,都有可能是某一方所不愿意的,那么这算不算"违背对方意愿"呢?达到什么程度,就可以算是"自愿"了呢?我们是不是应该先把"性行为大全"都一条一条地讨论清楚,双方完全同意,然后再开始做爱呢?

所以说,百分之百的自愿,只存在于口号之中。在现实生活中,我们只可能规定一个程度的底线。它也许是基本自愿就可以,也许是每次都必须绝对自愿,也许是每一个步骤都必须自愿。这就看中国人民怎么选择了。

至少在一些情况中，戒律过严的结果就是，越是尊重对方意愿的人，在性生活中就越可能手足无措，甚至都不知道该怎么做爱才好了。反之，越是自觉捍卫自己意愿的人，也就越发可能过敏和挑剔。这也不是讲大道理的事，而是人们的自主选择。

自愿，该如何表达

如果甲方心里不愿意，却没有表达出来，或者没有完全表达出来，或者没有使用公认的方式表达出来，那么乙方与之做爱，"违背对方意愿"还成不成立呢？

如果甲方说"我不说你也应该明白"，而乙方说"你不能老是让我猜"，那我们该如何判定呢？

在各自为战的、私密的性生活中，我们难道可以制定出一种"公认的"、人人都不会误解的"意愿表达方式"吗？

目前中国所能见到的解决方法，基本上都是针对那些过于明显的强暴，号召女性"大声说'不'"！可是，绝大多数的"违背对方意愿"，并不是公然的强暴，而是难以启齿的"不情愿"；其结果也并不是"痛不欲生"，而是只可意会的"不爽"，最多也不过是"积怨"。

这样的"被勉强"，大多发生在多少有些情感色彩的性关系中。在如此情境之中，弱者究竟应该如何表达自己的意愿呢？难道真的可以全然不顾现有的感情联系与人际关系吗？即使应该这样，一个弱者又如何能够学会这种独立自主呢？谁有资格来教呢？

自愿，跟爱情是什么关系

古往今来，一切强势者在勉强弱者的时候（不是公然强暴），最通用的技巧，其实就是一句话："不跟我做，就是不爱我"，还可以发展到"不做这个（动作），就是不爱我"。遗憾的是，这一招屡试不爽，弱者往往都口服心服。

在这种情况里，"性的自愿原则"究竟应该怎么贯彻执行呢？因为有爱就可以不自愿，还是为了坚持自愿就可以舍弃爱？难道我们要退化到"唯生物因素论"，把性与爱给彻底割裂吗？甚至干脆否认世间还有"爱情"二字？

凡是宏大的口号，总是对人类卑微情感的不屑一顾，所以难免变成"可远观而不可亵玩焉"。凡人百姓则往往觉得，爱情至高无上，自愿这回事可以放在第二位。如果非要说这是"没觉悟"，那么就请论证一下：爱情为什么会削弱自愿原则，又是如何削弱的？

自愿，可以反悔吗

做爱的结果，是向着全方位发展的，喜怒哀乐，皆有可能。结果有些人常常爱说"你骗了我"。其实当初做爱，自己是愿意的，对方也没给什么承诺，仅仅是因为事态没有按照自己的希望去发展，才反悔的。即使在结成性关系之后，如果因为自己对某次性生活不满意，就指责对方"欺负人"，那就等于是反悔，等于否定了自己开始做爱之前的自愿。

当然很多人会辩解：我自愿做爱，可没自愿不爽啊。可是，谁跟您保证过，性生活次次都必然完美无缺？如果您这么想，就像做买卖只许赚不许赔一样，不是太脱离生活，就是太自恋了。

这种情况为什么会屡屡出现？就是因为在宣传"性必须自愿"的时候，往往只说"对方不自愿就不能碰"这个消极被动的方面，却忽视了"自己愿意就自己担当"这个人权的必然责任。这样的宣传，只能是预防犯罪，而不足以促进人权。

人权，不仅应该用来防身，更应该用来自我修养；不仅保护自己的权利，也带来自己对自己的责任。我们要说得清清楚楚明明白白真真切切：做爱有风险，自愿须谨慎；或者干脆说：愿赌服输！否则，那就不叫自愿，而是强求对方，恰恰是违背平等原则的。

自愿，如何裁定

在清朝曾经有过"奸出妇人口"的说法，但是都是作为被冤枉的实例来说的。① 也就是说，即使在那个时代，老百姓也明白，必须要有证据、许辩白，才能够做出判定。到如今，如果我们修正为"奸出弱者口"，那么对于某个性侵害事件的判断，恐怕就要变成对于"谁是弱者"的争辩。

再思考深一些，平时的弱者或者平时被我们看作是弱者的那些人，就一定是某一次性交中的弱者吗？小姐耍弄嫖客的事情，现在越来越多，其中谁又是弱者呢？

说到底，只存在于权力结构之中的那种强权和弱势之分，究竟应不应该直接套用到日常的性关系之中呢？如果男人永远都是强者，那岂不是"男尊女卑"？

---

① 清代不题撰人的《林公案》和黄南丁氏的《杨乃武与小白菜》都说到过。

1990—2010，预防艾滋病，我的参与和体验

初涉"界河"

1990年之前，在中国首次出现艾滋病之后的那几年里，我并没有研究这个问题。因为我也和众人一样，认为艾滋病理所当然是卫生系统的事情，与我们社会学无关。

1990年5月，我很意外地受卫生部的邀请，去珠海参加了我国第一个"国家艾滋病防治中期规划"的国际研讨会议和工作坊。这是我第一次参与预防艾滋病的具体工作。后来才知道，我受到邀请是因为当时世界卫生组织与中国政府在合作中明确提出，必须要有社会科学家和性学家来参与预防艾滋病的计划与工作，因此很可能是经协和医科大学的流行病学专家张孔来教授介绍，卫生部才邀请我来研讨。

也就是说，我当初就不是自觉加入的，是一个历史的偶然，是国际力量①的推动给了我一个发展的机会。直到2000年以后，我的红灯区研究日益扩大影响之后，我参与预防艾滋病的事业才得以成为一种学术意义上的必然。

在1990年珠海的那次会议上，我惊喜地获知，国际上已经发出行

---

① 很多国际组织都与中国政府长期合作，向中国防治艾滋病事业投入巨额资助，而且直接参与到具体工作中，例如世界卫生组织、联合国发展署、联合国全球基金、英国政府、欧盟、美国国家健康研究所、比尔·盖茨基金会等，不一而足。本书统称为"国际力量"，下同。

为学、社会学和其他人文社会科学都应该积极参与到预防艾滋病的工作中来的号召,并且已经大规模实施了。因此,我也就开始做一些知识和资料的准备。

1993年3月张孔来教授找到我说,那个规划中有一个项目,是对男同性恋群体进行预防艾滋病的KABP①问卷调查。但是他觉得,当时在卫生系统内,还没有人愿意或能够做这样的调查,因此他推荐了我来完成这个任务。

这又是一次历史的偶然,因为李银河与王小波的专著《他们的世界》恰恰就是在1992年11月出版的。那是专门描述北京的男同性恋社会活动的书。我估计张孔来教授当时还没有看到这本书,否则,他很可能邀请李银河和王小波来做这个调查。如是,谁知道后来会发生什么?

说实在的,我当时也没有什么把握,因为我研究性问题刚刚八年,学术积累和社会调查经验都非常单薄,尤其是还没有调查过同性恋的情况。我之所以承接了这个项目,完全是出于对自己学术发展的考虑。我认为同性恋问题早晚也是非研究不可,性社会学无论如何也是躲不过去的。

其实,那时候我真是"无知者无畏"得一塌糊涂。

在1993年年初的时候,中国不但没有任何同性恋的组织,没有任何一个"出柜"的"同志",而且就连"同性恋"这个词也非常不普及。绝大多数异性恋者,包括许多同性恋者自己都不知道这个称呼,更没有这种分类的概念。男男性行为就算是发生在他们身边,他们也不会察觉。

例如,我在西苑饭店对面的小树林里做调查的时候,有一对男女路过。他们看到一个个男人零零散散地傻站在那里,女的就非常奇怪,问那个男的:"他们在干什么?"那个男的看了一会儿,斩钉截铁地说:"练气功。"

后来,一位"同志"为了向我证明异性恋的浑然不觉,带我到台基

---

① K:知识;A:态度;B:信念;P:实践。

厂那个公共厕所（当时在圈子里是很出名的寻求机会的场所）进行观察。结果我看到，在长达一个小时的时间里，先后进来的将近20个男人，没有一个怀疑，就在他们眼皮底下，一对"同志"正在"做事"。

我开始做调查的时候，既不认识"同志"，也不知道他们的活动场所，全靠吴宗健迈开第一步。他当时恰好有一位男性朋友是同性恋而且对他坦承了，然后又介绍了几位同性恋朋友给我们。

其中有一位姓徐的30来岁的男人，当时在圈子里很出名，见多识广，自己也曾写过关于北京男同性恋的文稿。他给我们详细地介绍了北京男同性恋的"点儿"（相会场所）的分布与概况，还亲自带我们去远远地观察过。可以理解的是，无论小徐还是当时我们认识的其他"同志"，都不肯给我们介绍任何调查对象。其理由也非常自然："我不能给一个圈外人做担保。"

于是我们只好采取笨办法，两人分别去一个一个的"点儿"上，先站几个晚上，什么也不做，就为"混个脸熟"。随后就会有"同志"过来搭讪，我们就乘机讲明白我们要做什么样的调查，还给他们看问卷。几乎所有"同志"马上就拒绝了，不过我们其实并不期望一步到位，仅仅是希望他们能把我们要调查的信息传播出去，以便减少以后调查时的阻力。

这个办法确实很灵。按照"同志们"的说法，这个圈子里的信息传播比广播电台还快。因此大约三天以后，只要我们再到任何一个"点儿"上，那里几乎所有的人马上就认出来了，并且相互转告："搞调查的那两个人来了。"有很多人立马闪身，但是也有很多人抱着好奇心来搭讪并最终接受调查，而且这样的人越来越多，态度上也从犹犹豫豫变成迎头而上。到调查的最后，已经有一些人主动地四处寻找我们，希望参与调查。这在1993年无异于传奇，以致今日思及，犹自怦然心动。[①]

[①] 这次调查的具体过程，本书从略，请参见黄盈盈主编《我在现场——性社会学田野调查笔记》中的《与"同志们"相处：我的第一次田野调查》一文，山西人民出版社，2017年。

我仅仅做过这一次"男同志"的调查,历时一年多一点,以后再未涉足。主要原因有两个。

第一个是到调查后期的 1994 年,我已经意识到,使用问卷调查的方法,其实远不足以深刻揭示"他们的世界",应该运用定性研究的方法。但是当时我自己在这方面并不擅长,所以不敢在"同志"中开展试验。

第二个是当时我遇到了准备站出来在中国发起同性恋平权运动的最初的几位先锋,也接触到愿意鼎力相助的国外朋友,而且深知内情。因此我认定,这一运动很快就会成功,那时就再也用不着我这样的异性恋者来帮忙了。

这两点认知,促使我转向研究更需要外人帮助发声的、必须进行"现场研究"的特殊人群,那就是中国的"小姐"。

如果说我在后来取得了一些成绩,那么抚今追昔,我要深深感谢的,是当年那些帮助过我、传授和启发过我、改变和督促过我的男性朋友。这不仅包括那些完成问卷的人,还必须包括那些跟我有过一面之交的人,因为他们虽未作答,却一直友善待我,率先实践了人人平等的伟大价值观。

这是中国第一次使用问卷并且进行统计分析的、对于男同性恋行为的社会调查,1994 年通过了卫生部与世界卫生组织的联合鉴定,1995 年发表为《当今中国的同性性行为》(英文)。此后,我还发表过其他英文论文[①]和中文论文[②],然后就再也没有直接做过同性恋者或者性少数人群的研究。

---

① 《中国男同性恋行为与艾滋病风险》(英文,1995)。
② 《中国男同性恋社交中的性关系》(1993)、《中国男同性恋者社会交往中的艾滋病高风险性行为分析》(1994)、《女性:性关系社会规范的维护者——男同性恋与双性恋比较研究所证明的》(1994)。

专家一度

从 2002 年起，在国际力量的持续推动和清华大学景军教授的组织下，我国的一批人文社会科学家开始直接参与到艾滋病防治事业中，取得了非常多的重要研究成果。我也在这个潮流之中，越来越多地参与了预防艾滋病的各种工作。

这当然也是我的研究机会，因为直到如今，也不会有什么中国机构或者个人来资助研究"小姐"和"红灯区"。我和我的团队陆续受到国际力量的各种预防艾滋病项目的资助，才坚持走下来。

从 2006 年开始，我连续两届被选拔进入卫生部的防治艾滋病专家委员会。这个专家委员会的活动与贡献还是不少的，但是我自己却壮志未酬。

多年来我一直在各种场合大声疾呼，要走向"性产业的合理化"，顺带着才能解决性产业里艾滋病的性传播问题；如果反过来，只看性传播这棵树，不见性产业这片林，那么我们的工作就会事倍功半，甚至劳而无功。这在当时就已经成为我的名片，据说在第一次选拔我进入专家委员会的时候他们内部还有过争论。可是一旦进入这个委员会开始工作，大家都不约而同地、完全彻底地回避掉性产业这个话题，仅仅就事论事，不谈及其他。我绝口不谈，也从来没有人故意提起。这保证了我们这帮书呆子凑在一起，还是做了一点点事情，例如经过好几年的提议，终于促使行政部门规定，在全国的"高干队"①里要有妇科医生，以便有可能为女性性工作者提供一些预防艾滋病之外的健康服务。

对我个人来说，这段专家委员会的经历里最值得一提的贡献是，我推荐了清华大学当代中国研究中心的李楯教授，他先是加入卫生部，后来又加入了国务院艾滋病防治领导小组的专家委员会。他是法律社会学

---

① "高危行为干预队"，是指各地的县级疾病控制中心为了在"小姐"中预防艾滋病，组织工作人员专职来做，被戏称为"高干队"。

的专家，也是我的终身挚友，还是我们师门的"编外导师"。他不遗余力地推广"健康权"的理念，在公共卫生界和卫生部里产生了很大的影响，发挥的实际作用远大于我。

作为两届的专家委员会成员，让我至今耿耿于怀的是，早在2001年11月17日在北京举行的"中国第一届艾滋病性病大会"上，我做了大会发言"对于性产业涉足人员的干预"。其中我就专门强调：如果要在"小姐"中提高安全套的使用率，其实并不需要我们现在这么多人力物力的低效投入，只需要在基层执法的时候，一旦发现"小姐"有安全套，就不再把它作为卖淫的证据，而是当作她积极预防艾滋病的凭证，稍稍减轻一些处罚力度，例如减少罚款几十元，那么"小姐"的积极性就会极大地高涨，预防艾滋病也就轻而易举、事半功倍。

当时有上千位与会者在场，其中也不乏高级别的领导，可是我从那以后不停地呼吁了将近20年，却没有收获一丝回声，连一顿骂都没有（也许只有我自己不知道吧）。

虽然我是作为研究者而不是具体工作者来参与艾滋病预防的，但是专家的身份也给了我一些机会，直接接触到艾滋病感染者。

2001年4月底，我在四川某县探望了一位因为卖血而感染、弥留之中的艾滋病患者。

他是贫苦农民，家徒四壁，躺在全家唯一像样的木床上等死。他全家还有5个因卖血而感染的人，弟弟、两个儿子、一个儿媳、一个女婿，都眼睁睁地守候在一边。

他儿子说："我家的房子，是父亲用血堆起来的。"

他弟弟说："亲朋好友没有一个来看他。他走不走都一样，我们已经在另一个世界里了。"他们全家现在最愁的是，没有人肯给哥哥抬棺材。

我爱莫能助，只是不由得握住了他那皮包骨的双手，并写下歌词一首①，希望有人能为它谱曲。让我们用歌声来表达对艾滋病感染者与病

---

① 《为艾滋病感染者送去歌声》，《光明日报》2003年2月14日第3版。

人的关爱。

不由得握住你的手——献给艾滋病患者的关爱

不由得握住你的手
我素不相识的朋友
你的无辜使我心中充满愧疚。

你我天各一方，分隔已久
庸庸碌碌的人生把我弄丢
淡忘了最原始的追求
在这天降大任的时候。

不由得握住你的手
我心心相印的朋友
你的痛苦是这个世界的伤口。

原谅我无法把你挽留
可是一个名字就是一段春秋
不要说时光已到尽头
人性依然是花团锦绣。

不由得握住你的手
我刻骨铭心的朋友
我再也不会只是热泪长流。

生活已经不可能照旧
不能再寻找逃避的理由

将心比心，共济在同舟
博爱会把我们拯救。

生活已经不可能照旧
不能再寻找逃避的理由
先天下之忧而忧
爱，永远没有最后！

学相异，人和合

我和我的团队多次与国际力量及国家、省、市疾病控制中心合作，进行过防治艾滋病方面的调查研究。①

在这样一个个合作的过程中，我与公共卫生界的专家和实际工作者的关系也产生了一些紧张。

最主要的是我们的研究目标不同。

我自己在多次调查中，都把"红灯区"研究作为重点和中心，努力进行社会学的分析与理论构建，可是公共卫生部门却并不关心这些问题，甚至往往退避三舍，只要求我们调查"性传播"的情况——其实就是安全套的使用率。虽然我一直在不停地宣讲和呼吁：艾滋病是病，"小姐"却是人。如果不关心人的问题，那么病的问题也无法解决；但是我也非常理解，如果要求各级疾病控制中心及其工作人员像社会学家这样来思考和处理问题，那也太不现实了。

这样一来，我们团队的每次调查就不得不写两份报告，一份是社会学的，一份是专门讲预防艾滋病的（小姐使用安全套情况），非常简单

---

① 2001—2003"四川省城郊/路边性产业中的艾滋病风险与最佳干预模式"、2004—2005"嫖客的风险行为研究与干预模式的探索"、2005"全国暗娼、嫖客人群基数及其危险因素调查"、2006"全国艾滋病性传播危险因素调查"、2006—2007"北京城郊流动人口与嫖客的艾滋病风险研究"、2007—2008"小姐的流动与健康研究"。

而且狭窄。这本来也没什么关系，但是由于我们的研究都是公共卫生机构资助的，所以我们写的关于预防工作的报告只能呈交给疾病控制中心，不能自行出版。结果在我们公开出版而且为人所知的那一系列研究成果中，恰恰缺乏了预防艾滋病的各种实际操作建议，很容易让人误以为我们根本不关心这个问题，成为历史的错觉与遗憾。

例如，我们在2006年就总结出预防艾滋病的性传播的行为模式"COME"[1]，却一直没有机会发表或者出版，只能一直在各种会议和培训里不断地口头宣讲，无法见诸文字。直到引起国际学界的注意，有人反过来到中国寻根探源，这才多多少少扩大了一些传播面。

除此之外，我与公共卫生界的合作还遇到了文科与理科之间根深蒂固的冲突。作为理工科出身的公共卫生工作者，总是希望我们人文社科研究能够像物理学那样，把一切现象都分析得像原子结构那样清晰、固定、可测，然后像机床操作手册那样，按部就班地罗列出应该采取什么样的措施来解决问题。

这种分歧不会公开表现出来，而是表现为理工科的工作者私下里一直批评我和其他人文社科研究者的成果"不实用"，完全是由于国际力量一直强调社会科学的参与，我们这些人才没有被轰出去。

其实，恰恰是在"可操作性"这一点上，我至少帮过一个大忙。2008年以后，国际力量开始在中国预防艾滋病的研究与实际工作中大力推广定性研究方法。这对于从中国的医学院毕业的人来说，实在是强人所难。我就开始对公共卫生学出身的年轻研究者大力推广[2]，其中定性研究中的"求异法"最符合他们的需要，因此在公共卫生学的核心期刊上发表的专业论文中，有的作者就开始引用为"国内社会科学专家论述"，只不过没有直接写出我的名字而已。

---

[1] "COME"的行为底线是C（condom），使用安全套；然后争取做到O（oral）；再努力只进行M（massage）；最终达到仅仅从事E（erotic）活动，以便避免性传播。对于可以操作执行的那一部分人来说，这就是良策。
[2]《社会学定性研究的本质与精华》(2001)，《从社会学角度看公共卫生学科》(2001)，提交四川省中英项目办公室。

上面所说的我的经验之谈，其实是世界范围内的普遍问题，因此从2007年开始，我与美国北卡罗来纳大学公共卫生系的盖尔·亨德森教授合作，申请了美国国家健康研究院的项目，以广西壮族自治区柳州市市区为基地，进行"研究与培训：促进艾滋病性病领域人文社会科学与公共卫生的合作"这一研究，并于2014年顺利结项。这是在防治艾滋病的领域中，全世界第一次专门研究如何促进人文社会科学与公共卫生学更好地进行合作，其意义与影响将在不久的将来显现。不过，这个项目本身的学术成果，我还是放到本书关于研究方法的章节里去说为好。

就我个人而言，参与预防艾滋病的研究与工作，使我与很多公共卫生界的专家和工作者结下深厚友谊。其中首推我在前面讲到过的张孔来教授。他不但最早举荐了我，而且在随后的岁月中始终如一地帮助我、支持我。还有王若涛教授，他不仅是资深的流行病学专家，还去美国拿到了法学学位，因此被我视为公共卫生领域中最能够理解和支持我们性社会学的大人物。他多次参加我们的性社会学的会议并发言。在我的邀请下，他成为我的三位博士生的答辩委员，并得到学生的敬佩与爱戴。

从始至终，我都没有直接做过预防艾滋病的宣传教育工作，但是我首先瞄准一个社会学（而不是医学）所关注的目标："对于性传播疾病的社会学分析与预警标准"，在1993年获得中华社会科学研究基金会（现在的国家社会科学基金）立项，1994年完成并通过鉴定[①]。

这是全国社会科学界在这方面的第一个国家级的科研项目。它所研究的并不是已经有了多少性病，而是要探讨清楚：性病发展到什么程度，在多大的可能性上，对于社会的哪些方面，造成多大的负面影响，以此来向社会发出预警。但是由于当时我还没有进行过全国规模的大型调查，因此只能依据局部调查的数据来推测整体情况。

在这次研究成功的基础上，我在1999年到2000年再次申请并获得

---

① 《中国城市的性行为与性关系之变与艾滋病风险》（英文，1995）、《性病：社会学的分析与预测》（1995）、《全国总人口随机抽样调查的中国衣原体感染：隐秘的流行》（英文，2003）。

中华（国家）社会科学基金的项目"大中城市总人口中的性病风险的社会学研究与预警标准"。其中，我开始提倡使用社会学的"自报的性病发生率"。它显然不能作为公共卫生学中的流行率来使用，但是具有独特的学术价值和社会意义。

首先，它可以用于总人口调查从而具有全国代表性，尤其是可以涵盖那些根本不去任何医疗单位而是自己吃药的性病患者。它应该与真实的流行情况存在某种函数关系。

其次，由于我的问卷基本涵盖了中国人的社会分层与性关系和性行为的所有方面，因此才可以把自报性病这一现象放在更加宽广的框架中，使用更多的视角来进行分析。

第三，自己报告自己得过性病，这本身就是一种对于性病的认知程度与应对策略的体现。了解这方面的情况有助于切实地开展性病预防工作。

在目前中国的依赖于门诊报告与哨点监测而得到的性传播疾病流行情况的数据中，上述的三项学术意义都没有条件去实现。因此在这样的理念与概念的指导下，我在2006年、2010年和2015年每次进行全国性调查之后，都会专门写文章发布和分析"性病自报发生率"的情况①。这是我自认为对于预防艾滋病事业所做出的最有价值的贡献，也是将来有可能持续发展的成果。

除此之外，在参与预防艾滋病的过程中，我尽力地做了很多研究，发表了很多文章，在此罗列出一些典型文章的题目，仅仅是为了反映出我的足迹。②

---

① 《性病自报发生率的时段共性及影响因素的回归分析》（2008）、《中国艾滋病感染者的规模估算，2003—2009》（英文，合作，2010）、《全国成年总人口自报性传播疾病及其影响因素的研究》（第二作者，2012）。
② 《对艾滋病"高风险性行为"的KAPR研究》（1991）、《艾滋病恐慌：整肃性道德的最后武器》（1996）、《中国大学生的艾滋病知识水平》（1997）、《中国的艾滋病恐慌》（1997）、《社会学对于艾滋病传播的不同视角》（2001）、《艾滋病在中国：性传播的可能性究竟有多大》（2001）、《为艾滋病感染者送去歌声》（2003）、《中国总人口的性病研究》（英文，合作，2003）、《锁定最危险的桥梁人群》（2004）、《中国的性伴侣——感染艾滋病与性病的风险模式》（英文，合作，2006）。

时至 2019 年，华中科技大学出版社邀请我和景军担任"艾滋病社会学研究丛书"的主编，我的又一本专著《艾滋病问题的社会建构》，也包括在其中。后来又被翻译成英文，2022 年在国际上出版了。① 这本书主要是以前发表的一些重要论文的合集②，可以说是我参与预防艾滋病事业以来的研究成果的总结，也是谢幕礼。

这本书的中心就是其第一章所阐明的：艾滋病在中国的传播，是在生物学意义的人际传染的基础上，由于各种社会因素互相作用而合力构成的，因此解决之道也必须融入人文社会科学的研究视角、立场、方法与理论。

这样一个研究结论，在 2006 年发表在中国社会科学的顶级刊物上，引起了社会学界的注意和争鸣，发挥了相当的影响力。有意思的是，有一位公共卫生学界的资深教授向他的同道们推荐此文，但是理由却是我没有想到的。在这位专家看来，我的论述在客观上是帮助各级疾病控制中心减压，因为按照我的论述，无论艾滋病的流行情况如何，社会都不应该仅仅归咎于预防工作的不力。

这本书是从防治艾滋病的社会学研究出发，提倡逐步走向艾滋病社会学，艾滋病社会学则应该也可能终有一天达到"生命社会学"的更高境界。

我斗胆猜测：生命社会学就是把人类的生命放在历史进程中和具体情境中，纳入尽可能多的社会因素，以社会学特有的研究方法，去分析生命的生物机制这个必要条件，在什么样的社会实践这个控制条件下，经过人类的哪些主体建构与主动选择才成为充分条件，最终形成现有的价值与意义，又在什么样的信息与反馈这个发展条件之下，不断地发生动态的变化。

若得如此，此生足矣。

---

① 施普林格科学与商业媒体集团独家翻译、印刷、出版，2022 年 3 月。
② 《艾滋病研究给社会学提出的新问题》（2001）、《中国艾滋病"问题"解析》（2006）、《中国艾滋病防治事业的价值理念》（2014）、《行动逻辑的双向冲突：艾滋病感染者应对取向的三方共构》（2015）。

1991年以降,致青春

七次调查:大学生的性

不是因为我身为大学教授才喜欢研究大学生之性的,而是因为自从1910年彼得堡大学的教授开始拿本校学生作为"科学研究的小白鼠",调查他们的性生活,然后全世界接着这么干了一百年。这不仅仅是因为大学生更加"性开放",更是因为大学生更愿意透露自己的性隐私。

20世纪90年代的中国也是如此。因此,我在1991年9月和1995年11月,两次自费进行了"全北京市大学生的性观念与性行为的随机抽样调查",然后在1997—1998年又进行了"全国大学生性观念与性行为的调查"。

这三次调查的结果,都记录在我和我的学生曾静合写的《中国当代大学生的性观念与性行为》里,本书由商务印书馆于2000年2月出版,共395页,31万字。

2001年10月到12月,我再次自费对全国的大学本科生进行了随机抽样调查。这是一次追踪调查,是为了考察从1991年到2001年的十年间,中国大学生的性观念与性行为究竟发生了什么样的变化。其成果是2004年5月我和我的学生杨蕊出版的专著《性爱十年:全国大学生性行为的追踪调查》,由社会科学文献出版社出版,26万字。此外,我还陆续发表了一些论文①。

　　以上四次调查都是采用邮寄调查的方式，主要是两个原因。其一，那时候大学生们还很难接受面对面的问卷调查，而收到一封挂号信后，自己偷偷地填答，再匿名寄回来（返程的信封邮票已附在挂号信中）就比较容易做到。其二，因为我没钱去做面对面的问卷调查。前两次调查都是我自费的，第三次虽然是国家教委社科基金项目，也只有一万元经费，而每封信的邮票价格却从八分暴涨到五角。2001年的第四次邮寄调查还是由我自费。

　　随后的2006年、2010年、2015年，我又三次采集了大学生的数据，但并不是邮寄调查，也不是单独针对大学生的调查，而是在对全国18—61岁的总人口进行等概率抽样调查之后，把那些被调查时还在上大学的样本抽出来进行统计分析。

　　这样，我就拥有了从1991年到2015年之间的七次调查的结果，足以分析这25年间，大学生之性究竟发生了什么。

　　我觉得最重要的就是以下三种情况。

　　首先，从1991年到1998年，大学生里发生过性行为的比例一直保持在10%左右。也就是说，虽然此段时间内全国成年人的性关系已经极大地松散化了，但是大学生却拒绝性革命。这与西方20世纪60年代首发于大学校园的性革命恰恰相反。只有在进入21世纪以后，中国大学生的性行为发生率才逐年迅速提高，基本跟上了全国成年总人口的发展。

　　其次，尽管如此，直到2015年，大学生发生过性行为的比例，仍然低于全国同年龄（18—23岁）的总人口。

　　第三，大众传媒不断地渲染有关女大学生的各种性方面的奇闻异事，但是直到2015年，在性的各个行为层级上（接吻、性爱抚、口交、

---

① 《北京高校学生的性观念与性行为》（1994）、《大学生拒绝"性革命"》（1996）、《中国大学生首次性活动的年龄》（英文，1997）、《中国大学生预防艾滋病知识水平的随机抽样调查》（英文，1998）、《当代大学生贞操观调查报告》（2005）。

性交），女大学生都比同年龄的其他女性要少很多。尤其是，女生与同龄人的差距，比男生的同样差距还要大。也就是说，与同龄人相比，女大学生其实比男大学生要保守得多。

这三种情况都不是观念变化的简单问题，而是出于以下主要的原因。

大学生之性更少的原因：我国大学独有的生活环境与世界上其他地方的大学都不一样。

世界上其他地方的大学有封闭的围墙吗？有我们这种必须在校内集中住宿否则受罚的制度吗？有男女隔绝而且禁入的宿舍楼或楼层吗？可以强制分配某几个学生住在同一个宿舍里甚至四年不变吗？可以把学生强组为班级而且经常集体活动吗？有辅导员吗？有严禁性行为甚至禁止谈恋爱否则开除的制度吗？……

这种生活环境带来了四个方面的结果。

1. 表面看来大学里的男女生相处密切，但实际上，由于专业、班级和集体宿舍的划分与隔绝，大学生接触更多异性的机会反而少。例如我在调查中发现，大学生的性伴侣很多是高中的朋友或者家乡当地的人。

2. 在这样的大学环境中，学生们更加容易倾向于追求和崇拜浪漫爱情，更加贬低一夜情和约炮这样的"非爱行为"，这就抑制了以性为目的的交往和性交的发生率。

3. 大学生毕竟是社会上最富有理想的一群人，所以害怕恋爱与做爱会影响学业、事业、前途的人就更多一些。

4. 很多大学都有"发生性关系、怀孕、人流就开除"的校规。虽然有些学校并不认真执行，但这毕竟是"悬顶之剑"，而社会青年就没有这个顾虑。

总之，我国的大学更像是一个军营，而且确实有相当多的大学旗帜鲜明地实行军事化管理。生活在这样环境里的大学生，与社会上的同龄人相比，性行为的数量当然很小。

20世纪90年代大学生没有发生性革命的原因：直到1999年大学才开始扩招，此前的"天之骄子"才开始变成"芸芸众生"，因此直到

21世纪开始之后，大学生性行为才开始剧增。这主要来源于：

1.学生缴费，上大学变成消费活动与商业行为，意识形态管控就失去了经济基础。2.由于毕业不包分配，所以学校再也无法用"影响前途"来进行威慑管理。3.师生之间变成雇佣关系，教师再也没有义务去"育人"，而"专职辅导员"则毫无威信。4.集中居住、课余管控、助学金引诱的传统监管手段都开始松散化或空壳化。总之一句话，大学生的全面"平民化"当然包括性革命在内。

大学生之性被传媒渲染、放大的原因：由于传统的男女不平等的社会并没有彻底改变，所以女大学生的性行为虽然比社会青年少很多，却格外能够引发社会的焦虑。

首先，传统文化中，性直接涉及女性的贞操，尤其是上流社会女性的贞操，因此现在有些人格外关注高校中的性骚扰、师生恋，甚至三人成虎，其实就是强行把女大学生树立为"贞操典范"。

其次，女大学生被认为是思想最开放的，因此很多人把"性开放"也强塞进去，瞎猜"女生都乱套了"。

归根结底，且不论大学生的性的实况究竟是什么样，真正的问题在于：舆论为什么总是把它作为一个"问题"，甚至是"严重的社会问题"？

我的基本论点可以表述为：性，不是因为它本身的情况如何，而是由于它被放置在生活与社会的某种位置之上，与某些社会因素发生相互作用，才具有了某种价值，而且被传媒放大之后，才形成人们所认知的社会"问题"。

2010：调查全国少年之性

上述的七次大学生调查，从学术上来说还不够严谨，因此我继续做出如下努力。

2010年4月到9月，我领导的团队使用多层等概率的抽样方法，调查了全国14—17岁的总人口，终端调查点是123个城市社区与37个行政村。

在每个终端调查点中，我们按照居住者的总名单进行等距抽样，然后按照地理位置抽样法抽取未登记的流动人口，总计获得1593个有效样本，有效应答率为66.8%。

国内对于青少年的性调查已经有一些，但基本上都是在学校里调查在校生。与此相对，本次调查的创新意义在于：

第一，首次针对全国14—17岁的总人口，具有总体代表性，因此任何一种非随机抽样的或局部的调查，都不可望其项背。

第二，涵盖了全国各种少年的总体，而绝不仅仅是在校生，包括失学辍学的8.4%、毕业后不再上学的11.1%，总计占到19.5%。按照工作状况来看，目前不工作的占6.0%，正在城市里工作的（包括进城打工的）占10.3%，正在从事农业生产的占3.2%。这些少年都是以往任何调查根本不可能包括的。

第三，实现了最强的保密性。我在学校之外，采用同性别、一对一、封闭空间、使用笔记本电脑由被访者通过按键盘来独自完成问卷。这是目前国际公认的最有利于获得真实回答的方法。

第四，最充分地贯彻了社会调查的伦理原则。在访谈开始之前就明确告知被访少年，我们要询问性方面的问题，而且允许拒绝回答某个问题或者中途退出。为此我专门设置了七个问题，都是"下面我们将要询问××方面的问题，您愿意回答吗？"如果被访少年选择"不愿意"，则电脑程序自动跳过该部分的所有问题。我们也允许家长一起来，但是调查开始后家长必须退出访谈室。

第五，在电脑问卷中使用技术手段设置了测谎功能与回答条件的限定。

上述措施最大限度地减少了少年的顾虑与失误，保证了调查结果的高质量。

这次调查是由福特基金会①资助的，由于其高度的科学性，调查结果被该基金会广泛地传播到各个国际机构和新闻单位，被不断地引用，成为关于中国少年性行为的权威之作。其中的主要发现有三个。

首先，在14—17岁的少年中，有过性行为的比例已经超过10%。这个发现高于国内的任何一个局部调查。这是因为我的调查包括了校外少年，而他们更加容易投入性生活之中。

其次，我的调查具体考察了六个性知识的教育效果，发现效果都非常差，但是这与少年是否发生性行为却没有显著的关系。②

第三，我的调查发现，自认为多少具有某种同性恋倾向的少年男女超过10%，呈现为性别的多元化。③

这些调查结果都是实证的调查数据的统计分析产物，都发现了别人得不到的情况，所以值得作为史料留存。

中国独一无二："单性别成长"

自从1980年中国开始严格实行独生子女国策，到2016年终止，这36年间，中国出现了世界历史上独一无二的独生子女的一代人。对此，国内外的研究汗牛充栋，却没有意识到"单性别成长"这个现象及其严重性。

所谓单性别成长就是说：独生子女没有任何异性的兄弟姐妹，因此也就无法在成长的过程中潜移默化地了解异性世界的奥秘，更学不到与异性和谐相处的诀窍与技巧。这对于男孩子（独生子）来说还不是个大

---

① 福特基金会的注册地点是在美国，但是早已与福特汽车公司脱离关系，其资金主要来自公众的捐款，其成员不限于美国公民，是一个国际化的独立自主的社会组织，所以绝不能称之为"美国福特基金会"。它在中国的一切活动，都是1986年与中国政府签约并且一直由中国外经贸部主管，中国社会科学院直接管理的。它从一开始就设有"性与生殖健康"这个项目，项目官员先后是白玫、高夫曼、李文晶、苏茜。
② 《我国14—17岁青少年性教育效果的实证分析》（第二作者，2011）。
③ 《中国少年的多元社会性别与性取向——基于2010年14—17岁全国总人口的随机抽样调查》（第二作者，2013）。

问题，因为社会对于任何一个男人的要求都是一样的；但是单性别成长的女孩子（独生女）却在日后的恋爱、婚姻和性生活中，与多子女成长的女性出现了显著的差异。这反映在性别自我认同、"性趣"、风采与能力、结婚、婚后爱情和婚内性生活这六个方面。从传统社会的视角来看就是独生女的性、爱、婚都出现了某些困难甚至障碍，从后现代的视角来看则是独生女更加独立自主，更加反传统。①

我自认为，这也是我的性社会学生涯中重大的学术发现之一。可惜，单性别成长这个概念以及它所带来的社会警示，一直如独生子女般孤独地存在于文献之海，并未发挥其应有的社会作用。

性教育：理念为先

这么多年以来，我直接对中学生进行的性教育只有两次。

第一次是在1999年，朋友邀请我去南宁三中给高一学生讲性教育，我也希望试一试。但是我放得太开了，害得学校事后忙不迭地"消毒"和"纠偏"，也害得我的朋友被校长怨恨。但是我个人却有收获：课后有一位男学生问我，应该如何帮助他的同性恋同学。

第二次是2003年，在北京二十五中，给初二的学生讲。但是学校居然只让我给男生讲。这违背了我自己到处宣讲的"性别取消"的性教育原则，但是因为中间夹着一个穿针引线的老朋友，所以我也就去试一试。那是5月里，我让男生们撸起袖子和裤腿，看看有没有疤痕。他们一片茫然。我就问：难道你们不打架吗？他们齐声回答：不！我又问：你们不上房揭瓦吗？一个孩子说：我家在32层。我不死心，又问：你们谁放过火玩儿？好几个学生都笑了，说：到处都是烟雾报警器！这下子我受教匪浅：时代变了，我们从小到大被培训为男子汉的那些生活条

---

① 《"单性别成长"的独生子女婚恋状况的对照研究——全国14—30岁总人口随机抽样调查分析》（第二作者，2014）。

件都没有了，那我就再也不要倚老卖老啦。

出于这一反一正的两次经历，我自认无能，再也没有进过性教育的课堂。

可是盘点下来，连我自己都惊讶的是，我居然写过这么多关于性教育的论文或通俗文章。但是我的所有文章都不是介绍性教育的具体方法，而是从社会学的视角来分析性教育的状况、意义与前景。①

我对于性教育的基本看法是来自历史学的积累。

进入工业社会后，必须把农民变成工人。可是农业生产，第一是分散的，不需要集体劳动；第二不需要精确的时间概念；第三也不需要快速的学习。这些生活习惯在工业生产中都罪大恶极，工业社会必须实行"饥饿纪律"，不守规矩就没饭吃。尤其是，这种纪律必须祖祖辈辈传下去，工业生产才不至于中断。这就需要最基本的教育和规训，而且是强制的，不上学就不行，就是为了培养合格的熟练工。因此这样的教育必然反对一切创新，反对奇思怪想，反对异想天开，因为对一个体力劳动工人来说这些都是罪恶。社会只需要你规规矩矩、老老实实地在生产线上卖命。

在这样的社会里，性不可能是个人的自由，甚至都不是私事，而是关系到工业社会的最基本的秩序。因此经典的性教育都是"灭火器"，用来消灭那些旁门左道；都是"园丁"，用来修剪掉那些旁枝横杈；都是"长江后浪推前浪，要想拐弯绝不让"。为了反对这种"文化遗产"，我早在1988年就专门写了一篇文章《何必预制明天》。我自以为这是得意之作，而且多年后还有朋友提到它。

这样的批判虽然深刻，却不能解决当前最现实的问题：就连这种培养驯服工具的性教育，太多的学校、老师和家长仍然在顽强抵制。因此

---

① 《两种性教育的比较研究》（1989）、《中国性教育：经验与社会控制》《性教育不适合"集中领导、统筹安排"》《性教育是一种家庭建设》《中国性教育：经验与社会控制》（2002），《我们为什么需要性教育》《怎样进行性教育更合适？》（2004），《潘绥铭质疑正规性教育》《对青少年教育"性"的什么》（三篇连载，2005），《中国性教育的特有问题》（2007）、《意识形态斗争对我国性教育的影响》（第二作者，2007）。

我突发奇想，反戈一击，在 2004 年写了一篇文章，论证为什么《性教育是义务教育》。这也是我的得意之作：拒绝性教育就是违反《义务教育法》！后来有参加我们会议的研究者转述，这一招最能让抵制性教育的校方哑口无言。

最近 40 年来的中国，关于青少年还有一件搞笑的事情，我不吐不快。

从 20 世纪 80 年代中期开始，全国各地突然冒出来众多的"未成年人保护法规"。只不过，历史在这里跟那些立法者开了一个玩笑。

虽然所有立法者在制定这样的法规时，心里想的都是要保护青少年不受"黄毒"等的侵害，但是他们可能直到现在也没有明白：从法理上来说，这等于清清楚楚地承认——下一代不但可以拥有而且已经拥有某些与目前社会大目标并不相同的独特利益，因此，他们需要而且必须拥有独立的、不同的权利。这不但顺理成章，而且恰恰是这些立法者授予了他们这样的权利。中国的青少年很快就会要求它、争取它、实现它的。

大概从来没有人给中国的立法者们讲过这样的历史事实：西方各国当初也是为了保护青少年才制定出法定的"性的承诺年龄"①，即低于此年龄者无权同意性交，因此一切与他们性交者一律按照强奸罪论处。直到 1948 年莱赫的著作《青少年的性权利》一出，社会才恍然大悟：原来这等于承认，他们一到此年龄就可以同意性交，就可以性解放了，从父母到教会到政府都无权再压制他们了。随后到了 20 世纪 60 年代，西方青少年恰恰是依据这个"承诺年龄"发起性革命，直到令整个社会为之一变。

---

① 2015 年左右，很多人争论过"与 14 周岁以下女性性交均为强奸"这个法条，但是争论的双方基本上是就法论法，缺乏最起码的历史文化视角，所以沦为低水平的道德骂架。我对此不屑一顾。

90年代：性关系研究

在我看来，一切人类活动都有两种存在方式，一个是生活实体（人们自己的生活实践），另外一个是制度设置（政权对人们的要求）。在性方面，人们按照自己的意愿与别人有了性生活，建立了某种性关系，这就是生活实体；而法定婚姻则是政权对于人们的性活动的强制管理，这就是制度设置。这两者不一定处处势不两立，但一定时时迥然不同。

研究者究竟是要研究生活实体还是制度设置，究竟把谁视为第一性，究竟为谁说话，这不是一个操作方法的问题，而是价值立场的体现。我始终义无反顾地站在生活实体这一边。[1]

当今的二奶

二奶与婚外恋、小三、情妇的根本区别在于二奶是被男人较长期地供养的（哪怕不是百分之百）。我从来也不认为二奶是所谓的"死灰复燃"，因为二奶绝不等于1949年之前的"妾"（小老婆）。其主要区别有三。

第一，妾符合当时的婚姻制度。可是现在的二奶至少在广东省已经

---

[1]《北京市婚姻家庭的演变》（1987）、《1949年以来北京市的婚姻家庭》（出自《当代中国·北京卷》，1989）、《北京婚姻问题探讨》（主编项目，1994）、《北京基层社会的婚外恋》（1994）、《论结婚的法理》（1997）、《三角洲的"二奶问题"》（1997）、《质疑"不登记就是无效婚姻"》（2001）、《性革命与婚姻进步》（2002）、《家庭、婚姻、性与社会性别》（2003）、《钱与性之关系社会调查》（2003）、《中国的婚外之性》（英文，2008）。

被规定为违法的了。"包二奶"的男人可以被劳动教养三年之久。

第二，妾是居住与生活在丈夫的家里，与正妻生活在一起，而现在的二奶则基本上是分开居住，类似于1949年之前的"外室"。

第三，以前的妾虽然地位低于正妻，但是社会有一套规矩来保障妾的基本权益，例如妾生的孩子虽然是庶生，却不是私生子女，基本上能够享受与嫡生子女区别不大的各种权益。但是目前的二奶却没有这样的社会保护，反而会受到种种歧视。例如2005年有传媒报道：一个法庭本来根据丈夫的遗嘱，判决那个生了孩子的二奶可以获得一部分遗产，但是当地的"群众"却因此"大闹公堂"，迫使法庭改判。结果那个二奶以及那个孩子都没有得到丈夫的任何遗产，不得不远走他乡。

因此，二奶不是简单地回归传统，而是当事人在现今社会制度之下的一种具有反叛意义的生存策略。

时至今日，男人获得更高的社会经济地位的可能性与可操作性，仍然远远多于女性。通俗地说，现在的中国女性还能怎么样？就算读完了博士，也仍然比男博士更难找到工作。

在这种情况下，依靠"当二奶"这个方法来改善自己的地位，就必然成为一些女性的最佳选择。虽然她们不能被明媒正娶，但是在她们的世界中，两害取其轻的道理所具有的力量，远远超过社会灌输给她们的那些神圣的道德。

因此，我们就可以明白，为什么在女领导或者富婆群体中，仍然有少数人去当二奶。因为即使是这样的"女强人"，与同阶层的男人相比，提高已有地位的机会与方法也仍然要少得多。她们不得不与更高层的男人做交易，主要是性。

我坚决反对任何人把社会的错误偷换为个人的道德败坏。在这一点上，二奶与小姐一样。她们的选择主要是由于社会的强制，在衡量个人品德时，她们与我们无异，看的都应该是诚信、善良等为人处世之道，而不是她们的职业。

因此，如果我主张"消灭二奶"，那就应该先去改造这个社会，绝不能欺软怕硬。

有些人认为，二奶侵犯了妻子对于丈夫的"专有权"。可是这恰恰是：专偶苛政——它把婚姻本来所具有的"共同生活的义务"，错误地扩大为"对于配偶的整个人身的占有权"。如此说来，一方提出离婚，不也是破坏对方的专有权吗？为什么法律还要允许离婚呢？

立法惩罚的谬误

运用法律手段来处理包二奶的男人，往往并不符合原配妻子的诉求。广东省是全国唯一一个处罚包二奶的男性的地方，要罚款和劳动教养。结果投诉的妻子发现，这给自己带来三大恶果。

首先，按照"夫妻婚后财产共有"的原则，那个罚款妻子其实付出了一半。其次，丈夫被判劳动教养，体制内的工作就没有了，家庭收入至少减少一半。第三，丈夫永远也不可能再与这位举报自己的妻子共同生活了，非离婚不可。

可是实际上，那位妻子只是想让丈夫离开二奶，回来好好跟自己过日子。结果求助于公权力之后，却落得这样一个鸡飞蛋打的结局。这样的示范效应，不但会彰显这条法规的荒谬，而且会阻止那些怀有同样诉求的后来者，使得该法规名存实亡。

这就是因为立法者脱离生活，未能理解那些妻子为什么要来投诉包二奶的丈夫。试想，如果这位妻子当即毅然离婚，那么前夫包不包二奶根本就与她无关，包二奶的这个事实也就不存在了。这位前妻还会来投诉，还有理由来投诉吗？只有一种可能性，那就是前妻试图报复前夫。可是，我们的法规应该纵容这样的报复吗？

进一步说，有些人一贯主张用立法来惩罚一切道德错误。他们不仅一见到任何不道德的现象就想要立一个法来加以惩罚，而且相信一旦立法那些丑恶就会消失。这就是目前中国愈演愈烈的"盲目的立法崇拜"的思潮。它不仅违反法理，也试图把法律的威力推出应有的界限。因此它唯一的作用就是可以给鼓吹者带来道德优越感。

专偶制剖析

1884年恩格斯发表了名著《家庭、私有制和国家的起源》,成为马克思主义理论的重要组成部分之一。该书论述专偶制(一夫一妻制)的产生、发展与未来可能的变化。[①] 我们必须不忘初心。

现代专偶制:阴阳哲学与基督教的合谋

来自基督教传统的一夫一妻制,高度符合一阴一阳的中国古老哲学。因此,在五四时期,并不是仅仅西化派在叫喊,很多国粹派也是用"一阴一阳谓之道"[②]来支持一夫一妻制度的。尤其是,儒家言必称夫妻,至少在字面上并不包括那些妾和收房丫头,所以也可以与西来的专偶制实现暗合,至少不会与之对抗。因此,从五四直到今天社会争论的焦点,并不是一夫一妻好不好,而是应不应该彻底专一。

在这场斗争中,"一男配多女"的思想和制度全军覆没,但是阴阳哲学却被改造为"一阳只可配一阴"的新思想,直到今天仍然控制着中国每一个想结婚的男女。

即使在21世纪,无论男女,无论是否结婚,如果你说出"我的另一半"这样的话,那你就是一个"新阴阳主义者"。别看你学了那么多西方理论,那都是天上的云,你很难成为一个后现代主义者。

白头偕老只是可能性之一

在发达国家中,离婚和再婚的比例越来越高,一生中多次结婚的人越来越多,但是在每一次婚姻中双方都可以做到专一。这就是所谓"一次式专偶制":虽然一生是多偶的,但是随时都是专一的。可是在如今的中国,白头偕老却是一种强制的道德评判标准,尽管它违反《婚姻

---

① 最新版本是人民出版社出版,2018年4月1日。
②《礼记大全》。

法》的离婚自由。

这仅仅是因为过去的农业生产的周期至少需要一年,经验与财富的积累则更是需要一生一世。结果,中国人的婚前恋爱时间也是平均大约一年,一旦结婚则必须白头偕老,以适应农业社会的生产周期。

可是这遮住了国人的双眼,看不到"一次式专偶制"的最大好处:极大地减少了婚外恋。因为一旦不再强求白头偕老,那么如果爱上婚外之人,自然就是解除原有的婚姻,再与那人结婚;根本就没有必要偷偷摸摸搞婚外恋。

当然,这必须以离婚自由为前提。中国实际上仍然缺乏这个,因此至少有一部分人之所以不离婚而是搞婚外恋,很可能因为他/她不愿、不敢、无法为"毁约"而付出应有的代价,只好采取"两害取其轻"的生存策略。其结果就是我的调查数据表明,当今中国的婚外恋比例高于一些被认为"性混乱"的发达国家。

错的不是专偶,而是苛求

专偶作为一种生活实体,不但是人民的美好理想,也是个人自主选择的结果。或者说,真爱总会走向专一的。所以说,一夫一妻的实现和保持,只是爱情的结果而不是爱情的前提。

因此越是把专一变成一种制度,往往就越是容易损害爱情。一是婚内无爱的双方却不得不同床异梦甚至互斗终生;二是婚外有爱的双方无法离婚与再婚。①

实行专偶制就必然惩罚通奸。可是 20 世纪 80 年代之初我刚开始研究性社会学时,就百思不得其解:许多被我们认为性很自由的发达国家仍然有通奸罪,那么为什么中华人民共和国从一开始就没有呢?我查不

---

① 《北京的"傍肩儿"北京基层社会的婚外恋》(1992)、《中国成年女性多伴侣性关系的变化及相关因素:基于 2000 和 2006 全国调查》(英文,2011)、《中国都市里的通奸》(英文,合作,2012)、《试论"性福"概念的学术化及其意义:以外遇为例的检验》(第二作者,2016)。

到任何文字记载。幸亏20世纪80年代还有一些当事人活着，而且愿意跟我说，我才得以记录到下列6种口头说法，必须作为难得的史料记录下来，绝不能让它们随着我而消失。

1. 一位当时最高法院政策研究室的领导说：1949年后在讨论通奸罪问题的时候，有些"老革命"认为：在农村，所谓的通奸，有很多其实是包办婚姻造成的。两个人本来青梅竹马，长大了却被"棒打鸳鸯"，分别结婚。其结果就是藕断丝连，不得不用通奸来寻求爱情。我们共产党人靠农民得胜，怎么可以忘恩负义，去惩罚这样的通奸呢？这样说的老革命们，位高权重，有情有义，终占上风。

2. 一位"旧知识分子"的后代转述道：1949年10月到1950年10月的"和平间隙期"里，中国曾经派了一个代表团去参加国际法学大会。到那里一听，大家都在主张废除通奸罪。我们社会主义比资本主义更加先进，人家都要废除的，我们怎么能再捡起来呢？回国后，这种认识就传播开。

3. 一位著名的"红二代"男人在听了我的课之后，专门找我来澄清：当初不设立通奸罪，是为了保护妇女。因为在那个时代，一个妇女如果被发现与人通奸，光是道德与习俗的谴责，就足以逼她跳井上吊了；要是再加上法律的惩罚，那不知道还要多死多少女人。他说，这是小时候听他爸爸（副国级领导人）讲的。

4. 某位中国史教授对我说过：儒家认为，"德"足以治天下。如果不得不用"法"来惩罚通奸，那就是"德治"的失败。因此新政权只能"以德代法"来处理通奸问题。

5. 我的一位平民"发小"在聊天中随口说：当年一进城，有些干部换老婆，通奸往往是前奏，所以投鼠忌器。

6. 我自己的看法是：不设立通奸罪，绝不意味着不去惩罚，而仅仅是不需要使用"立法"这样的"笨办法"。例如"文革"中，许多通奸的双方就是被"革命群众"活活斗死的。

当然，我并不试图做出事实判断，更不妄想结束讨论，而是提示我自己两点：

1. 如果没有搞清楚来龙去脉，最好不要贸然评价任何一个社会现象。

2. 世间万事，必定是多样化的，而且比我想象的要复杂千百倍。我多知道任何一种可能性，必定比少知道要好上千百倍。

1993，论证中国的性革命

早在1988年8月到1989年8月，我就在《婚姻与家庭》杂志上每月一篇发表了系列文章11篇。①

大约从20世纪90年代开始，尤其是开始运用社会调查与统计分析之后，我日益意识到中国正在发生一场性的革命。在参考了欧洲20年代和美国60年代的性革命文献之后，我逐步明确了自己的想法，把中国的性革命总结为生殖革命（独生子女政策的严厉推行）、性表现的革命（情色的日益公开化）、性关系的革命（各种非主流现象）、性行为的革命（性生活丰富化）与社会性别的革命（性别多元化）。1993年，我在社会学界的顶级刊物《社会学研究》上发表了《当前中国的性存在》一文，正式提出中国已经发生了一场性革命的论断。

所谓性革命并不包含任何政治意义，而是形容性领域的社会变化一急二剧，已经远远超出进步与改良的程度。这样的总结，其实没有多少可以引经据典的学术依据，主要来自我个人对于中国社会的体验与感悟。"文革"结束的时候，我已经26岁了，整个青少年时期完全生活在"毛泽东时代"，因此可以更加深切地感受到改革开放以来性的变化之剧

---

① 《性革命的对象与原因》《女性性权利的复归》《性学指引着性价值观的演变》《性的公开化及其商业化》《性革命与婚姻进步相互促进》《性是个人私事》《今日中国：性革命开始了吗？》《性在婚姻与爱情中的新位置》《性表现大潮的冲击》《性的代沟与阶层差异》《当今女性的性危机》。

烈。它已经超出了我年轻时候的任何梦想。①

发生的时机与背景

性革命不是紧随着 1979 年的改革开放而出现的，而是经过 1983 年的"严打"，在一些"家庭舞会"的组织者被定为"聚众淫乱罪"并被枪毙之后②，迟至 1985 年城市经济改革开始之后才出现的。

这就是说，从 1976 年到 1985 年间，中国性文化出现了一个恢复与过渡时期。当时的主要特征就是从性的外围现象开始，首先把那些被"文革"弄得过分荒谬的事物恢复到大体相当于 50 年代初期的状况。

首先，婚姻的价值又被重新承认甚至发扬光大了。从 1976 年开始，大批知青返城，急匆匆地踏上婚姻之路。1979 年后，大批"文革"中被棒子打散的"中老鸳鸯们"又重圆旧梦。1983 年左右，最高层开会发文件，动员"工青妇"一齐上阵做"红娘"，解决大龄青年的婚姻问题，举世罕见。反方向的发展也很显著，例如"秦香莲上访团"和"道德法庭"。

其次，爱情重新抛头露面，例如《小花》那样的"朦胧爱恋"与《庐山恋》那样的绝对纯情。

第三，生活环境中又开始有性的色彩了。那时人们的心气也不一样。"现代化"一词又成为社会共识，而且国家似乎是老树发新芽，人人都觉得只要闭眼走下去，总会有自己一个位置的。因此性这个东西还是放在方圆之内为好，免得惹是生非，干扰前程。所以，尽管 80 年代初东南沿海已有"黄潮"（色情品）登陆和"半夜鸡叫"（小姐拉客），

---

① 我写的有关论著非常多，这里简要罗列一下。《当前中国的性革命》（英文，1993）、《中国传统性文化的传承与变化》（英文，1994）、《中国性现状——潘绥铭性学专题》（专著，1995）、《性文化：怎样走到今天的》（1995）、《中国人性观念变化的轨迹》（1997）、《中国的性革命的基本理论问题》（2000）。
② 这是一段非常重要的历史。当时，有一批人因为与"性"有关的罪名被判处死刑或者长期徒刑。可惜，我对这段历史所知不多，也无从查找资料，所以只好暂付阙如。

但中国性文化还是奋力地向歌舞升平迈开大腿。

性革命不是什么人主动发起的，而是来自以下四个方面的社会变化。

单位制度的瓦解＋传统信仰的消失＝社会控制放松

新中国成立后，个人一直归"单位"（含生产队）完全所有，单位足以管制住个人的任何私事与隐秘空间，所以"性越轨者"寡。但是1980年之后，一切以经济工作为中心，单位也就不再去管男女之事，除非闹出乱子来。再到后来，大量私营的"单位"出现了，它们不仅没有义务去执行道德管理的戒律，而且生怕这会损害自己的经济利益。结果，空前地，在当今中国，性居然没有人管了。

当然还有法律，可是人们很少认识到，"讲法制"恰恰是一个极大的"性危机"。

传统文化都不是靠法制来控制性行为的，因为只有"唯道德论"才允许随便什么人都可以夜入民宅、捉奸捉双，却并不去管执行程序的合法性，所以才能形成"个人自扫门前雪，专管他人床上事"的社会习俗，而且确实成功地维持了性关系方面的道统。

80年代开始讲法制，那些曾经有效地控制过个人性行为的基层组织和惯用手段就全都玩完了。早在1984年我就听说过一例，居委会来捉奸，门不开，递出一页纸，以为是结婚证，却是撕下来的法制教育课本的一页，上批："拿搜查证来！"

如此，传统性道德还如何维护呢？

那么内化的道德良心呢？总该起作用吧？可是，大家全都没有性的信仰与哲学了。

尤其是"文革"中的一代人做父母之后，他们自己的性观念就处在矛盾之中或者真空之中。结果，各民族最自然而然的家内性教育，在这个时空里反而成了最没人能弄明白的事情。这就逼出了1985年后的社会化性教育，而绝非几位智者的匹夫之勇。

人口的横纵向流动 + 居住方式变化 = "陌生人社会"形成

改革开放以来，中国人不仅流出本村本土本市本国，而且流出"抬头不见低头见"的大杂院和单位家属区，流进"老死不相往来"的塔楼，流进"门一关就自由"的单元房，流进越来越多的公共娱乐场所，现在则更是流进"不知道对方是不是一条狗"的互联网。

一个"陌生人社会"已然至少在中国城市里形成，它不仅开始彻底消解"道德楷模"的作用，而且把以往的几乎一切道德管束手段都给消解了。

中国以往的性道德，全靠"革命群众的眼睛是雪亮的"（西方学者叫作"社会凝视"）来维系。当然还可以靠"杀鸡给猴看"，可是现在的"猴"们也看不见"杀鸡"了，或者认为"鸡"与自己根本就是天涯陌路，为什么要怕？至少在城市里和外出者当中，中国人从来没有像现在这样独处过，可是又从来没有看到过尊重个人权利的楷模，那么，性的自律、自导与自享又从何而来？相应的社会化服务要是不出现才怪呢。

私人空间的独立与扩大 + "文化反哺" = 个性再次张扬

20世纪80年代以来，如果总结一下我们中国人的日常生活中最大的变化是什么，我一定把票投给"私人空间的独立与扩大"。

所谓"文化反哺"说的则是至少三个层面的情况。

首先是年轻人对于中老年人的再教育。

最典型的例子大概要算是广场舞和黄昏恋。

用"薄露透"、当众亲昵、浪漫情爱反过来灌输给上几辈，因此才有了作为褒义词的"第二春"和"老来俏"，带来了老老少少的中国人生机勃勃的精神面貌。

其次，先进女性也开始对男权社会进行再教育。

80年代，当传统女性以"秦香莲"自居，把"陈世美"搞得臭大街的时候，就有一位女导演厉声喝问：谁是第三者？当主流报刊大肆宣传某女"决定"爱上某英雄这样的事迹的时候，《中国妇女报》却首开专版，讨论一个史无前例的问题：女性有没有性权利？

最后，民间力量对于社会领导者的再教育。

从 1980 年开始，以三年为一个周期，很多原来严厉打击的活动，后来都公开化和普及化了。想想女性的烫发与化妆、"蛤蟆镜"（太阳镜）、喇叭裤与牛仔裤、迪斯科、摇滚乐、三点式、裸体艺术、异性按摩、三陪等，哪个不是如此。

在这样的社会背景下，中国人的个性再一次得到了发扬光大，出现了五四运动以来的第二次大解放。

从思想文化来看，大约从 1985 年起，中国社会出现了与性革命有关的三种精神力量，而且一直处于三足鼎立的局面。它们是以"精神文明"为口号的社会治理力量、以"性科学"为旗帜的自由主义力量、以"人性论"为理由的民间自发力量。

性革命的两大助力

第一个主要的助力，来自 1980 年修改的《中华人民共和国婚姻法》。

在这部法律里，第一次明确地规定了离婚的唯一标准，就是"双方感情破裂"，附带的条件是"经调解无效"。其他的种种理由，均不在法律的考虑之列。这使中国一跃成为世界上奉行自由离婚的领先国家之一。

这个法律的重大意义在于它通过扫除离婚障碍而冲击了"婚姻神圣"，实际上是确立了"爱情是婚姻的灵魂"这样一个基本原则，是在全体人民的范围内最终实现了五四运动以来中国先进分子的梦想。

这一原则的确立，具有天翻地覆般的历史意义。

在以前的"婚姻神圣"的制度下，凡是出现第三者问题，一定会闹得鸡飞狗跳，甚至出人命。没有第三者的那一方，往往采取"拖死你也不离婚"的战略，而且往往会成功，因为这种制度的实质是婚姻至高无上而且统治爱情。可是1980年之后，如果有人再这样闹，就失去了法律的支持。我在2000年做的全国调查结果表明，离婚者中71.2%的人都再次结婚了。也就是说，大多数人还是没有把自己的幸福吊死在"婚姻神圣"这棵树上。

第二个助力，是80年代之后，青少年人口剧增。

在"文化大革命"中，出现了一个人口出生的高峰。到了1980年之后，那时出生的人开始进入青春期，造成青少年在总人口中的比例剧增。

青少年占高比例，必然会展现出他们自己的文化，从而影响整个社会文化的走向，性革命才可能发生。这是一个历史的事实。欧洲在第一次世界大战之前，也出现过这样的人口出生高峰，结果在20年代就出现了"静悄悄的性革命"。同样，第二次世界大战结束之后各国也出现了出生高峰。这些孩子在60年代开始进入青春期，于是就掀起了第二轮性革命。

独生子女政策 = 性革命之母

从1993年提出中国性革命这个论断，到2003年做出理论解释，我屡次提出"独生子女政策所带来的性与生殖的相对分离，是中国性革命独特的与根本的来源"这样一个命题，而且在课堂上和国内外的一切学术场合中喋喋不休地宣讲。我一直以为，这是我在学术之路上非常重要的创新见解之一。

在传统中国，性的唯一目的被规定为"传宗接代"。这是当时的初级生活圈里的根基与支柱，起着纲举目张的作用。这种"性的唯生殖目的论"来源于祖先崇拜，产生了性关系方面的"忠贞"和性行为方面的"正经"。

同样，传统中国妇女的悲惨命运，也不仅仅在于"大门不出，二门不迈"和"嫁鸡随鸡，嫁狗随狗"，还因为作为一个生儿育女的工具，她们的"性"毫无价值。因此,即使在夫妻性生活里,她们也不是不能而是没有资格去享受性的乐趣。

从1981年起,中国开始全面推行独生子女政策。在当时和以后的很长时间里,没有人觉得这与"性"有什么关系。

独生子女国策的制定者从来没有意识到:性只是为了生儿育女的观念,是数千年来抑制性的快乐主义的最大法宝。1981年一搞独生子女,每个人早晚都会想:生完一个孩子之后,夫妻干吗还要过性生活?用着避孕工具的性交,不是寻欢作乐是什么?老实人可能说:这是为了增进夫妻感情。可是这感情难道是靠痛苦来增进吗?这实际上就是基本摧毁了性的"唯生殖目的论"。①

说到底,只要承认性里边还有快乐,那么从"文革"到五四到孔子,定下的一切性行为准则和大部分性关系道德,就都会一溃千里。试想,如果只有跟别人性交才有快乐,禁理何存?这样,"性的快乐主义"和"个体主义"及其实践在中国就第一次有了发展的可能。

它的最直接、最主要的产物如下:

1. 避孕和人工流产都自然而然地合理合法了,而且被官方大力推广。这就极大地减少了女性担心因性生活而怀孕的恐惧,有益于夫妻性生活质量的提高。

2. 这也减少了各种非婚性行为中的怀孕顾虑,使得靠私生子女来发现"奸情"的传统的社会控制手段基本失效了。奸情的败露,历来是当场被捉者少,私生子女招灾惹祸的多。② 现在谁还会傻到让偷情生出孩子来?也就是说,偷情更安全了。

3. 子女的减少使得女性不再仅仅是生育工具。女性的青春期在提前,城市女性的"孕、产、育周期"减少到基本上只有一次,因此客观

---

① 我曾经几次到国家计生委去讲课,每次一讲到"独生子女政策是性革命之母",听众都一片哗然。一位大领导还语重心长地告诫我:性解放要坚决反对,更不能怪罪到我们头上啊。
② 论述私生子女促使奸情败露的时候,我一直讲两个寓言:男人当兵三年,回家一看,两个儿子变仨了;或者这家给孩子过满月,大家一看,咦,长得跟隔壁老王一个样!

上她们有可能把更多的时间与精力投入性生活。这是部分都市女性在性方面出现许多激进现象的原因之一。

4. 由于承认了性的快乐，所以一些传统上被认为"变态"或者"反常"的行为，正在获得越来越多的合理性。肯于承认自己有过自慰、各种"反常"体位、口交、肛交、同性性行为的人，都有显著的增加，乃至成为21世纪中国性别多元化的原因。

5. 孩子的减少，使得夫妻之间的"养育合作时期"被极大地缩短了，"空巢期"（子女成年离家而去）却被加长了，离婚时对于子女的顾虑也剧减。这些都使得婚姻更加难以白头偕老。

综上所述，性与生殖的相对分离，既是中国人初级生活圈变革的基本动因之一，也是其主要表现之一。

从表面看来，这似乎是一种历史的偶然，可是实际上它的必然性在于：恰恰是由于生殖目标对于性的主宰和淹没，到"文革"时达到了顶点，才会由于人口爆炸而出现后来的转机。在这个意义上可以说，"文革"是性革命之父，而独生子女国策则是其母。

总结与展望

中国性革命是西方的翻版？

这两者之间有着一些相同之处，例如都是在大动荡之后发生，而且都是在大变革之中发展，都是由于青少年人口比例的剧增，都有一个明确的革命对象，等等。

但是，双方的不同之处也同样明显。

首先，在中国的20世纪80年代，生殖革命——独生子女政策所代表的性与生殖的相对分离，进行得空前顺利与快速，几乎没有遭到任何像样的反对与抵制。其结果是牵一发而动全身，整个精神禁欲主义随着"唯生殖目的论"的崩塌，几乎在一夜之间就烟消云散了。相比之下，直到2022年，是否可以人为堕胎这个问题在美国一直是火药味十足，恨不得成为发动内战的理由。

其次,在中国,婚姻革命不进则退,落后于性革命的发展,与西方性史相反。2000年再次修改之后的婚姻法,实际上再次恢复了"有条件离婚"的理念,再次举起了"婚姻神圣"的大旗。尤其是,它把法律当成道德宣言,写上"夫妻有相互忠诚的义务",但是对于违反者却又没有任何惩罚措施。

第三,中国的社会性别革命姗姗来迟,因此女性的性权利与性要求还没有提上社会的议事日程。

总而言之,对于任何一个具有一定人口规模的民族来说,"全盘西化"根本不是应该不应该的问题,而是可能不可能的问题。

在社会性别问题上,西方女性主义思潮强调的首先是女性的个体快乐,而中国人直到现在重视的还是阴阳协调,还是把女性的性权利等放在这样一个框架之内来看待。

在性关系方面,西方社会是以个人权利为基础,而中国人却很难脱离亲情社会的笼罩。一些西方人可以说离婚就离婚,中国人却不但要考虑孩子,还要考虑父母,甚至是对方的父母。

在性行为方面,西方激进主义思潮是激情崇拜,而中国人却是关系至上。一些西方人可以因为对性生活的不满意而改变双方的关系;中国人则相反,如果双方的关系很好,那么即使自己在激情上并不满足,也不会轻易改变双方关系。

现代西方人是在一个自由社会中发起性革命的,而中国人则是一直在体制中不断地"打擦边球"。这是最大的中国国情。

综上所述,我们可以得出的结论是:

当前中国所发生的性革命,是中国人民自己的历史选择。一些西方人过分高看自己,一些中国人又过分小瞧自己,总说这是西方性解放传入中国的产物。其实,回顾性革命发生的种种条件与基础,哪一个是"全盘西化"的产物?中国人民遭受过的苦难实在太多了,尤其是在"文革"之后,他们痛定思痛,终于开始争取自己的快乐了,这就是历史。

中国的性革命不仅一直是单打独斗，而且来源于体制的"大意失荆州"式的网开一面。因此，在中国可预见的将来，性革命不可能成为社会全面变革的登高一呼。

性革命的展望

我在肯定性革命的同时，也不会忘记，历史从来就是双向车道。中国还有一些较大概率的现象，并不是性革命的缺点或者有待改善之处，而是向传统社会的逆行。

首先是性产业中的奴隶化的再次出现。它表现为两个方面：一是拐卖、强迫那些不自愿的女性投入，二是老板施行严酷的剥削与压迫。这种奴隶化是由三大因素共同造成的：其一，老板的小农经济思想，使他们误以为施行奴隶制度才是最赚钱的；其二，从业女性低下的社会地位，使她们不敢也无法反抗；其三，目前的"扫黄"政策从来没有支持过从业女性的反抗。

第二种逆行是愈演愈烈的"包二奶""傍大款"等现象，实际上是中国男人"妻妾成群"的千年理想的回光返照，同时也是一部分女性为"回家做太太"所付出的必要代价。

那么，在性革命中我们缺了什么？

缺了社会性别革命（包括男性进步、同性恋平权），也缺了女性的性革命，还缺了中国本土的性哲学。

在可预见的未来，中国的性文化会变成什么样子呢？这取决于许多因素，其中的大多数，我们现在可能还根本无法预测。但是最重要的恐怕有两条。

其一，第二代独生子女将做什么？

自从 21 世纪开始，第一代独生子女已经跨入婚恋期和性活跃期。他们的子女，第二代独生子女已经出现。他们面对着双倍的中年人和四倍的老年人，面对着成年人所拥戴的社会，是更唯唯诺诺呢，还是更

"造反有理"？他们会是一批"独秀"还是一代"孤狼"？这个问题没有任何参照系，因为整整30年间的一代独生子女，在全人类的历史上都是空前绝后的。

其二，其他方面的挑战，力度如何？

如果发生任何一种严重的社会危机，那么几乎所有人都会把性革命作为替罪羊，甚至会把"性"当作泄愤的目标。一个禁欲主义的社会就会在民众的欢呼声中到来。君不见，历史上那些"女人是祸水"与"纵欲亡国"的"理论"，不都是这么出来的吗？

反之，如果我们到达"和谐社会"，那么其中一定包括着"性，不再需要革命，而是融入人们美好的日常生活"这样一个内容。

1995·2006·2012，全性的概念确立

Sexuality（性）这个词，虽然早就有人使用过，但是在英语国家中，是在20世纪60年代以后才走出学者的书斋，在大众中逐渐普及开来的。也就是说，在社会的意义上，直到70年代初期《牛津字典》收入它，它才真实地存在了。到目前，它已经成为几乎一切非医学的性研究的根基与中心，成为一种统治的话语。这个领域中的研究者已经基本上不再使用sex这个词了。但是，研究者对于这个概念的解释却是很正常地色彩斑斓。

我的一波三折：性·性存在·全性

性到底是什么？这个问题一直困扰着全世界的性学研究者。现在，中国的性研究者又多了一层烦恼，因为英语里的sexuality这个词，用我们的汉语无法把它准确地翻译过来。国内有些学者翻译为性现象、性状况、性经验、性素质等，尚无统一的译法。尤其是其中的"性经验"这个译法，由于被使用于福柯的名著《性史》(The History of Sexuality)而得以传播。但是这个译法完全不符合中国人的日常定义，结果被大批读者误以为是一本讲述"性生活中的体验"的书，还曾经因此而热卖，然后读者大呼上当。

提出"性存在"这个概念的过程，就是我个人在21世纪之前的学

术经历。我 1988 出版的第一本书《神秘的圣火——性的社会史》，首次提出"性存在"概念的雏形。1993 年 3 月我发表在《社会学研究》上的《当前中国的性存在》一文，基本上确定了这一概念。此文经《新华文摘》转载，扩大了获知面。一些同事则早在 1988 年就引用这一概念在高等院校授课了。1994 年 3 月，作为国家统编教材的《社会学概论新修》一书，收入了我写的"家庭婚姻与性"这一章，其中"性社会学"一节则较细地阐述了"性存在"的概念。这本书是几十所院校所用的教材，第一版就已发行过 75000 册。

但是，"性存在"这个词，最大的缺陷就是在汉语中很难组成新词，例如性教育如果变成"性存在教育"，那么中国人就很难明白是什么意思。

2003 年我参加过一次亚太地区的学术研讨会，发现这个英语新词也同样困扰着与会的 11 个国家的研究者。因为在他们的本国语言里，也都没有与 sexuality 这个英语单词严格对应的通用词语。

有一些研究者认为，这个英语单词灌输着发达国家的价值观和文化特征，因此我们绝不应该生搬硬套地用来研究本国的情况。

但更多的研究者认为，我们必须发展本国的语言，以便跟上世界学术发展，因此必须努力把这个英语单词翻译成本国人民能懂的语言。

这样的争论对我来说，具有极大的启发意义。

后来在 2006 年我召集和主持的"中国性研究的起点与使命"国际研讨会上，与会者达成的共识就是仍然使用"性"这个译法，但是我们必须努力推广，争取让更多的中国人知道，这个"性"字是 sexuality 的意思而不再是 sex。

在随后的使用过程中，我发现继续使用"性"这个字的弊端很多，由于中文是象形文字，字义已经被凝固在字形之中，大多数人无法从同样的一个字里面解读出另外的意思。

因此我在 2010 年之后考虑使用"全性"这个词。它的好处主要有两个：一是顾名思义，全性就是全面的性这样一个意思，由于改变了字形,比较容易让中国人体会到它比原来的性(sex)的外延更加广;第二个好处就是它可以在中文里面组词了,例如"全性教育""全性文化",等等,就比较容易理解。

当然,无论谁发明一个新词,都只有在中国人的日常语言中得以广泛应用后,才算存活下来。因此,全性的称谓仅仅是一种理想状态。我在本书中,仅仅在那些不使用全性就无法表达清楚的地方才使用这个词,而在不会引起误解的地方,仍然使用"性"这个字,尤其是那些惯用的组词,基本上都没有使用全性。

全性的基本命题与理念

一个新词就是一场革命 [①]

英语里的 sexuality 是指"具有性的性质",即与"性"有关的一切人类现象。它不仅包括性交、性爱抚等所有直接的性活动,也包括拥抱、接吻、性幻想、谈论性方面的事物等所有不那么直接的、具有性的含义的活动,还包括人们对于性的情感、态度、价值观和性方面的喜好等心理方面的表现。尤其是,它不仅指男女之间的性活动,也包括 LGBTQI [②](一般译为"性少数")的性活动;不仅指人们普遍认为"正常"的现象,也包括所有被认为"反常"的现象。

但是在汉语里,不仅没有一个对应的词,也从来没有过这样的概念。

"性"这个字,在古代汉语里一直是本性、性质的意思,与做爱无关。直到近代的白话文运动以后,才被普遍地用来指男女的床上事。[③] 在最近几十年里,普通人所说的性实际上仅仅指性交。它有两大特征。

第一是仅仅指身体的行动,不包括情感与心理方面的内容。因此一

[①]《Sexuality,一个新词与一场革命》(1995)。
[②] L:女同性恋;G:男同性恋;B:双性恋;T:变性;Q:酷儿;I:兼性。
[③] 阮芳赋考证,日本 1903 年出版的字典里首先把 sex 翻译为"性",然后传入中国。

说性快乐，绝大多数中国人都以为说的仅仅是生理上或者肉体上的快乐。因此我们中国人才发明出"性爱"这样一个词，而且把它跟"情爱"对立起来，似乎性里边根本没有爱情，爱情里边也没有性。

第二个特征是仅仅指男女之间的性交，并不包括相同性别之间的。因此我们中国人有个词叫作"同性恋"，殊不知这样的同性绝不仅仅是"恋"而已，他们或者她们之间同样也是有性生活的。

具有这样两大特征的汉语里的"性"，恰恰是英语的 sexuality 这个新词所要否定的。因此这个英语新词的背后，矗立着西方性文化数十年来迅猛发展的所有巨大成果。正因如此，且不论我们把 sexuality 翻译成什么，只要我们逐渐明白了这个词的含义，我们就不得不跟着西方性文化的发展方向走，不得不用这个新的概念来解释我们的实际情况。

这样一来，我们的思想观念，乃至我们的生活方式就会发生变化。

例如，如果男女在跳交谊舞时有身体接触，算不算性活动呢？最近这些年来，我们成功地说服多数人相信，这只是一般的社交活动，不是性活动。因为我们那时坚信，性仅仅是"床上事"。但是如果今后运用全性的概念，那么这就必定无疑地是"全性的现象"。我们的舆论导向和道德准则岂不是会被弄得一塌糊涂？

再如，我们现在所说的"性障碍"，一般仅仅指阴茎插入阴道的不顺利，至多也不过是具体性生活里的各种困难。但是如果运用全性的概念，那么一方有性幻想而另一方却没有，或者一方想看性的影像而另一方却不想，就都应该叫作"全性方面的障碍"了。如此统计起来，中国人的发病率非得翻几番不可。与此相对应，如果以全性为判断标准，来衡量性生活是否和谐美满，那么对于绝大多数中国人来说就真的是太奢侈了。

还有，我们现在常常说性医学。但是如果运用全性的概念，性医学这个词就很荒谬了，因为情感或者价值观方面的问题，怎能用医学来解决呢？

最根本的是，我们信奉了几千年的中国基本性哲学，在全性这个概念面前也注定会土崩瓦解的。例如，借着艾滋病的虎威，有的人大讲"无性最安全"。如果这里的性仍然仅仅指性交，那么还有人能做到。可是如果是全性，提倡者自己也不可能没有的。再如，仅仅指性交的性专一能够做到，但是全性能专一吗？又何必要专一？

推而广之，我们所有那些前面加上一个性字的词汇和概念，就都不得不重新解释一下了。性道德难道也应该包括如何遗精、如何做性梦的行为准则吗？性压抑究竟压抑了什么？性教育又该教育些什么？性生活还仅仅是床上事吗？

有趣的是，在许多英语为母语的人听来，sexuality 首先令人想到同性恋，而不是我以上所说的这些。这就牵扯到：我们究竟应该是从英文引进一个单词，还是引进一种视角与思路？

总之，全性这个词本身就是一场革命。我们如果不得不引进它，就不得不面对一场革命。因此，问题不仅仅是性是什么，而且是您站在哪一边。

全性的定义

全性，最主要地来看，是身心合一的，不是纯生理的；是一般存在，不是特殊现象；是社会化的行为，不是生物属性；是人际活动，不是个体行为；是网络化的组织，不是独行天下；是情境中的现象，不是随心所欲；是"初级生活圈"的构成之一，不是生殖的附属；是作为"生活实体"与"社会设置"发生互动，而不是社会或者个人的简单产物；是主体建构的产物，不是本能。

在 21 世纪的中国，全性的命题与理念就在于拓宽了"性"的范围：从"唯行为论"（例如性技巧崇拜）走向全部现象（例如身、心与情境的三合一）；从"本能论"（性欲天然论）走向情境论（社会存在论）；从"阴阳二元"（唯男女）走向所有存在形式（包括一切性少数）；在研究方法上，从"客观判定"（求实论）走向研究主体的感受／认同／解释（主体建构的视角）。

具体来说，全性的理念具有广泛深刻的应用范围与价值。

在认知社会方面，从 sex 革命走向 sexuality 革命，才能不再忽视那些似乎与生理的性不相关的情况，例如冷漠独处、躺平、低欲望、无性趣等等。

在更新性知识方面：从本能论走向学习论，才不会在上个世纪阶级斗争的泥潭中故步自封。

在发展性教育方面：从"破禁区"走向"开新路"，从人权与人格发展的视角，把性教育纳入生活教育与生命教育的总体框架之中。

在改善性生活方面：从崇拜"十八般武艺"走向学习人际相处，从求医问药走向人格建设，才可能不再局限于解决生理学意义上的"性功能障碍"，而是为广大人民实现"性福"做出切实的努力。

就改革性的制度而言：从管理"性"到保护"性领域"的人权，是全性理念的必然发展方向。

在全性的理念之下，性教育工作者不得不重新思考下列问题。

目前为止的性教育基本上仅仅是局部知识的教育，仅仅是要单独改变人的某种行为，例如避孕或者预防性病艾滋病等。但是，这有多大成功的可能？你指望那些盼望"早生贵子"的父母去教育子女避孕，这有意思吗？性教育者早晚会意识到，如果不从培养全面人格的角度出发，性教育也就很容易成为空中楼阁。

与此同时，在 21 世纪的中国，借助互联网的威力，各种各样的性信息不仅铺天盖地，而且已经与信息互动的双方形成人机一体、自成体系、自我运转的状况。所以再仅仅依赖学校的正规课堂讲授这种单方面灌输，其作用不仅会递减而且很容易引发背弃与逆反。

在全性的理念之下，爱情、交往、人际关系的处理等似乎与性无关的社会生活内容，要不要加进性教育？如何融为一体？什么人有资格、有能力去教育 21 世纪"网上生存"的中国青少年呢？

在全性理念之下，性别是多元的和互动的，那么性教育如何体现出这种新理念呢？这就需要讲授关于同性恋与其他性少数群体的知识，促进我们的下一代努力做到和而不同、求同存异，而不再是谁好谁坏的道德偏执。

在全性理念之下，性教育不必再追求"客观的科学性"与"道德高尚性"，而是要善于利用从"心灵鸡汤"到"另类艺术"的一切传播方式，使性教育真正融入日常生活。

全性的逻辑构成

必要条件：生理上的性系统

美国精神病学家和性学家本杰明·格拉伯尔（B. Graber），1981年在耶路撒冷召开的第五届世界性学大会上，报告了他提出的"性系统"（sex system）的新概念。①

他认为："这是一个生物学或生物心理学概念，与生物学中的循环系统、呼吸系统、消化系统、内分泌系统、生殖系统等一样，乃是人体中一个相对独立的器官系统。"以往的医学，一直把性的生理现象全部归入生殖系统，也就是仅仅为了使精子与卵子相遇的器官。但是这种狭隘的理解与归纳远远无法反映出人类性现象的丰富多彩。

格拉伯尔提出的性系统的新概念包括如下的要点。

首先，"性系统的中心器官是皮肤"。所有的性刺激都由皮肤输入，再汇集到大脑。大脑经过处理以后，重新发出信号，通过神经，传导到生殖器。大脑始终在控制和协调整个性反应的过程。这就是性系统，就是其运行过程。因此，我们以后再谈性问题的时候可要小心了——把阴茎仅仅叫作"生殖器"，还对吗？把阴道叫作"产道"，把女性乳房叫作"哺乳器官"，还对吗？

其次，"性系统的功能是出现和体验性高潮，得到性满足"，跟生殖

---

① *Progress in defining the neurobiology of the sexual system*, Sexology: Sexual Biology, Behavior and Therapy: Selected Papers of the 5th World Congress of Sexology, Jerusalem, Israel, June 21-26, 1981.

半点关系都没有。

再次,"性感受器存在于所有的黏膜和皮肤的结合处,生殖器官仅是其中的一种"。中国人说五窍、七窍、九窍,但是能够用于性行为的,实际上就那么四窍:阴道口、尿道口、肛门、口唇,只有这四处皮肤和黏膜的结合处是最敏感的,性刺激的输出和输入也是最敏感的。生殖器官仅仅是其中一种皮肤与黏膜的结合处。男性的龟头和尿道口是结合部,女性的阴道内壁和外面的小阴唇也是皮肤和黏膜的结合处。此外的口唇和肛门,无论是生物构造还是感受功能都别无二致,因此性系统的新概念给肛交和口交提供了生物学的理论基础。

最后,"性高潮可以看成是这些外围过程中的任何一个或其联合的大脑感觉"。正是从这个新的性系统的概念出发,科学家们发现了性高潮中的脑电波,发明了某些强化脑电波的辅助器具(而不仅仅是假性具)。

由此我可以总结一下生理学意义上的"性"的基本特征:以勃起为标志,贯穿生命全过程;以皮肤与黏膜的结合处为感受器;以大脑感觉为中心的全身心的反应;以高潮为目标(受孕仅仅是可能的结果);以性别为载体(女性极少有不应期)。

也就是说,即使仅仅从生理学意义上来看,性也不再是以往那么局限与局部的概念了。

这个新概念足以颠覆现在大多数中国人在性方面的"三观"。例如,按照性系统概念,我们现在所说的"性知识"就有大问题了。例如,月经初潮究竟是性的发育还是仅仅是生殖功能的出现?避孕是性知识吗?接吻算不算性行为?因此,即使我们只讲"性生理",也需要全盘更新我们的认知了。

可是有意思的是,格拉伯尔本人到2018年虽然已经是资深教授,但是网上查到的他的履历却表明,在1981年以后的37年间,他再也没有去论证"性系统"的概念及其机制,反而是写了一些非常细枝末节的关于解剖学与性功能的论文与著作。那么,是什么扼杀了一位当年38

岁的年轻研究者的异想天开、奇思妙想和纲举目张的创见？这恐怕就需要社会学的研究了。

充分条件：社会因素强于生物因素

作为一个把人类的全性视为社会构成而不是单纯生物现象来研究的分支学科，性社会学的存在合理性与学科独立性，不仅仅在于研究对象的独特，也不仅仅取决于所采用的理论与方法是否属于社会学范畴或者是否精深，它还必须建立在一些作为本学科基础的、具有普适性的命题之上。

自从 20 世纪初，以德国学者伊文·布洛赫（Iven Buloch，1872—1922）为代表的一些学者开始把性现象放到社会环境中来研究，后继的研究者们已经提出了许多基本命题，使得性社会学大体上站稳了脚跟。其中最主要的就是性的社会存在的三大理论。其一，人类的一切性活动，哪怕是最细微的性行为方式与最奇特的性表现形式，如同人在生活其他方面的所有表现一样，都是经过社会化（社会成长与成熟）的，而不单纯是所谓的"性本能"使然。其二，在其所有形式的产生、实现、持续与发展的过程中，性都是主要地受到各种社会因素的影响，而不仅仅是被生理因素所支配。其三，性行为是标准的社会行为。

这三点是性社会学最根本的立足点。舍此，本学科的一切都无从谈起。

不过，先贤们所树立的这个根基，基本上是理论思辨的结果，往往缺乏实证材料的直接支持。这在一定程度上削弱了本学科的基础与发展力度。2004 年，研究性社会学 20 年之后，我发表了《性社会学基本命题的论证》，试图弥补这方面的不足，至少部分地促进本学科的理论与实证之间的有机结合。

我根据日常生活中的性活动的具体过程，把性社会学的根基分解为五个最基本的命题，运用 2000 年全国"性调查"的数据，一步一步地加以统计检验。①

首先，性欲的强弱（例如想性的频率），主要是受到社会因素的作用，然后才是生理因素；其次，性欲的实现（例如性生活的频率）也主要是受到社会因素的影响，然后才是生理驱动；再次，性欲得以实现的具体方式（性生活技巧）同样主要被社会因素所作用，而生理因素排在其次；又次，性高潮，这个被视为纯粹生理反应的现象，仍然主要受到社会因素的影响，生理因素是第二位的；最后，就连所谓的"性功能障碍"，其实也主要是受到社会因素的影响，生理因素的影响相对较小。

经过多元回归统计分析（本书省略）之后，性社会学的上述命题均得以确立。性社会学终于获得实证的构建之基。

这个研究具有巨大的启发意义。就性社会学来说，由于它的研究对象的独特性，生理因素与社会因素呈现为鲜明的对垒。可是对于整体的社会学来说，我们是不是也可以参照其他学科来论证我们自己的根基何在呢？例如对照经济学、伦理学，甚至是法学。我们能不能也总结出社会学的基本命题，然后在一个现象的范畴之内，把对照学科的相应的基本命题也引入，一起进行分析（而不是社会学孤芳自赏），以便通过这样的检验来证明社会学的主导地位（首要贡献），哪怕仅仅是学科价值（次要贡献），甚至仅仅是存在的必要性（补充贡献）？

这并不是要树立社会学的故步自封的霸权，而是希望以此来更加清楚地发展社会学自己，搞清楚我们究竟应该吸收什么，吸收多少，以及如何吸收。

发展条件：有性无别

这个命题要从"易装卖淫"谈起。当今中国有一些"易装的性工作者"（东北称为"妖"）。他们身为男人却假装成女人，去给男人提供性服务。但是，他们根本就不是所谓的男同性恋者，对男人毫无性趣，仅

---

① 数据来源于我主持的四次全国调查，详见"2000—2015，世界领先"这一章。

仅是"以性换钱"而已。

可是，他们的生意却往往比真小姐还多，甚至抢占了小姐的市场。

这种生活实践，在文化上说明什么呢？

无论男人、女人还是性少数，所谓的"性行为"，同样都是从勃起到摩擦到高潮到消退的一个过程。无论去摩擦的与被摩擦的是阴道，是肛门，还是别的身体部位，甚至是其他物种或者物品，都可以达到性高潮。

也就是说，性快乐是不问来源的，根本不在乎对方是什么性别。只是在传统的束缚之下，人们才会去考虑"跟什么性别的人做"的问题，才会出现"同性恋"与"异性恋"这样的概念与社会身份，也才会随之而来地出现各种烦恼或者歧视。在"易装卖淫"中，有些男客发现卖淫者是男人之后就会横加摧残，就是因为他们坚信"异性恋神圣不可侵犯"。反之，不那么坚信的男人就无所谓，甚至成为回头客。

我在调查中发现，有一些男人去"男同志"的"点儿"上，要求别的男人给自己口交，但他自己却碰都不碰对方。因为他们压根儿就不喜欢男人，更不认为自己是同性恋，他们只是需要有人给自己口交，根本不在乎对方是男人还是女人。

即使真是男同性恋，在肛门性交中，被插入者并不意味着就是所谓"扮演女人"，尤其不意味着他必然就永远这样。

更能说明问题的是："耽美"中的"同人女"或"腐女"，虽然身为女性，喜欢的却是男人中的同性恋者的某些形象。这样的活动究竟应该算作什么"恋"？这样的人又应该算作什么性别呢？是女人还是男人？抑或是同性恋者？

总之，在这样的生活实践中，性就是性，哪里有什么性别之分？有些人仅仅需要性高潮却不问对方是什么人，而且自我认同、自得其乐，那么我们为什么非要给他们戴上"××恋"的帽子？这究竟是谁错了呢？

以往的社会强行制造出"性别"这个概念，现在的人们则用自己的实践，创造出消除之的条件与机会。因此，我的愿景是在一切与性有关的事物中，把"性别"这个因素彻底地清除掉，达到"有性无别"的理想境界。

读者决定

我的"全性"这个新概念的准确时间和出处是：写作于 2012 年，发表在 2013 年 7 月中国人民大学出版社出版的我的专著《性之变：21 世纪中国人的性生活》的第 55 节"'全性'的新概念：本研究的全面设计"。可是这本书一共只卖出去 4000 多本。后来我把它全文发布在网上，免费下载，阅读的读者也并不很多，因为这毕竟只是学术界的矫情，是"茶杯里的风波"，而且大众从来都是只喜欢"性学"中的前一个字，没什么人会注意后一个字。所以，在之后的几年内，我以为这个新词就此石沉大海、寿终正寝了。

直到 2018 年，我在朋友圈里看到，有人在认真地介绍和推广"全性"这个词，而且得到了转发，他们甚至都不是我们圈内之人。我还在网上看到，已经有一些草根组织在使用和推广"有性无别"这个理念。

这就是一切学术研究的最终评价标准：读者决定。如果这两个新词传开了，那是我的荣幸；如果到此为止，那也是我的纪录。

1996—2018，反思调查与"论方法"的构建

学统计的感悟

自从我1986年开始尝试做问卷调查以后，我在社会学系的同事和朋友史希来就手把手地教我学习统计方法。

那是1989年秋天，我们社会学系首次配备台式电脑，机型连286都不是，就是最原始的1981年的8086个人数据处理器，但特金贵，专门建了一间屋的"实验室"供着它，还享受冷暖空调。那时候电脑里也没有任何软件，没有界面，没有中文显示功能，就是使用DOS系统直接写英文，做任何事情都必须自己写指令。

那时候我学的是Forth语言，比BASIC语言高级，比C语言低级。数据的输入、整理和计算都需要自己来写程序，而且只要错一个标点符号，就必须推倒重来，没有任何便捷的修正方法。因此，常常是几天下来程序也不转，但是一旦顺利起来，又算出一大堆结果，都必须用针式打印机打印出来，往往是数百页，根本没办法看。

当时大家都没什么事情可干，我和史希来就没日没夜地泡在实验室里。实验大楼是晚上9点关门，但是我俩几乎每天都做不完，害得看门的大爷跟我们急眼，还向校长告状。谁知校长很高兴，说"人民大学还有这么刻苦的人啊"。结果，大爷后来就给我俩送开水了。1990年9月22日上午10点左右，正是亚运会开幕式的时候，突然地震了，震感强烈。

别人都跑出大楼，我们俩还舍不得走，结果又被传为美谈。

后来，电脑越来越高级，尤其是 Windows 系统的出现，就如同旭日东升。SPSS 统计软件也传进来了，我就从 6.0 版本学起，到 2018 年年底，它已经升级到 25.0 版本。但是除此以外，其他的软件我都不会用，因为当时幻想着可以找到正牌的统计学家来合作，我就不用自己学了。

这个幻想一直到 2011 年才被打破。那时候，我找来帮忙的一位中国人民大学统计学系的硕士生坦诚地告诉我：学统计学的人同样要发表论文的，可是我的研究天生有两大缺陷，使学统计的人望而却步。第一，我的数据都是自己调查的，不是国家或各级政府的项目，没有上层人物来捧场，也没什么刊物愿意发表。第二，我的研究主题是"性"，更没人愿意给我发表。这个学生说，他自己是不会跟着我干的，恐怕也没其他人会跟着。他说了真话以后，仍然教会我使用"决策树"（tree）的统计方法，我深受感动。

但就是这一点点皮毛的统计学，却给了我五个巨大的收获。

第一个大收获：必须构建严丝合缝的逻辑体系。用 Forth 语言编程的时候，我发现，这玩意儿的逻辑极其严格，哪怕只有一点点含糊，它也不转。例如两个现象之间的关系究竟是 or 还是 and，是 other 还是 both，如果你的命令不是丝丝入扣、环环相接，那么程序就宁死不屈地无动于衷。这种训练在历史学和社会学的理论中都没有，所以我以前也常常喜欢说一些大而不当或者空洞无物的话，学了统计学皮毛之后才学乖了。这个收获加上历史学给我的"史料为王"的训练，共同造就了后来痴迷于"论方法"的我。

第二个大收获：任何问卷调查，在最初设计的时候就必须决定下来，自己调查到的数据，最适合用什么统计方法来进行分析。你可以不会用这个统计方法，可以交给别人去做，但是你必须知道它的先决条件、适用范围、最佳状况以及应该如何解释统计的结果。例如，我从一开始就决定要用逻辑回归（logistic regression）的方法进行统计分析，因此问卷中的很多提问都是二分的"有、没有"或者"是、不是";而不是使用那种从 0 到 10 的等级排列的提问。这又是来自我对性现象的理解:它是非理性和难以量化的(见下文),所以只能使用前一种统计方法而不是后一种。

第三个大收获:人的很多行为和大多数的情感,都是不可测定的,都不适合用问卷来调查,只能在访谈调查中去理解。但是这不完全是统计学教给我的,而是来自我所经历的一件事。

1996 年 5 月 1 日到 5 日我在美国匹兹堡参加美国社会学年会,报告了我的一个统计结果,就是"在每十次性生活里平均有几次达到性高潮"。我自认为这是我发现的性行为研究的一个关键指标,本想在大会上好好"秀"一下。没想到当场就有一位美国人问道:"How can I answer it?"(我能答得出来吗?)结果哄堂大笑。我当时面红耳赤,幸亏灵机一动,对提问者伸出大拇指,才得以报告完毕,黯然离去。过后自己想想也哑然失笑:有多少人会如此精准地记录自己的性生活次数与性高潮次数,何况还要计算其平均值呢?就算有此愿望,恐怕也无此技能吧。

这当头一棒使我受益终身。从学术上来说,就是对方是否有能力来回答你的提问,决定了你该问什么问题,而不是你想问什么就可以问什么。通俗地说,就是对牛弹琴是弹琴者的错。

第四个大收获:我从一开始就是"一条龙工作"(从理论假设到问卷设计到现场调查到统计分析到文章写作),所以不但对问卷调查的各种诀窍烂熟于心,也洞若观火地深深理解其局限性。这才使我有资格、有能力在日后对定量调查发起凶猛攻击,包括挑战"大数据崇拜"。

第五个也是最根本的收获是,我终于搞明白统计学在干什么,社会学又应该干什么。统计学只负责解决如何处理数据的问题,社会学却是要提供数据。你给任何被你统计的现象所赋予的定义是否合适是否精准,直接决定统计出什么样的结果。例如在英文研究成果中,性行为包括性梦与性幻想,但是中文的"行为"约等于"有动作",所以没有身体运动的性梦和性幻想,中国人就不会认为是性行为。如果我盲目照抄英文的概念去调查，那么少男少女和老头老太太"有过性行为"的比例就会近乎100%，让中国人觉得纯粹在搞笑。所以，如何把社会现象加以定义，这才是社会学的根本价值；所以我日后才放弃学统计，专攻调查方法。

求真的执念：绝不"假数真算"

早在1986年，我从人民大学历史系转到社会学系的时候，陈一筠① 老师就说过：你去学那个干吗呀？他们都是"假数真算"！可是当时我还没理解社会调查，所以也就是听听而已，没往心里去，而且野马脱缰般连着做了一堆问卷调查。

直到1995年，我受到了一次大刺激，才重新思考"假数真算"这个问题。

那时候我作为成员之一，参加了当时我们系的副主任李强主持的全国调查，是用问卷来调查对方的人生经历。在山西阳高县的一个村子里，我调查了一个40岁的男人，问答一切顺利。因为我是带队老师，需要跟村长沟通，可是村长劈头就问我：那个人的脑筋不行，你为啥要调查他呢？这确实让我大吃一惊。我当年已经45岁，经历过"文革"，当过五年农场职工和五年工厂工人，在全国四个城市居住过，不敢说阅人无数，也算见多识广。如果连我都什么也没察觉，那么我带的那些18岁的大一新生，他们怎么可能分辨和判断出对方的回答是真是假？可是，他们这样调查来的数据却被直接用来写文章、出理论，想想都可怕。从此，"假数真算"这个问题就直杵杵地闯进我的脑海，挥之不去。

说起来，我对于"假数真算"的警惕也算是具有"早年印记"的。早在1972年我当工人的时候，我们全体工人就在车间主任的直接指挥

---

① 时任中国社科院社会学所研究员，青少年心理教育专家，婚姻家庭社会学与妇女问题研究专家。

下对我们的产量弄虚作假。如果这个月完成的多了，就藏起来一部分不入库，以后如果哪个月完不成任务就拿出来充数。这是一个"系统工程"，因为在报表上，原材料和水电气的消耗必须与产量相符，还是需要费些脑筋去篡改或者编造的。好在一切数字都是我们自己填上去的，所以早就是轻车熟路。没有一个人觉得这有什么不合适，因为其他车间也在这么干，厂里给局里上报也是这么干，只是不能公开说而已。这不仅是从下到上合谋的生存之道和民间智慧，也是生活与制度之间不断博弈的最佳选择。只是在我开始社会调查之后，才从自己的学术利益出发，开始对"假数真算"深恶痛绝。

1996年我发表了两篇标志性的论文：一是《性的社会调查，何谓真实？——兼谈问卷调查法与个案访谈法的争论》，二是《阻碍中国人回答性调查的诸因素》（英文）。

这两篇论文的要义就是我们要想了解另外一个人的行为，只有三种办法：一是不间断地无死角地监视，二是像法官那样获得完整的证据链再加以推断，三是听他自己说。前两种方法任何社会调查都做不到，所以我们能够调查到的，其实根本就不可能是所谓"客观的真实"，只能是对方"主诉的真实"，也就是说，对方没有故意骗我们即可。但是这就违反了自然科学的铁律，所以问卷调查充其量只是对于科学的拙劣模仿而已，只是不得已的选择，而不是最佳方法。

因此我强调"无测谎，不调查"，还强调在很多情况下"谎非谎，测非测"，也就是说，很多时候并不是对方真的撒谎，而是调查者无法理解对方的生活逻辑与表达习惯，所以用测谎这样的雕虫小技绝做不到手到病除。

问卷调查属于方法论意义上的实证主义范畴内的唯科学主义流派，来源于模仿自然科学基本研究方法的"受控条件下可重复的试验"。它的本质意义是：使用"我"（调查者）所制造出来的"尺度"去"测量"被动存在着的"他"（调查对象），才能对"我"的假设进行检验。

可是这样一来，问卷调查就不可避免地歪曲了生活。这可以用"婚姻满意度调查"为例来加以说明。

1. 问卷的"元假设"往往是割裂人类。

例如，如果要调查的"婚姻"，不包括未婚之前的、离婚丧偶之后的、较长期的、各式各样的试婚与同居，那么这样的为数不少的人口就根本没有机会被调查到。如是，该调查尚未开始，便已经出现系统偏差。

2. 问卷中的概念一般都是强加于人。

例如，问到爱情方面的问题，一百个人对于爱情的定义会有一千种。我们怎么可能知道被调查者在回答这个问题的当地当时，究竟使用了什么样的概念呢？结果，此调查尚未开始，就已经注定解释不清。

3. 问卷的选项常常是裁剪生活。

例如，如果问卷中出现从"很不满意"到"非常满意"的选项，那么"既满意又不满意"这种生活之中司空见惯的现象，应该选择什么呢？这样一来，本次调查尚未开始，就已经变成了削足适履。

类似的问题还有许多，就不再一一列举。

虽然问卷设计的种种技巧可以在相当大的程度上做出弥补，但是如果没有防止"假数真算"的自觉，没有从反思"唯科学主义"的方法论高度来加深认识，那么上述情况就难以根本改观。

以上这些想法在我后来的调查经验中，无论是问卷调查还是定性访谈还是社区考察，都在不断地强化，终于在十年之后的2007年促成我提出"主体建构的研究视角"，在22年后的2018年，促成我对"大数据崇拜"的发飙。

当然，立竿见影的效果也有过。那是2002年，一位美国教授邀请我参加他申报的一个嫖客调查，地点选在四川。一开始我答应了，美国教授派来一位中国留学生跟我谈，我这才发现，她整个是一枝"温室里的花朵"，天真得令人怜香惜玉，而美国教授却指定她来主要负责现场调查。于是我只好退出了这个项目，造成其申请失败。后来美国国家卫生研究院（NIH）作为项目审查者，来问我为什么退出，因为这是罕见的情况。我也没什么可客气的,就说:"I don't believe they can do it."(我不相信他们能做这个研究。)

但是我也常常觉得自己是堂吉诃德。别的不说,就连"假数真算"这个话,社会学界的老师和学生们似乎全都一无所知,我从来没有听到第二个人说起过,更不要说有任何反驳或者反思了。

社区考察与相处调查

这是我在 1999 年出版的专著《存在与荒谬——中国地下"性产业"考察》中总结出来的一种定性调查方法,介于社会学与人类学之间。它就是在一个地方,在较短时间内,使用尽可能多的调查方法(观察、访谈、文献分析、问卷调查、现场体验等),来全方位地了解和理解该社区的整体文化。

它的要点就是两条:入住进去,而不是走马观花;与对方相处,而不是一问一答。它具有这样一些特征和规范。

所研究的社区,应该是真正意义上的社区,而不仅仅是一个行政管辖区或者简单聚合的一群人。它应该具有明确的、足以说明问题的时空,既包括确定不变的地理范围,也包括在当地调查足够长的一个时间段,而不是蜻蜓点水式的多地巡游。

一般来说,社区考察仅仅适用于典型调查或者时点调查。它也主要是定性描述,无法进行统计分析。但是,由于在方法论上,它处于个案访谈与随机抽样调查之间的位置,因此它也具有一些无可替代的优越性。

首先,社区考察更容易了解到某个人类集群所处的自然环境、历史背景、人文传统和心理氛围。因此,它可以比个案调查具有更多的代表性、可比性、历时性以及环境感,可以比问卷调查获得更多的相关因素、参考情况和纵深资料。结果,它反而可以在确定的时空内,更全面地把握住所研究的总体,更深刻地揭示其内外纵横关系与机制,更贴切地理解人类行为与社会现象的众多影响因素。

其次，在同一个社区考察之内，可以把定量调查与定性调查、个案与问卷、观察与访谈、历史资料与现实资料等更好地结合起来，形成更为综合的研究成果，而在其他研究模式中，上述每一对具体方法之间往往都是非此即彼，甚至水火不相容。

第三，在社区考察中，研究者可以更多、更直接、更全面地获得对于该社区的整个生活的直接体验、感受和理解，更容易发现那些无法量化和统计的，无法在个案中表现出来的，甚至根本无法言传、无法观察的活生生的资料。也许，这就是社区考察最大的优点。

我1998年在东莞红灯区进行的第一次社区考察主要使用了以下一些方法：定时定点的监测（"蹲坑"）、挨门挨户的粗浅访查（"问价"）、直接住在某场所里进行摸底调查（"入住考察"）、从经营角度访谈老板（"取经"）、以"闲人"的身份访谈小姐（相处与聊天）、模仿"嫖友"访谈嫖客（"同行交流"）。

求异法：《论方法》一书的精髓

1996年之后，我对于调查方法论的思考不辍，但一直都是"小打小闹"，所以举步维艰。中间我也曾向国家社科基金申请过一个方法论的课题，就是专门进行一次社会调查，不是为了摸清社会情况，而是为了通过实践来检验各种调查方法的优劣，我称之为"研究调查的调查"。评审反馈的结果：一位评委给了92分，另一位却只给了20分。随着申请的落选，我也心灰意懒，金盆洗手。

时至2006年，天上真的掉馅饼了。郑杭生教授接受了一个教育部人文社会科学重点研究基地的重大项目"符合中国国情的社会学方法研究"。郑老师委托我来负责完成。就这样，在进行了20年的问卷调查与十年的定性研究之后，我终于获得了一个"计划外"的机会，可以厚积薄发一展宏图，到2011年9月终于出版了专著《论方法——社会学调查的本土实践与升华》①。

这本书的前半部分是对定量（问卷）调查方法的重新阐释与革新，其内容我也陆续写论文发表过②。该书的后半部分则是创新性地提出来定性调查（访谈）的系统的方法论，也陆续在一些论文里发表③。

在这本书的"导言"里，我写了这样一段话，直到现在也仍然可以视为我的表白：

> 我是学历史出身，每每感动于那些留下史料的前人，相习相近，竟成"痼疾"。所事之业，既包括大规模的全国问卷调查，也包括深入的定性研究；或许因此才敢于话分两头，推出此书。
>
> 本书所写的一切，都是试图尽到学者之义务：努力描绘一种理想状态（否则纳税人干吗要养活我们），坦承内中之变通与缺失（否则让学生听什么）。这绝不意味着我踌躇满志，反而是抛砖引玉之举。

在《论方法》这本书里，我最得意的就是我提出的"最大差异的求异法"④，实际上形成了定性调查（访谈）的操作手册。我以为，除了性社会学之外，这可能是我足以留给学生们的最佳遗产了。

---

① 潘绥铭、黄盈盈、王东，中国人民大学出版社，2011年。类似的书还有《性，研究ing》（第二作者），高雄：台湾万有出版社，2009年6月。
② 《"居住区"视野下的抽样构想及实践——以"中国成年人的性调查"为例》（第二作者，2008）、《试论电脑辅助调查的方法论意义——以"2006年中国人性行为性关系调查"为例》（第二作者，2008）、《"元假设"：社会调查问卷的灵魂》（2008）、《设置开放题是一种失误》（2008）、《反思观念调查》（2009）、《网站调查与实地调查的实证对比研究：样本偏差程度及其方法论意义》（2009）、《问卷调查的"过程控制"：论主体构建视角下调查方法的整合》（2010）、《社会调查应答率分析》（第二作者，2010）、《以社会科学为主体，发展随机抽样》（2010）、《问卷调查的边界与限度——一个对"起点"的追问及反思》（2010）、《网上性爱与网下的性实践之间的关系——全国性活跃总人口随机抽样调查结果的实证》（2012）。
③ 《论定量调查与定性调查的整合》（2009）、《论定性调查的人数问题：是"代表性"，还是"代表什么"的问题？》（2010）、《论方法：定性调查中共述、共景、共情的递进》（2011）、《互联网定性调查方法：观察与体验》（第二作者，2015）。
④ 《定性调查三种方法的不同性质》（第二作者，2008）、《定性研究中的求异法及其理论依据》（第二作者，2015）。

但是，就像我的其他学术发现一样，"求异法"并不是来自抽象思辨，也不是从西方引进，而是我在社会调查的实践中，歪打正着总结出来的。

那是 2002 年 7 月到 9 月，我带着七位女性（五位女研究生、一位女老师和她的女儿）在黑龙江和辽宁的三个红灯区里摸爬滚打将近两个月，访谈到 103 位小姐的生活经历与人生故事，写下的访谈记录和田野笔记有 53 万字。据此，我们写出一本定性访谈的专著①。

其间，有一天我在反复地看访谈记录，也不知道是哪根筋抽了，突发奇想：这么多小姐的经历都很类似，那么我是不是可以把她们的每段经历都数量化（赋值），然后做一点统计呢？说干就干，我设计了一个 Excel 表格，每个小姐是横行（个案），她们的每一段经历是纵列（变量），只需要把她们的故事加以分类、赋值和录入，那么一个完整的数据库就制作出来了。结果，我只用了两天的时间，就把 53 万字的文字记录转化为拥有 62 个变量和 103 个样本的定量化的数据，然后据此写出了一篇统计分析的论文②。

随后，我在调查团队的聚会上讲了这个过程：我们八个人废寝忘食地访谈了快两个月，结果被我一个人用两天时间就给量化了。尤其是，那篇论文的结论是 103 位小姐的从业规律是"职业平移"，而这恰恰是从量化统计中得出的。如果光是看那 53 万字记录，反而看不出来。

那么问题来了，早知如此，咱们干吗要用定性访谈这样的调查方法呢？如果我们这么多人，以这么勤奋的态度，用同样长的时间来发放和回收调查问卷，我相信咱们足足可以调查 1000 位小姐！那样的统计分析会具有更高的学术质量与价值。

我说完之后，大家都垂头丧气，觉得我们白干了。可是我却从此开始不断思考：我们究竟哪里出错了？

---

① 《小姐：劳动的权利——中国东南沿海与东北城市的对照考察》，香港：大道出版社，2005 年 1 月。
② 《中国东北地区劳动力市场中的女性性工作者》（第二作者），《社会学研究》2003 年第 3 期。

大约到了2008年之前的一个什么时间，我终于悟出：定性调查不应该是在很多人的故事里寻找和抽出相同的侧面，然后总结其规律。这是"求同法"，是拙劣地模仿问卷调查，却又远远不如它。这就是我们2002年调查的失误所在。

与之相反，定性访谈应该做的是：1. 发现在相同的调查单位里，不同情况的分布状况；2. 相同情况在不同的调查单位里的多样化呈现。这就是"求异法"。到了2015年，我的博士生鲍雨从哲学的高度，论证了"求异法"的理论传承，给它以更加坚实的基础[①]。

后来，我的《论方法》一书所提倡和推广的定性访谈的实践方法，终于结出硕果。2016年，在黄盈盈的组织之下，核心期刊《中国青年研究》发表了七篇系列论文，专门讨论性社会学的研究方法，包括问卷调查、民族志、定性研究方法、不方便抽样等。虽然它们并没有都采用我所提倡的方法，但这还是标志着性社会学已经实现了以方法论为根基的学术成熟，迈上了一个新台阶。

时至2023年1月，时隔11年之后，经过大量的补充与修订，《论方法》这本书的第二版出版了。世界图书出版公司的再版理由是：第一，这本书强调了中国本土的社会学调查方法，而不是西方著作的译介；第二，这本书依据的是作者自己丰富的调查经验，而不是纸上谈兵；第三，这本书具有高度的可读性。

但是晚年回眸，关于定性调查，我也仍然有一个耿耿于怀而且屡屡发难却无人回应的"元质疑"：一篇定性研究的学术论文，与一个记者做的深度调查，区别究竟何在呢？仅仅因为学术论文有一些理论吗？可是难道只有学者写的东西才是"有理论"的吗？这就像问卷调查里的"假数真算"问题一样，定性调查如果不能认真解答"自己何以更高明"这个问题，就无法进步。

---

① 《定性研究中的求异法及其理论依据》（2015）。

生命在于质疑：挑战时髦学术

"跨学科主张"的逻辑错误

到我临退休之前的2013年，在顶级刊物发表了一篇论文《跨学科主张的陷阱与前景——基于预防艾滋病领域的实践》[①]，被广泛地转载和引用。我自以为是一篇有创见的好文章。

这篇论文是逆潮流而动，因为当时有无数人在鼓吹所谓的跨学科，甚至有的大学居然成立了什么"跨学科研究院"。尤其是我检索文献时发现，一切跨学科的主张，基本上都是把跨学科的可能性作为必然性来论述，而且一意孤行，拒不反思。

我在该论文中，首先分析了不同学科世界观与方法论的冲突给跨学科主张带来的挑战，进而提出实现跨学科的三个必要条件：其一，各个学科内部的多元平等，宽容异端；其二是任何一个学科里必须有一批自甘边缘的异端分子；其三则是这些异端分子自己也必须具有开放性。跨学科的充分条件则是创建世界观、思维逻辑和价值取向这三方面的新的元命题，其发展条件则是创立新的方法论。

但是这也不是纯思辨的产物，而是我作为社会学中的一个异端一辈子的生存体验。尤其是每当我被传媒或者局外人称为"性学家"的时候，都如鲠在喉，很难用一句话让对方明白：这是在骂我。最终在我临近退休之际才悟出：性社会学与性学的区别，并不是研究对象不同，而是两个学科的"元假设"根本不同，不可同日而语。前者信奉"社会因素的作用大于生物因素"，而后者则相反。因此把我叫作性学家，真真是在骂我。后来我在小范围内试验了几次，用这个元假设的说法来解释我不是性学家，果然局外人听了都豁然开朗。所以，当我见到跨学科的主张甚嚣尘上之时，发觉"学科的元假设"这一思想其实大有裨益，但也茕茕孑立，那我就拿跨学科的主张来祭旗吧。

[①]《中国人民大学学报》(第二作者，2013)。

怒批跨学科主张的另外一个动力,来自我和别人共同主持的一个合作项目。在将近七年的努力之后,课题虽然顺利结项,但是实际上屡战屡败、乏善可陈,最终仍然是唯科学主义一家独大,不但细枝末节都没有实现跨学科,就连合作都勉为其难。因此我在这篇论文里写的一切都是我在这次跨学科试验的血泪教训中,逐步琢磨和感悟出来的。

其实,我在这篇论文中还有一层只可意会的意思:这么多年以后,我终于在性社会学这样一个相对狭小的分支领域中,研究出了更加具有普适性、值得学术界广泛关注的新理论见解和思维方式。这也间接地反驳了那种认为性研究"有趣但不重要"的偏见。

"大数据崇拜"虽远必诛

到了2016年,退休多年之后,我再次忍不住,跟学术上的主流舆论干了一架,而且形成了争论。我骂得痛快淋漓,人家骂我也尖酸刻薄,让不少学术界的吃瓜群众过了一下瘾。

起因是我的一篇论文——《生活是如何被篡改为数据的?——大数据套用到研究人类的"原罪"》,在这篇论文受到攻击之后,我又写了一篇《再论生活是如何被篡改为数据的》。只需要看看我的论文的题目,就大体上知道我说的是什么了。

这两篇文章都是怒火万丈,而非学术上的精雕细刻,因为大数据的"元假设"是万事皆可量化。这把我给气着了,我们每一个人的主体性和主体建构似乎都烟消云散了。这根本不是研究方法之争,而是人类智慧的生死之战。

我一直在从事社会调查的"一条龙工作",提出假设、设计问卷、现场调查、数据统计和写作论文,所以我足以深切地体验到,人们的生活实体到了我们最后的统计分析结果这一步,实际上已经被人为地搞得面目全非。有些学者,因为他们自己没有做过这样的"一条龙研究",也没有对于"假数真算"的反思,更没有同时做过问卷调查与定性访谈，所以根本就看不懂我在说什么。① 当然反过来说，也可能是我一辈子谨小慎微，到老了终于恶性膨胀、自卖自夸，狂妄到目空一切。

我自认为论文中有一句话说得挺好："大数据不清理就没法用，可是所谓的数据清理，往好了说是必不可少的加工，往坏了说就是篡改生活。"后来我总结道：只能是生活的逻辑改变我们而绝不能相反。通俗地说就是：只有我们不知道的，没有我们不能相信的。

但是，在一个急功近利的社会中，真知灼见几乎等于孤芳自赏与自生自灭。无论我怎么骂，我的手机就是我的手铐，它已经把我的一切肢体活动，包括写作这本书稿，都恭恭敬敬地上缴给所有那些有权调用"大数据"的人、机构、机器。但是，大数据仍然是愚蠢无比。每当我在网上做了一件事，然后被推送无数类似的机会时，我就忍俊不禁：人类是喜新厌旧的好吗，大数据同志！

---

① 后来有学者写文章各打五十大板，专门表扬我的红灯区研究，把我作为定性研究的专家。这又气着我了，因为我敢说，在 2015 年的中国大陆，问卷调查的理论与实践还没有人能够超过我。

1997—2010，我在红灯区

一路走来，我自己一直是立志于性社会学的构建与发展，做过那么多研究，也写过百篇以上的通俗文章，但是在大众传媒中，我被采访和被报道最多的，却仅仅是"卧底红灯区"，因为只有这个才能吸引眼球。就连我的一位女研究生也说，她在高中看到我的《存在与荒谬——中国地下"性产业"考察》那本书时，就想做我的学生了。

可是对我来说，这是一种很别扭的状况，因为无论从主观还是客观来看，红灯区研究并不是我最主要的研究，也不是最精彩的。

从学术的角度来看，我投入到红灯区里的那些日日夜夜，实际上只不过是在积累着对方法论的感悟，最终形成2007年提出的主体建构论。如果不是与那些小姐、妈咪、老板、帮工一起生活那么久和接触那么多次，我就无法发现，更无法总结出主体建构论的要义。那就是无论社会对他们如何严苛与不公，他们并不是完全逆来顺受，而是自己不断地构建出自己的生活、世界与意义，也创造出应对社会的与自我发展的各种行为逻辑和策略选择，而且获得了他们自己相对满意的生活状况。任何人文社会科学的研究，都应该首先了解和理解这种"主体对于自己和外界所进行的建构"。

但是反过来看，我的红灯区研究毕竟是在大陆学者中最早的和最深入的，也算是履行了社会学家应尽的义务。

怎么想起研究这个

我对红灯区的正式研究是迟至 1997 年才开始的,但是我见到"卖淫妇女"却是 1973 年"文革"中的事情了。那时候我在工厂里当工人。8 月里的一天,早上刚上班,上级叫我们厂派四个工人民兵和一辆卡车,去运送"群众专政指挥部"抓的人,我是民兵中的一个。我们的车直接开到火车站,这才知道,前一天夜里抓了一帮卖淫的,现在要我们把她们拉到市区南郊的收容所。

那个时候,我是用毛泽东思想武装起来的革命青年,所以在押送她们的大约一小时的过程中,我从来没有正眼看过她们一眼,所以连她们的年龄、装束、容貌都没印象,忘不了的只是人数——14 个。仅仅一个晚上,在一个车站就抓到 14 个,而且仅仅是我所知道的。

回来以后,陆续听到别的工友们议论,我才知道,这种农村妇女进城卖淫的情况已经持续两三年了,本市男人都有所耳闻。我还听说,自从 20 世纪 50 年代以来,就有农村妇女以"换鸡蛋"为名,到工厂矿山来卖淫的,虽然一直不多,但是也一直不绝。尤其是一直没什么人去抓她们。因此有一位工友听我讲了这次任务后,第一反应是惊讶:"啊,这也抓?"

这件事在当年对我的影响其实并不大。后来在 80 年代我开始研究性问题以后,虽然也写过一些有关的论文[①],但是并没有想过要专门研究这方面的事情。

后来也是巧合,1995 年前后,我一个当工人时的朋友已经成为小暴发户,有钱了就揪着我到处去跑生意。我跟着他跑了十几个地方,到处吃喝玩乐,到处都能见到小姐和妈咪。我这才开始想到可以研究这个方面。

[①]《历史上的禁娼运动》(1990)、《卖淫神话的辨正》(1992)、《国外娼妓的历史与现状》(1992)、《国外对娼妓问题的态度与理论》(1992)、《中国地下性产业》(1994)、《对于性交易的分析与预警》(1995)、《再谈中国地下性产业》(1996)、《对 3 个红灯区的社会组织的研究》(英文,1999)。

这就是说，虽然我自己作为教授，后半辈子都在对学生鼓吹"研究始于兴趣"，但是我自己其实是"入手在于可能"。从学术上说，如果没有这位朋友带着我这样走马观花半年多，积累了大量的感性认识，我后面的实地调查就无从谈起。从我自己的心路历程来说，这段生活同时激起了我的好奇心与同情心，促使我充分利用这个机会来积累认知，后来才可能去做那么多研究。

除此之外，在学术上我也得到贵人相助。那是1995年，王行娟老师[①]在国内首开纪录，在北京召集了名为"卖淫嫖娼问题研讨会"的民间会议，然后作为参会者的"北京妇女收容教育所"的副所长，带着我们去所里全方位参观，还访谈了三名被收容的小姐。

在那里我发现，大约200名被收容的小姐，多是又老又丑的，只有一个年轻漂亮的。我故意去问副所长，她也不忌讳，说这样的靓女确实少见。我随着王老师访谈一名小姐的时候，王老师第一句话就问："你是怎么走上这条道路的？"可是对方一声不吭，于是访谈失败。

那位副所长坦率地说，带我们去参观，一是为了证明警察对小姐其实是非常人道的；二是要证明，这些女人真的是罪有应得。可惜我暗自得到的结论却是：第一，绝对不能去调查被关押的小姐，因为那是样本的系统偏差，误人误己；第二，必须是平等待人，才可能访谈下去——这成为我以后调查的座右铭[②]。

随后的数次具体调查研究过程，在我的著作和论文里已经多次谈过，都在我国正式出版过。大众传媒对我在这方面的工作也进行了反复报道，几乎是社会上每出现一次"扫黄"或者谈论小姐的热潮，就会有不同的传媒找到我，进行不同角度的采访，同时也必然加上他们自己不同的理解与发挥，向大众宣讲。

但是我在书里也说过：我数次调查"高档小姐"都是铩羽而归，因

---

① 20世纪80年代中国妇女民间组织的先行者。
② 后来，黄盈盈的博士张育智在田野调查中听到小姐雯雯说："潘绥铭不但平易近人，而且是真的接受我们。"我认为，这就是对我最高的赞誉。

为一旦亮明身份,我在她们眼里根本就是一个屁,当然也偶有所得,例如在深圳的五星级酒店里,一位小姐鄙夷地对我说:"我比你强多了。我的鞋底上从来没有灰(入有地毯,出有轿车)。"这一句话就使我懂得:有时候,纸醉金迷的生活环境比多挣几个钱更重要。再例如在北京的天上人间夜总会里,我旁听到一位小姐教训另一位:"别那么急,要放长线钓大鱼。"这也使我懂得,挣钱多不如挣个好前程。

这20年的研究和宣讲,使我有些不知天高地厚。我以为这个问题是可以放开说的。现在这本书我要克己复礼。第一,我要不厌其烦地罗列出我和我的团队所做过的那些实地调查,虽然不再写我们的发现与感悟,不再对社会问题发声,但是仍然足以给社会调查的历史留下一些足迹。第二,我要分析,到目前为止国内对于这个问题的理论,以便日后的学者早日走出道德议论的老套路,在知识生产中有新的建树。第三,我要多写那些在以往发表的专著和论文里没有呈现的情况,尤其是我和我们团队在研究之外做的事情。

倾心之作八本书

从1997年1月到2010年8月的13年间,我和我的同事、研究生一起,定性调查了中国21个红灯区以及其中的近1400位小姐、妈咪、老板、帮工与相关人物。这些调查与研究的成果陆续反映在下面的著作里。

一、第一本书是1999年1月由群言出版社出版的《存在与荒谬——中国地下"性产业"考察》,这是中国大陆的第一本此类专著。① 它包括了我的前三次调查,都是我单枪匹马进行的,而且是自费。②

---

① 1949年之前有学者出版过《中国娼妓史》,1997年张北川医生曾经写过书稿《中国妓女问题研究》(青岛医学院附属医院性健康中心,1997年12月,内部资料·请勿引用·注意保存),可惜未得正式出版。因此我的这本书是正式出版、基于实地调查、中国大陆的第一本专著。

② 曾经有我的学生问我:"你那时候自费出去调查,师母愿意吗?"我告诉她:"她一直认为我做的是正经事,花的钱也还能承受,所以毫无怨言,何况还能挣一点稿费。"

1997年1月10日到24日，我在广东省东莞市桥头镇，对当地四个管理区里的性产业进行了社区考察。这是靠我朋友王征美副主任医师的帮忙。我住在他的医院的病房里，首先调查当地小姐的总体情况，然后通过他在一个卡拉OK厅里蹲点。

1997年3月1日到16日，我又去调查了广西柳州市南郊的一个开发区里的情况。当地的一位做厂长的朋友给予我很大的帮助，还掏钱给我买了回程的火车票。这次调查主要是在三个不同的场所蹲点。

1997年5月11日上午，我到达贵州省天柱县×东乡，在金×山里面。当地的村子名叫×子坪，因此这个金矿也就被称为×子坪金矿。16日下午我下山离开，一共在该地考察了六天五夜，一直住在提供性服务的小旅馆里。由于那里不过是个弹丸之地，人不过千，所以六天五夜的考察时间已经足够长了。

二、中国社会科学出版社2000年9月出版的《生存与体验：对一个地下"红灯区"的追踪考察》，写的是1998年我三次到广东省东莞桥头镇和它下属的"四分场"（原来是部队农场，我去的时候正要回归地方），进行了总计46天的社区调查。这本书除了对于性产业的机制进行研究之外，还有对11位发廊妹、6位三陪女、5位二奶、4位妈咪的个案访谈记录。

这第二本书，就不再是匹夫之勇了。当时，我的朋友谭深[①]有一个"中国农村外出打工妇女研究"的课题。她知道我在研究红灯区，因此特地为我设置了一个"性服务小姐的个案研究"的子课题，而且报销了我所花费的两万元经费。这在当年可不是个小数目，否则，即使我初心不改，恐怕也没有财力继续进行第二次的长时间调查，那么在社会学方法上很重要的"追踪考察"这一成果，也就无缘人间。

三、《情境与感悟——西南中国三个红灯区探索》，由台湾高雄的万有出版社于2005年12月出版，ISBN：986-81778-2-0。这本书是我、

---

① 当时在中国社科院社会学所从事社会学研究。

刘振英副教授、黄盈盈、王洁、张慧霞、杨蕊、潘滢（除我均为女性）对四川省眉山市、彭山县、仁寿县的三个红灯区的考察结果。我们于2001年总计在现场进行了40天的"相处式社区考察"，进入和观察过三个红灯区里的38家经营场所，累计访谈了142位小姐、38位客人、31位相关的男女。

四、《小姐：劳动的权利——中国东南沿海与东北城市的对照考察》，由香港大道出版社于2005年1月出版，ISBN：988-98037-5-5。

这本书写的"东北城市"调查是2002年7月到9月，我、刘振英副教授、研究生黄盈盈、王洁、张慧霞、何为、张春萌（除我均为女性）到辽宁省抚顺市、黑龙江省肇东县、大庆市让胡路区，总计访谈了103个小姐后写就的。这103人基本上都是有城市户口的下岗、待业、换工作的女性。①

在这次调查中还发生了一件有趣的事情。在大庆市调查期间，女生们屡次发觉有陌生男人盯梢，搞得提心吊胆。我当时以为这是一些嫖客在捣蛋，就放弃了自己的调查，专门跟着女生们。她们进入娱乐场所访谈小姐，我就在外面守着，直到深夜和女生们一起回宾馆。可是宾馆似乎也不可靠了，我们不在的时候连着有人闯进来，说是查电路、修水管，被我撞见了。我只好带着大家换了三次宾馆。此外，在这期间，我们几个人每次打出租车都遇到饶舌不休的司机，有一位说自己是某邪教的，另一位讲下岗工人闹事，还有一位绘声绘色地讲偷石油的故事。当时大家都当笑话来谈论，结论是东北人真能侃。

我们准备离开大庆的那天，清晨4点，突然有一大帮男人闯入我们住的宾馆，说是当地有关部门的人，把我们控制在自己的房间里，分别问话，最后让我们每人写下一份"情况说明"，说这仅仅是为了结案的需要。一位局长亲自盘问我，说我们违反了《中华人民共和国统计

---

① 基于此次调查还发表了论文《中国东北地区劳动力市场中的女性性工作者》（第二作者），这是中国学术核心期刊（《社会学研究》）第一次发表这方面的论文。

法》①，还说他们保护了我们十天，应该请他们吃饭。于是我就出钱在宾馆的餐厅买了 18 份面条，大家一起吃。其间，对方数次试图跟我们拉家常，但我方一众人马却沉静如海。

快到中午的时候，北京市有关部门的一个干部和我们学院的党委书记一起来"接"我们回北京，实为递解出省。

此后，我才知道，这是因为有一位香港的女士，在香港也从事过类似的研究与调查，这次希望来看看内地的研究。可是她在香港不知道与什么敏感人物有过接触，一来就被有关部门盯上了，捎带着连我们七个中国人民大学的人也被全面监视了整整十个日夜。我对学生们打趣说：这下子我们的调查有人可以全程全面做证了。

第四本书里写的"东南沿海"，是我们团队在深圳调查的总结。是 2002 年 10 月到 12 月，我、黄盈盈、王洁、张慧霞、杨蕊、何为（除我均为女性），在深圳市区的三个"城中村"的调查结果。我们总计访谈了 115 位小姐，其中大多数是原来的"工厂妹"，就是那些虽然来自农村，但是曾经在工厂里打过工或者有过其他工作的小姐。当年的 9—11 月，王洁、张慧霞分别在那里深入调查，写出了各自的硕士学位论文。

在这次调查中也有一个有意思的小故事。我带着这五位女生刚到深圳，正在红灯区附近忙着找房子住。突然一个半老徐娘拉住我，非要我去她的冷饮店里坐坐。进去之后，一个似乎是她老公的男人出来，低声问我："有下家了吗？我可以帮你找。"原来他们把我当作拐卖妇女的"鸡头"了。我只好哈哈一笑，逃之夭夭。

五、《呈现与标定——中国"小姐"深研究》，台湾高雄万有出版社，2005 年 12 月出版，ISBN：986-81778-3-9。这是以前各次调查中小姐的故事与分析的汇总。论述的主要所谓"真相"，其实是小姐们对

---

① 其实《中华人民共和国统计法》并不禁止民间调查，但是我是经过"文革"的人，深知不要把公事变成私仇的道理，就乖巧地没有吭声。

我们的呈现，而我们的研究则是对她们的标定。

六、《男性之"性"的社会建构——中国性产业中的男客之研究》，作者是我、黄盈盈、刘中一、王洁，由台湾高雄万有出版社于2006年1月出版。ISBN：986-81778-6-3。

七、《"男客"的艾滋病风险及干预》，由台湾高雄万有出版社于2008年1月出版，ISBN：978-986-83350-5-6。

第六本和第七本书是我们四个人合作调查的成果，包括在昆明的一家夜总会蹲点，在云南个旧老矿山访谈黑社会，在四川雅安对"三轮车司机"的调查，在泸州访谈老年男人的"板板茶"（廉价茶馆）中的性交易。这两本书是专门研究嫖客的，截至目前仍然是国内仅有的研究这个方向的著作。①后来被一位巴西人类学家索要英译节录，并且直呼是这个领域的"Bible"（圣经）。

八、《主体与建构：中国西北地区小姐的世界》，作者是我、黄盈盈、王昕、游珍珍、刘佳、江秋雨，由台湾高雄万有出版社于2009年6月出版。ISBN：978-986-84328-4-0。这本书是后四位女研究生的硕士学位论文，她们每个人的论文中都有丰富的故事，感兴趣的读者可以找来细读。

除了上述八本书之外，我还写过大量的文章来记录自己的红灯区研究成果，使得更多的人了解到这方面的真相与问题之所在。②

我还做过下列研究课题：

性产业的组织学，这方面我发表过一些文章③。还有男客——性产

---

① 还有一些论文，如《理解中国嫖客的多样化及其对预防艾滋病项目的作用》（英文，2012）。
② 《红灯区的内幕》（2000）、《中国3个红灯区的社区考察》（英文，2000）、《中国性产业：我之所知与所思》（2001）、《对于性产业涉足人员的干预》（2001）、《东北地区性产业与城市女性失业问题研究》（2002）、《珠江三角洲城市失业问题及性工作关系研究》（2002）、《干预"性工作者"，当前出现的新情况》（2004）。
③ 《中国地下性产业》（1994）、《对于性交易的分析与预警》（1995）、《中国性产业中的"妈咪"与"鸡头"》（1998）、《3个红灯区的社会组织研究》（英文，1999）、《中国性产业：我之所知与所思》（2001）、《无法回避的存在——透视"性产业"的存在形式》（2002）、《性服务的组织化与职业化之水平：中国东北三个城市与深圳的比较研究》（英文，2003）、《中国的三个红灯区》（英文，2004）、《中国发廊妹的职业控制与艾滋病风险》（英文，合作，2004）。

业的源头①、作为社会问题的小姐②、立法与执法的问题③。

我还研究过性产业之外的"性交易"。"性交易"这个词在21世纪之前被当作卖淫嫖娼的同义词，但是我在2004年开始把它定义为性产业之外的、发生在普通人之间的、虽然有利益交换却不是现金交易的、非营利的、非职业的性行为，包括"以权谋性"和"以性谋权"。④

这种情况既不是现金交易，也不是以性交次数或者单位时间来计算价格，显然不符合性工作的最后两个要素。因此，充其量也不过被当作"性贿赂""作风问题"或者"私德问题"。

具体情况我已经在很多专著和论文里写过了，此处只想做一个自我定位：这才是一个比红灯区更加重要的、绝对中国特色的研究题目。可惜时不再来，我只能把这个题目留给后人了。

国内外的主要理论⑤

马克思主义理论

一、阶级剥削论

马克思曾把妓女称为像计件工资劳动者那样出卖肉体的女人。马克思主义认为：资本主义的妓女是整个社会生产方式的一部分。

---

① 《中国嫖客的全国总人口随机抽样调查》（英文，合作，2011）、《中国嫖客的多样性及其对于艾滋病项目的意义》（英文，合作，2012）、《城市的那片天——性产业中的男女》（2007）。
② 《对于妓女的误解》（英文，1992）、《中国：促进"妈咪"参与预防艾滋病工作的可能性》（英文，1997）、《性产业中的防病问题》（2000）、《小姐：粗糙的产业，粗糙的评价》（英文，2002）、《性、爱情与艾滋病：社会文化的定性分析》（英文，2004）、《中国发廊妹的艾滋病风险》（英文，合作，2004）。
③ 《中国的禁娼政策与实际情况分析》（1998）、《中国的社会政策、性服务小姐与她们的顾客》（英文，1998）、《卖淫嫖娼中值得研究的几个问题》（2000）、《禁娼，究竟禁什么？》（2003）、《钱与性之关系社会调查》（2003）、《百年发展：对于性产业的10大类29种理论解释》（2004）、《烈女被什么所害》（2005）、《修改"禁娼法"已当其时》（2005）、《析"性产业合法化"与"性产业社会管理化"》（2008）、《性管束及其政策：新中国以来禁娼法律与政策的反思》（英文，2011）。
④ 《当代中国人的性行为与性关系》（著作，2004）。
⑤ 《百年发展：对于性产业的10大类29种理论解释》（2004）的浓缩。

首先，由于资本家强制剥夺农村劳动力，使农村女性也被迫投入城市的劳动力市场，其中有一些人就不得不投入性产业。

其次，资本主义生产方式迫使人类的性行为不得不高度商业化。因此妓女这种性交机会的买卖，也就空前地发展起来。

最后，阶级剥削迫使无产者贫困化，女性只得以卖淫来谋生，结不起婚的男性也只得以买淫来解决性需求。

马克思主义者认为，只有消灭了人剥削人的社会制度之后，卖淫现象才会彻底根除。如果不触动社会生产方式和整个制度，仅靠立法与行政手段来禁娼，反而会掩盖性产业的本质，为资本主义社会粉饰太平。

二、一夫一妻制补充论

恩格斯明确指出："以通奸和卖淫为补充的一夫一妻制是与文明时代相适应的。""在现代世界上婚姻与卖淫虽然是对立物，却是不可分离的对立物，哪有叫卖淫消失而不叫婚姻与它同归于尽的道理呢？"[1]

恩格斯对于妓女的道德同情比马克思更加充分。1892年12月22日，恩格斯写信给德国社会民主党领导人倍倍尔说："我们首先考虑的是作为现存社会制度的牺牲品的妓女本身的利益，并尽可能地使她们不致遭受贫困。"

他认为："绝不应该损害她们的人格，也不应该损害她们的尊严。"

他还认为："在卖淫现象不能完全消灭以前，我认为我们最首要的义务是使妓女摆脱一切特殊法律的束缚。"

恩格斯要求："完全停止对卖淫进行追究并使妓女不受剥削。"[2]

三、中国共产党的"解放妓女"理论与实践

从1949年11月的北京到1955年8月的福州，新中国陆续封闭与禁止了所有公开营业的妓院。因此直到今天，在官方文件中，卖淫

---

[1] 恩格斯：《家庭、私有制和国家的起源》，人民出版社，2003年，第72、74页。
[2]《马克思恩格斯全集》第38卷，人民出版社，2006年，第551页。

妇女一直被称为"暗娼"（私下的）而不是"妓女"（公开营业的）。在这一过程中，党和政府把妓女视为被剥削与被压迫的劳动妇女，采用诉苦和揭发为主的"发动群众斗地主"的方式，打倒和镇压了老鸨这个敌对阶级，没收其财产。被解放的妓女或者回到农村家乡，按照贫农待遇分田地（例如华北地区），或者被吸收进工厂当工人（例如上海），或者嫁人成家（例如北京），或者支援边疆建设（例如从上海到新疆）。[①]

这样一种马克思主义的禁娼理论与实践，加上日后实行的计划经济，使得后来的中国不再存在公开营业的妓院与妓女。

女性主义中两派对立理论

一、"性剥削"理论

该理论认为表面上看起来是"公平交易"的性产业，其实是由于女性在整体上处于弱势地位，所以其中的一部分女性不得不卖淫，这就是"性剥削"，还包括人权、尊严等。这种理论中的"性"，其实有两方面的含义：一是性别，即男权的剥削；二是"通过性来剥削"。（有一些人认为还有第三个方面："性行为过程中的剥削。"）在实践中，这派理论格外注意"性奴役"（sexual enslavement）问题，尤其是"性拐卖"（sex trafficking）问题，包括其中的暴力问题。

中国台湾的性别理论家何春蕤教授把这种理论称为"妇权主义"，也就是"好女人主义"。这种理论在实践活动中表现为"拯救派"，就是认为妓女是处于水深火热之中的受害者，需要妇女运动来解放她们。

当然，也有一些社会力量（例如工会），把妓女看作挣扎在劳动力市场中的普通劳工，他们所反对的"性剥削"，重音在后面两个字上，而不是第一个字。也就是说，他们反对的是一切形式的资本家，而不论

[①] 1950年陈西禾导演的电影《姊姊妹妹站起来》、《北京封闭妓院纪实》（中国和平出版社，1988）、《上海娼妓改造史话》（上海三联书店，1988）、《1949·净化大上海纪实》（法律出版社，1995）。

通过什么来剥削。

二、性工作理论

19世纪晚期，有学者发现：有一些妓女从事这个职业是为了建立有用的社会关系，例如往上爬等。后来的学者进一步发现，无论动机如何，许多妓女都是自愿从事的，而且往往把这当作一个职业。1920年研究者调查欧洲的已经入狱的妓女时则发现：其中42%的人坚持说，当妓女完全是她自己主动自愿的选择。同时，终身做妓女的，在西方社会至今也并不罕见。

性工作理论是上述"自愿职业论"的发展与"权利化"。从20世纪70年代开始直到目前，西方一些女权主义者认为，卖淫是女性的一种合理的职业，是她们的劳动权利的实现，因为女性有权支配和使用自己的肉体。女性的身体既不属于男人，也不属于其他女人，仅仅属于她们自己。现在人们所看到的一切性产业的丑恶方面，其实都是因为妓女没有获得合法的劳动权利而造成的。

这一派女权主义者被何春蕤称为"妓权主义"，他们的实践主张是：支持与帮助妓女合法地劳动。为此，他们曾在欧美各国发起过大规模的反禁娼示威。到90年代末，在我国台湾和香港，持有这种主张的女性也在增加。2000年，联合国消除对妇女歧视委员会曾经对中国发出了没有约束力的通知，要求实现"性工作也是一种职业"。

1980年以来中国的七种有关理论

自从20世纪90年代以来，中国人对于性产业的讨论，比它的重新出现晚十年而且主要发生在民间。其中最主要的争论发生在"好逸恶劳论"与"为生活所迫论"之间。这其实是古今中外最普遍流传的"个人道德堕落论"与"贫困卖淫论"之争，是因不同道德价值取向的冲突而产生的白费口舌。

同样，在中国人关于建立红灯区或者卖淫合法化的私下讨论中，无论是正方还是反方，都仅仅是道德主张，其理论依据了无新意。

其实,对于"目前中国红灯区为什么能够存在"这个问题,最有中国特色的理论是下列七种。

一、改革代价论

这是中国官方 20 世纪 80 年代之初就信奉的理论。它的要点有四。

第一,"死灰复燃论"。中华人民共和国成立之初我们曾经"一举禁娼成功",确立了"社会主义社会没有妓女"的信条。因此现在的性产业是给社会主义抹黑,会影响我们的政治声誉。

第二,"苍蝇飞进论"。其经典的表述是:"改革开放打开了窗户,飞进几只苍蝇。"这种理论后来被邓小平在 1992 年的"南方谈话"中总结为:"开放以后,一些腐朽的东西也跟着进来了,中国的一些地方也出现了丑恶的现象,如吸毒、嫖娼、经济犯罪等。要注意很好地抓,坚决取缔和打击,绝不能任其发展。"[1]

第三,"精神文明论"。性产业不仅仅是"沉渣泛起"和"社会丑恶现象",而且是争夺思想文化阵地与下一代的问题,用最初的禁娼文件来说就是:"卖淫活动的增多,败坏了社会道德风尚,腐蚀了人们的思想。"

第四,"坏人勾引论"。最初的禁娼文件说:"(要)揭露社会上的流氓分子引诱、坑害女青年的罪恶行径。"[2]

二、腐败产物论

许多中国人都相信,中国当前的性产业是腐败的结果。这表现为相辅相成、互为因果的两组社会现象。

其一,贪贿之中与贪贿之后的腐败消费,是高档性产业的主要支柱之一。同时,性消费又是腐败的重要目标、动机与润滑剂。

其二,执法者中的腐败是性产业的保护伞,而性产业则必须迎合这种"寻租"。

---

[1] 邓小平在武昌、深圳、珠海、上海等地的谈话要点,1992 年 1 月 18 日—2 月 21 日。
[2] 1981 年 6 月 10 日《公安部关于坚决制止卖淫活动的通知》,是 20 世纪 50 年代禁娼成功之后的第一个此类禁令。

三、GDP 主义（牺牲妇女论）

盲目追求 GDP 的增长，以为它可以"纲举目张"或者"一俊遮百丑"，是当前中国社会发展中最危险的倾向。在私下里该主义主张"牺牲几代妇女的青春，换取经济发展"（其实是原始积累的意思）。该主义认为性产业可以改善投资环境、解决就业、增加税收等，甚至不断有人"估算"出中国性产业对于 GDP 的大得吓人的贡献。

这种理论流传很广，信者极多。例如，不知道多少地方的多少人都在传说着同样的故事：当地一"扫黄"，小姐们一取钱逃走，当地银行就差点儿垮掉，地方经济也变得一塌糊涂。

四、执法创收论

一些执法者（甚至立法者）认为，对于男客与小姐的罚款（或者税收）可以解决一些财政问题，就是"罚坏人的钱（收坏人的税），给好人办事"，而性产业的存在则是罚款或者税收的前提。只不过因为与"政治价值论"冲突，所以这种理论目前还没人敢拿到桌面上来说。

这种说法可能是糟透了，但是在现实生活中，它却是一些人、一些地方拼命"扫黄"的私下动力之一与自信心来源之一。

五、财富再分配论（"扶贫论"）

该论点认为，嫖娼的一般是比较富的男人，而妓女则一般是难以更好就业的穷女人，富男人的性消费至少可以为一些穷女人"扶贫"，因此性产业的存在与发展有利于"均贫富"。1998 年以来，这种理论已经从港台的"男客"中传播到大陆的一些论者中。

六、小姐的"灵肉分离论"

职业化的小姐在"做生意"的时候，她自己的身体只是"客体"，只是出租器官，她自己没有性反应，也就并不影响她的婚姻与爱情，她也因此才能比较长期地做这样的工作。这种理论主要是在个体行为的层次上解释小姐为什么能够卖淫（而不仅仅是为什么想卖淫），以便从根儿上解释性交易为什么能够成为一个产业。

七、人工智能取代论

21世纪以来，男人出钱与充气娃娃性交已经陆续出现，开始侵蚀小姐们的市场，但是对于小姐们最大的危害则是不久即将普及的"人工智能的性爱机器人"，就像许多其他行业的平庸者将被扫除一样，不思进取的小姐也将被"卷掉"。

综上所述，虽然未见诸白纸黑字，但是中国人其实一直在深深地思考"卖淫嫖娼"这个问题，而且所提出的理论（无论对错）也是全世界历史上独有的，只不过上不了台面而已。

我的纠结

我刚开始考察红灯区的时候，首初遇到的道德问题是要不要保护自己的隐私。

那位帮我调查的妈咪，打电话跟我夫人聊天。那时候打长途电话贵得很，她打了三次，都是半个多小时。我夫人直劝她，我给你打吧。不行，还是要她打。后来我走了，她也走了，还记得打电话告诉我。这就是我不自觉的解决之道。

但是后来考察多了才明白，最大的问题不是这个，而是一个根本道义上的问题：我究竟应该如何面对那些小姐和妈咪呢？

这里面又有三个层次：

第一，我究竟应不应该去研究她们，这本身就是一个道义问题。

西方某些女权主义者认为，任何对小姐的研究，只能是利用她们为自己牟利，因此只能给她们带来损害。如果真的是关心她们，就请收起怜悯和托词，去帮她们建立一个工会。

我不能否认，像我这样大谈性产业和红灯区的情况，有可能使得小姐们的日子更不好过。她们中的绝大多数人所需要和所期盼的，其实只是像小草那样不显山不露水地生存下去。在不能"非罪化"的时候，过度的关注就可能像过度的镇压一样，危害到她们现实生活的质量。

可是，我是凡人。虽然我并不认为研究小姐就一定会损害她们，但是我也不想天花乱坠地打扮自己，因为某个红灯区里的某位老板一语道破："你是教授，总要找些事情做嘛。"（因此，他并不害怕我摸他的底。）

不过，我仍然承担着道义上的责任。因此我只能遵守中国人的两条古训：在精神上坚持"将心比心"，在行动上实行"己所不欲，勿施于人"，因为我跟小姐是生而平等的。

首先，我匿掉任何具体的地名和人名，而且像在性咨询当中一样，努力去真的忘记所有人的真名实姓，因为这才是最可靠的保密。我希望，这样可以减少对于任何一个具体的小姐可能造成的伤害。

其次，我努力"学术化"，寄希望于大多数各级决策者都不会看我的书，看了也会无动于衷，惹恼了也只来处罚我一个人。这样，也许可以在整体上避免危害到小姐们。

当然，这是远远不够的。这仍然会使我居高临下。还是严月莲①女士说得更加透彻：怎样才能真正平等地对待小姐呢？只有四个字，就是"自甘堕落"，就是让自己的一切大大小小里里外外的"光环"彻底休克。否则，请离小姐远一点，让她们过自己的生活吧。

第二，我能不能为了研究的需要，去挖掘对方所不愿意暴露的隐私呢？

例如我过去调查的妈咪萍姐已经回家乡结婚了。这是研究小姐"转业"和"退役"的罕见好机会。可是，我还能再追去找她聊天吗？甚至，如果我再遇到她，还能表示我们曾相识吗？显然是不能，哪怕我的记录因此而残缺不全。

再如，我曾经偶然遇到过一位现在已经被包做二奶的前小姐。这是研究小姐的"业内上升"的绝好个案。可是，既然她并没有主动跟我打招呼，那么我就只能视而不见，擦肩而过。

---

① 香港资深社会工作者，15岁当工人，17岁参加工会工作，后来是"紫藤"组织的负责人，专门帮助小姐。

我坚信，任何社会调查都不能搞"逼供、诱供"，哪怕是使用最温柔的手段，也不行。尊重对方的"隐私屏障"，就是尊重对方的整个人格，也就是尊重调查者自己。

第三，我应该从什么角度去帮助她们呢？

在西方，从19世纪起，就一直有许多善良的人试图"拯救"妓女，哪怕仅仅拯救她们的灵魂也好（劝她们入教）。

但是这个良苦用心，其实是建立在"痛改前非，重新做人"这个前提之上。如若不然，那就必须"抗拒从严"。

可惜，我所见过的所有小姐和妈咪，虽然都表示自己愿意离开性产业（转业或者退役），但是却没有一个人认为自己有什么"前非"可以去"痛改"，也没有一个人认为自己现在做小姐就不是人，非得重新做起不可。因此，她们没有一个人相信什么拯救或者"收容教育"。她们认为那仅仅是"被抓"，是"劳改"，是自己从事这个职业所不得不面临的诸多灾难之一。结果，按照通行的说法，她们也就自绝于所有那些准备教育她们的机构，自绝于主流文化。

可是，她们是我们这个社会最底层、最弱小、最无望的人。她们确实需要帮助，需要一些对她们自己有用的具体帮助。

这样一来，我就很难办了。虽然我可以不去拯救（抓）她们，因为我没有领那份工资，也没有人给我授权。但我是一个人，理应奉献爱心，似乎最简单最直接的办法就是给她们钱。可是我的想法刚刚冒头，一位老板就借着议论一个嫖客的机会，洞若观火般地说："你给她们多少钱都没有用，都给（她们的）鸡头拿去了。"

当然，原因也不是这样简单。我从小就被灌输"只有解放全人类，才能解放无产阶级自己"。我还看过不下六次革命电影《大浪淘沙》。在那里面，主人公想给一个乞丐一些钱。一位地下党员教导他说：天下的乞丐那么多，你一个人救得过来吗？只有推翻万恶的旧社会，所有人才能都幸福（大意）。于是主人公就从此走上了革命的道路。

也就是说，中国的早期共产主义者们，使用了"为了整体的长远利益"这样一个信仰，使得他们最初发源于深切人道同情的个人义举，成为伟大的事业，并且最终成功。我属于"老三届"，就这个问题而言，在我的人文精神储备中，这是唯一可供选择的、唯一拿得出手的理论。所以我在红灯区面对乞丐般穷困的小姐时，这就成了我不施舍的理由。

不过，我又总是被教导应该"从我做起，从小事做起"。所以我也总是在怀疑：我的上述理由是不是怯懦和逃避？是不是"先当救世主，再做人上人"？这搞得我着实困惑了好久。

最终，我所能找到的存身夹缝是：尽可能多地给她们讲一些预防性病的知识、给几个人不要吸毒的忠告、帮几个人办一些与她们的生意无关的事情、资助一个人回家。

此外，我也许是老糊涂了，所以还尽可能多地陪她们呆坐、打扑克、逛街、吃饭，哪怕这些对我的研究毫无意义也罢。因为我亲眼看到、亲身体验到她们的生活中那深不可测的枯燥、乏味与寂寞；还因为她们中的好几个人都说过，还从来没有一个男人和"外人"这样对待过她们呢。结果，有一次下雨时我要出门，在场的四位小姐一齐帮我到处找伞借伞，令我十分感动，因为她们自己没有伞，也从来不用伞。

当然，我知道，这一切肯定会被一些人斥骂为"物以类聚"。可是，如果我们这个社会，连将心比心的同情都要被指责，那我们还活个什么味道呢？

正是在上述经历的基础上，我们团队在顶级学刊上提出了社会调查中应该遵守的伦理道德的诸多原则。[①] 此文后来还被别人公然抄袭，证明其影响还是蛮大的。

我和我的团队除了直接地现场调查红灯区，还尽力地做了一些知识

---

① 《性的敏感问题调查中的伦理原则与操作》(2002)、《中国社会调查中的研究伦理：方法论层次的反思》(第二作者，2009)。

普及工作。主要是下列的两项工作。

传播《小姐》电子通讯 14 年

我和我的合作者从 2002 年 5 月 1 日开始，通过电子邮件发送《小姐》通讯，每周至少一篇，连续发了 14 年。

其宗旨是：资料介绍、工作交流、情况反映、问题讨论。其主要内容是来自网上的关于小姐、红灯区和性产业的各种报道、故事、事件、分析、评论等。

这主要是因为，2002 年以来，网民和大众传媒开始越来越多地报道与讨论有关小姐的情况，但是这些宝贵的信息非常分散，如果不专门收集，它们就会随风而去，无法发挥应有的作用。我们义不容辞地承担起这个工作，以便帮助那些关注小姐却又不可能费时费力收集信息的各方面人士。因此《小姐》的发刊词是："中国的小姐（女性性工作者）是一个弱势群体，我们希望给她们以关怀和帮助。无论从什么样的角度，无论能够发挥多大的实际作用，我们都愿意尽力而为。希望各位多多参与，多多来稿。请介绍从事这方面工作的朋友参与。"

通讯的主办单位是中国人民大学性社会学研究所和紫藤（社会工作志愿者组织）。前期的负责人是我、黄盈盈、严月莲，后期则由严月莲和她的团队（妇女培训网络）成员马正荣、林彬彬一手操办。

2016 年 7 月 18 日，《小姐》通讯发出了第 1252 期（相当于每周发出 1.7 篇），就永垂不朽了。这有几个原因。

首先，2014 年 2 月 21 日《南方人物周刊》杂志发表了记者张雄对我的采访，题为《潘绥铭：揭秘"红灯区"》，被各种传媒不断转发，造成比较广泛的影响。可是生不逢时，偏偏赶上 2014 年夏天东莞的大扫黄，结果这篇采访更是被疯转。最终引起高层领导的注意，要求查查潘绥铭是什么人。学校照章行事，我只好说我从来就是这个观点，而且是采访在先，扫黄引起的舆论鼎沸在后。学校汇报如仪，虽再无下文，但领导还是好心地劝我再低调一些。

其次，这项工作从来没有任何报酬，全靠我和严月莲从其他相关课题经费里加以补贴。后来迫于生计，年轻人实在顾不上这个工作了，我又是朽木不可雕，所以就停了。

最后，电子邮件通讯被退回来的越来越多，我不知道这究竟是因为被屏蔽还是因为读者放弃了自己的邮箱，反正全中国的人似乎都狠心抛弃了陪伴他们十年以上的电子邮件，一头扎进微信的怀抱。我们的《小姐》也只能见好就收。

我们第一期的读者只有432位，到最后则是2102位，后来增加的大多数读者都是自己找上门来要求订阅的，说明前面的读者努力传播了这个通讯。我相信《小姐》在那段岁月里发出了自己的光芒，因为我们收到了很多正面的反馈[1]，也可能是内容对相关行业等的实际工作起到了促进作用[2]。

帮姐姐们走向主体发声

我和我的师门一直做实地调查和研究，没有资格也没有能力直接从事任何帮助小姐的社会工作，但是我们其实是时时牵挂而且常常于心有愧。我先后有两位女硕士生，就是因为自己无法切实地帮助小姐而陷入道义的困惑。我当然感同身受，就支持她们两个退出红灯区的研究，改做其他题目。

其实，我们还是有办法帮助她们的，那就是从学术的角度来支持那些为小姐服务的社会工作小组（她们自称"姐姐小组"），请她们来参加

---

[1] 仅仅在2002年6月23日到28日之间，我们就收到下列反馈：1. 潘教授：非常感谢您对我们工作的支持！！改日有机会再向您请教几招！ 2. 您好！非常感谢贵所发送来的电子刊物，盼望以后多多交流。3. 你好，我对你们的工作很感兴趣，能多介绍一些吗？谢谢！ 4. 坚决支持你们具有实际意义地开创性地大胆而又细致地充满人性关怀主义地同情社会弱势群体地充分发掘对我国改革开放以来经济快速增长具有巨大推动作用的隐性要素。高，实在是高啊！ 5. 我是一位基层防疫工作者，近年来也参加艾滋病的防治工作，想得到你们的帮助，希望收到每一期的《小姐》读物，谢谢！
[2] 国务院防治艾滋病性病协调会议办公室张XX，2004年1月29日来信："《小姐》网刊诸位同道：你们好！长期以来，一直得到《小姐》网刊发来的各期资料，不仅对我的工作有所帮助，而且扩展了我相关的知识面。对此，向你们表示衷心的感谢！"

我们组织的各种学术会议。第一可以帮助她们至少在社会学界名正言顺地、理直气壮地发出自己的声音；第二可以帮助她们更好地总结和提炼自己的经验与体会；第三则是增进她们与学术界的相互理解，以便更多地获得各种资助与支持。

早在 2000 年 8 月我就在北京举办了中国性产业研讨会，会上请到了社会工作者李秀芳、报道过小姐生活的摄影师赵铁林（1948—2009）、后来成为我的博士后的赵军（硕士论文是关于小姐研究的），还请到了两位现职小姐前来参加，这应该是中国的小姐第一次走进学术殿堂。

在 2006 年的第一届中国性研究国际研讨会上，我特意邀请了严月莲和她的三位"在职姐姐"前来大会发言。随后，在连续七届的国际研讨会上，我们（前期是我主持，后期是黄盈盈）每次都专门设置一到两个讨论"性工作"的论坛，每次都邀请至少五个草根姐姐小组和七到八位在职姐姐，这成为我们学术会议的特色。很多与会的学者反映："这是我第一次有机会接触到真正的小姐。"

历年来，我们邀请了所有独立自主的草根姐姐小组，例如，天津蓝蓝、上海郑煌、沈阳马铁成、深圳利奥、深圳彬彬、深圳半枝莲、胶州张宁、昆明盖子等。此外，从 2010 年到 2012 年，我们还专门组织了三次各个草根姐姐小组的将近 30 人到北京来，相互交流，不仅谈工作，也加深感情，抱团取暖。所以，张宁大夫那里的小姐们说："潘老师的研讨会，就是我们向往的家。"张大夫则总结为："以前我们自己都说不清楚自己是怎么回事，现在就用潘老师的'性爱婚分离'，认清了自己，也可以跟人家辩论了。"[①]

2015—2017 年，我三次前往昆明，帮助盖子的姐姐小组进行定性访谈，再进行问卷调查的设计和统计分析，促成她们在 2017 年的国际研讨会上发表了她们的调查报告。

后来，在我偶遇挫折的时候，几个小组的姐姐们还试图联合声援

---

① 引自张育智调查胶州张宁小组所作的田野笔记。

我。人生得此知己，足矣。

竭尽所能，无愧我心

2010 年夏天，全国大扫黄，我们（我和黄盈盈）最后一次直达现场去调查小姐和红灯区，在全国走了五个地方。我原本要看扫黄有没有用，结果发现新情况，被吓了一跳。这就是我最大的也是最后的收获：发现了"新生代"的小姐，颠覆了我自己十几年来对于低收入小姐"为生活所迫"的印象。

在昆明，我进入一个高档卡拉 OK 厅的小姐休息室，看见墙上贴着一张大红纸，写着"纪律"：不许不理客人，不许抢客人的歌唱，不许抢客人的酒喝。最绝的是不许打骂客人！我当时就蒙了，赶忙问接待我们的经理，这才知道，这地方的小姐都是"90 后"的小姑娘（当时 20 岁以下），说是来做小姐，结果全是她们自己玩儿，客人只点一个都不行，她们非要几个一起来，不给钱也要来，来了就胡闹、撒酒疯。

客人投诉，经理都求她们了，也没用。她们含苞欲放、花容月貌、风情万种啊，你经理还开了我？有的是地方要我呢！经理给我们诉了半天苦：这些"90 后"，根本不是来赚钱的，就是来玩儿的。我还给她们吃给她们住，还发钱，活该啊我。

这叫什么？这就是动态的生活。我十几年前的老黄历已经不够用了。所以现在光说"贫困论"不行，还要看到女性的自主选择、女性的身体自主和情欲自主。①

这段经历能够帮助我的研究更上一层楼，但是对我个人来说却是当头棒喝。2010 年我已经整整 60 周岁，那些不到 20 岁甚至不到 16 岁的小姐，别说懒得理我，就是能坐下来谈，也是鸡同鸭讲，话不投机半句多。尤其是，我从小生活在阶级斗争的年代里，那种黑白分明、二元对立、绝对割裂的思维定式已经很难克服，实在是无法充分理解 2010 年

---

① 中国台湾的何春蕤教授写了好几本书，主题就是"豪放女"。

之后弥散与炫彩的性产业。我真的该退休了。

当然，总是会有外力推动的，那就是我们这次调查是体制内的机构出资的，要求我们去评估2010年全国大扫黄之后，小姐究竟减少了多少。也就是说，结论早就有了，就是小姐减少了，只需要我来填上一个数字就皆大欢喜。可是我却给人家报告说：性产业的买卖双方其实都有五花八门的办法来对抗大扫黄，所以性产业的人数并没有减少，仅仅是形式更加多样化了。其结果可想而知，我们不但被机构大骂，而且差点儿没能结项。

但是中国的事情妙就妙在：如果他们不给我结项，那么当初批准立项的领导也会有责任，虽然责任远远小于我的，但是哪个当领导的会自讨苦吃呢？最后成功结项了，但是该机构的顶头领导也拐弯抹角地传话给我：下不为例，另请高就（被赶走）。

从那以后，黄盈盈开始直接负责小姐的研究与支持，而且成就斐然。总之，从1997年到2010年，我去了，我看见了，我写出来了。这就无愧我心。

1997—2018，性骚扰与性暴力研究

我在这方面的第一篇论文发表于 1997 年，到 2018 年，一直在陆陆续续地写。① 其中社会影响力最大的首推 2013 年的《21 世纪中国的性骚扰》② 一文，简介如下。

性骚扰：话语建构与主体建构之悖

最晚从 20 世纪末期开始，反对性骚扰就已经成为一种话语，强势地介入中国人的日常生活。结果，21 世纪以来，现实中的性骚扰在日渐减少，可是人们对它的焦虑却与日俱增。哪怕事情越来越少，都会有越来越多的人"主诉"自己受到了性骚扰。这仅仅是因为他们的判定标准被主流话语给改造了。

只有那些更加被主流化的人，才更加有可能获知、接受和认同这一话语。那些相对低层的人哪怕遇到了一模一样的情况，也很少按照主流话语的标准把它纳入"性骚扰"的范畴。

因此，我们需要从理论上进一步思考：我们所反对的，究竟是谁加

---

① 《男人也在被性骚扰》（英文，1994）、《婚内强奸为什么难以定论？》（1997）、《夫妻暴力：现实与解释》（2002）、《中国夫妻暴力的全国情况、风险因素与相关的健康问题》（英文，合作，2004）、《强奸幼女问题的症结》（2005）、《性暴力的光谱：客观测量与主体建构的错位》（第二作者，2018）。
② 《探索与争鸣》2013 年第 7 期（第二作者）。

以定义的"性骚扰"？这方面的"启蒙"是否有可能变质为"规训"？

任何标靶不清的、抽离细节的概念或者口号，已经很难再产生它所预期的社会效果了。

性骚扰的"性"，究竟是什么

一说到"性"，大多数国人想到的还是"男女的床上事"，甚至直接就是性交。可是，我们所反对的性骚扰，显然不是这么狭隘的内容，而是包括了更加宽泛的情况。因此，我们不得不来说清楚：最轻微的"性"究竟是什么样呢？轻微到什么程度就不再是"性"了？

这又不得不分成至少六个层次来看。

1. 行为的层次：在大多数中国人看来，任何皮肤的接触，都可以算是"轻微的性"。但是，在夏日拥挤的北京地铁上，这种规定就很难落实了，谁都不得不判断一下，对方是不是故意挤我碰我。因此，我们不能单纯地仅仅看到行为的表象，就做出判断。

2. 身体的层次：触碰了我身体的什么部位算是"性"呢？如果触碰最敏感的部位，那没话可说，大概所有人都同意这就是性，因为这是最严重的情况。可是，如果是碰到手呢？这恐怕就会众说纷纭、莫衷一是了。因为我们每个人都有一个"身体自卫圈"，绝不能被侵犯，但是它不可能是一模一样的。

3. 言语的层次：无论以什么形式来表达（包括文字），人们对于最严重的情况都没有什么异议，例如"性骂"或者直接约炮等。但是，最轻微的是什么呢？赞美我的身体是不是"性"呢？

4. 精神的层次：没有任何动作与言语，仅仅是一种目光、表情、神态、气势、氛围等，究竟算不算性呢？在这个方面，人们对于什么是最严重的情况，恐怕都难以得出共识。

5. 爱情的层次：性与爱之间是什么样的关系？一方面，"求爱"与"求性"之间到底有没有界限？根据什么来判定？另一方面，"爱我或不爱我"是不是也要算作最轻微的性呢？

6. 性别的层次：性绝对不是只能发生在男人和女人之间。那么，同性之间的最轻微的性又是什么样？是不是也要等同于异性之性呢？

我之所以分外强调"最轻微的性是什么"，就是因为"最轻微"一定要有清晰的界限，一定不能无限地扩大，否则反对性骚扰的正义事业就会适得其反，至少也是空中楼阁，无法落实。例如，如果"多看一眼"就是性，那么恐怕没有多少人会同意，更没有多少人能够避免这样的"性"。

因此，我其实就是想说三句话。

1. 性骚扰的定义究竟是什么？只有深入讨论和反思，才能推进整个事业。

2. 性骚扰，最严重的情况很容易达成共识，但是最轻微的情况却一定是各说各话。所以最终的问题其实是究竟谁说了算？

3. 我们反对性骚扰，不仅仅是"反对恶"，同时也必须是"建设善"。因此我建议大家也应该讨论清楚："无性骚扰"的理想境界究竟是什么样的，是亲如家人，还是陌如路人？是双方壁垒森严，还是努力寻求中点？是"相逢便戒色"，还是"交往必诚恳"？只有搞清楚这个之后，才谈得上支持或者反对。

性骚扰的"性"，是真的吗？

古往今来，人们都说要按照"行为的真实"来判定，包括接触、言语、表现等全部外延。用它们来判断性骚扰中的"性"是否真的发生了，可能不会有什么争议。

可是，在很多被认为是性骚扰的情况中，实际上发挥作用的是一种"主体感受的真实"。也就是说，无论"行为的真实"发生了什么，最终还是由当事的至少一方，根据自己的感受，来判定、认同与表述某种现象究竟是不是"性"，或者"性"是否真的发生了。最典型的情况就是挤地铁，不管与对方发生了多少身体接触，也不管对方做出了什么样的行为，如果自己（主体）感受到那是"性"，那么"性"就真实地发生了。反之，在一模一样的情况下，如果自己觉得那仅仅是"挤"，那么"性"就没有发生。

这个道理通俗易懂，广泛适用。但是，这可是一个石破天惊的、翻天覆地的判定标准啊！对于性骚扰问题来说，这就等于确立了一个新的原则：无论你做了什么，我说你是性，你就真的是性。时髦的话是：惹我不爽，就是骚扰。

且不论这一原则是否可以执行，问题仅仅在于：我们还需不需要从"行为的真实"来判定呢？如果"行为的真实"与主体感受不一致，那么究竟是前者可以否定后者，还是反过来呢？

这不是杞人忧天。几年前，美国80岁的老影星摩根·弗里曼被控性骚扰之后，说自己那些活动不是"性"，而是某种亲昵。假设双方都没有撒谎，那么控告方的主体感受与被告方的主体感受显然相互矛盾，那么我们究竟根据哪一方的主体感受来判定"性"是否真的发生了呢？

有些人是这样解决这个矛盾的：如果控告方是双方之间权势关系中弱势的那一方，那么控告方的主体感受就足以否定被告方的主体感受。结果，"权势的强弱"实际上能够一锤定音，可以否定行为的真实。

那么问题又来了：这个权势关系孰强孰弱，究竟由谁、根据什么、参照什么来判定呢？在这个世界上，难道随时随地、事无巨细、一成不变、永生永世都是男强女弱吗？武则天当皇帝的时候，谁敢这么说？

尤其是，如果我们已经从"行为的真实"上升到"主体感受的真实"，那么为什么在判定权势关系是强是弱的时候，又倒退回"他人的客观判断"这个层次上去呢？为什么不可以继续使用"主体感受的真实"来判定一下，究竟哪一方"觉得自己更弱势"呢？说到底，这样的"男必强女必弱"理论，究竟是为了保护弱势的一方，还是强迫天下女人都必须甘居弱势呢？

再进一步，"主体感受的真实"还可以继续上升到最高的判定标准："意义的真实"。也就是说，无论实际上发生了什么，人们（主体）必须给它赋予性意义，才能够真的成为主体的"性的真实"。还是举挤地铁的例子，同样的身体接触动作，如果被接触者认为无伤大雅，那么它就不是"性"了。

可是问题就来了：性骚扰，究竟是一种所有人都适用的情况，还是仅仅针对那些具有特定价值观的人才会出现？例如所谓"觉青"①。

说了一大堆，我其实就是一个意思：判定"性的真实"，必须从"行为的真实"开始。无论后几个层次的情况多么严重，都不能单独使用，都不能用来否定"行为的真实"。也就是说，如果"性"没有发生，或者发生的不是"性"，那么无论对方觉得痛彻心扉，还是视为奇耻大辱，那么它可以是骚扰，却不是"性骚扰"。

这好像是废话。

但是越来越多控告方及其支持者，往往直到最后也没说清楚，究竟发生了什么，几乎看不到"真的性"的任何证据，更看不到对于"无效证据"的排除。然后，性骚扰就成立了，对方就是死有余辜。

性暴力问题深究

怎样认定的

性暴力都是一方首先认定的。

最常见的情况是，受害方首先认定这是性暴力。如果不能马上做出处理的决定（例如结束关系、逃避等），那么受害方就会开始寻求认同，也就是希望别人也接受自己的认定，同意这是性暴力，然后才可能去寻求帮助。最可能的控诉途径是下列三种。

第一，直接向施暴者控诉。展现自己的冤屈。也就是说，受害方控诉的并不是性暴力本身，而是施暴方把性暴力用错地方了，不应该针对我（受害方）。

第二，向他人控诉。受害方首先必须考虑向什么人控诉。往往并不

---

① 觉醒的青年，我国台湾地区的流行用语。

是在场的旁人，而是受害方认为与自己最亲近的人或者最容易同意自己的认定的人。这也是一个光谱的分布。

第三，向公权控诉。这种情况实际上很少，并不是由于受害方觉悟不够或者不够坚强，而是一般人都对"告官"心存疑虑。这至少包括：不知道会不会遇到"昏官"，无法预测"官断"会带来什么样的结果，在亲密关系中受害方不得不考虑"告官"的后果，那就是双方恩断义绝。

中国从近代西方引入了"励讼"机制，但中国两千年的传统文化一直是"息讼"机制。这主要是因为儒家文化一贯主张维护血缘关系和亲情，认为由于"争理"而损失亲情是因小失大。所以对中国人来说，直到今天，你可能会打赢官司，但你很可能输掉了亲情。

例如在很多家暴的案件中，旁观者，尤其是网上舆论，几乎一边倒地认为挨打的妻子就应该向公权力寻求帮助，可这其实是一个非常简单的问题：你做好离散的准备了吗？

受害方在不断地寻求认同的过程中，其实就是在不断地向他人灌输自己对于此事的"性质"的认定。在理想状态下，所有的他人（旁观者、警方、法官）都不会只听受害方的一面之词，而是会客观公正地做出自己的判定。尤其是，针对在不同情境中对不同对象的不同形式的不同程度的性暴力，应该做出不同的判定，采取不同的应对措施，而且必须预见到可能带来的不同效果。

有人主张"一切性暴力都必须入刑入狱"。可是，这仅仅是满足喊口号的那些人自己的道德优越感，实际上却成事不足败事有余。例如在现实生活中，有一些向公权力投诉丈夫施加性暴力的妻子，其实只是希望借助公权力来让丈夫"改邪归正"，而且丈夫也确实存在改正的可能性。如果按照一刀切的原则把丈夫判刑入狱，那很可能促使妻子反过来为丈夫申冤。

判定的标准是什么

"一告一个准",可以吗?是否可以"私了"?公权力应当"知情即介入"吗?如果"知情不举"如何处理?再有,弱者的举证责任更轻吗?甚至是不是要"举证倒置",强令被告自证清白?这些问题现在都没有提上讨论的日程,所以很难避免在反对性暴力的实际操作中犯糊涂。

因此必须深入讨论以下三个问题。

第一,事情发生多久就不可以判定了?也就是性暴力有没有追诉期。

第二,该性暴力事件的意义,事后改变了怎么办?一种情况是当初是两厢情愿,过后又反悔;另外一种可能则是被害者后来不再认为当初是性暴力了。这该怎么鉴别与处理?

第三,如果施暴者进行了适当的补偿,是不是可以减轻甚至免除处罚?

目前最值得讨论的问题是:很多受害者究竟是不敢举报自己遭到过性暴力,还是她们/他们自己并不认为那是性暴力?究竟是要追究那些被掩盖的真实的性暴力,还是要启发那些人的觉悟,促使她们/他们把过去的事情重新定义,"上纲上线"为性暴力?

立法惩罚,必然好吗

在世界历史中,法律的发展过程是这样的。最初的原始社会把性暴力视为扰乱了初级生活圈的应有秩序,不利于男人和女人结成长期牢固的共同供养子女的社会制度。后来的农业社会看作是侵犯财产,因为女性是父母或者丈夫的财产。到现代之初把它看作损害女性的贞操,会产生私生子女。到20世纪之初认为性暴力是伤害女性的身体。到50年代把它作为针对人身的暴力侵犯。从70年代以来,性暴力已经被定义为侵犯人身权利与人格尊严。

在整个趋势中,性暴力入罪的原因越来越超越社会的利益,越来越以个人权利为基础，因此港澳台都把"强奸"改为"强暴"，就是要弱化其中"性"的含义，突出侵犯人权的意义。这是对性暴力的更准确的界定。

当上升到侵犯人格尊严以后，这项罪名的判定标准就从身体损伤走向了精神损害。这当然是历史的伟大进步，但是同时也给现行的司法制度提出了空前的挑战：精神层次的现象究竟应该如何判定？

在这个历史发展过程中，我们同样可以窥见法律发展的三个阶段。

第一个阶段是道德论，就是凡是不道德的就是违法的。第二个阶段是秩序论，即凡是损害社会秩序的就是违法的。第三个是权利论的阶段，在西方，从20世纪70年代开始，凡是侵犯其他人权利的都是违法的。

在权利论的视角下，法律也好司法实践也好，都不可避免地带来两方面的发展。

一方面，性权利不是一下子就完全让渡掉的，在每一次性行为中都可以伸张与坚持。这就是婚内强奸罪的基本立场，而且将来会区分得越来越深入、越来越细致。

可是另一方面，人们的人权意识越是强烈，就越会更加重视和保护被告的权利。这主要表现为：不可以仅仅依据行为的外观（可视的动作）来判定行为是否属于性暴力，必须有足够证据来证明对方确有恶意。这就很容易增加举报与起诉的难度。

总而言之，法律仅仅是舟，社会文化才是海；法律是人创制的，那么它就可以被人所改变。唯一的问题是中国人民应该把涉及性暴力的法律与司法实践推向何方，以及如何才能推动。

中国从20世纪50年代开始到如今，"强制猥亵罪"与"强奸罪"就一直不同。凡是阴茎没有插入阴道的行为都不叫强奸，只叫猥亵。这样的判定准则并不是依据损害的轻重程度，更不是为罪犯开脱，而是出于保护妇女的生存权的需要。50年代的女性，如果被判定为"强奸罪"的受害者，那么她非但不会受到保护，反而很可能立刻自杀以证清白，至少认为自己会受到他人尤其是亲人甚至儿女的怪罪与歧视，乃至终身无解。

直到今天，即使在主流社会的上层里，女性的这种顾虑也并没有减轻多少。所以一旦反对性暴力的运动进入发动"诉苦报仇"的轨道，一旦公权力真的"执法必严"，那么虽然可能多惩罚了一些性暴力的罪犯，但是也可能使得受害者遭到双重伤害。倘若如此，那么这个社会运动就会走向相反的另一个极端。

反家暴立法，只需要一句话

到目前为止，凡是准备处罚的那些侵害行为，如果发生在家庭之外，哪一种不是在法律中已经被处罚了？例如，打人、虐待等，所以，问题仅仅是：同样的侵害，为什么发生在家庭成员之间，就一直没有被处罚呢？

解决这个问题，其实不需要讲什么大道理，只需要在法律中增加一句话：任何侵害，均必处罚，不得以任何人际关系为理由而改变。

这个法理其实早已在其他方面实现了，例如，老板打员工，不会因为老板发工资就不处罚；警察打罪犯，也不会因为被打的是罪犯就不处罚；任何人打任何人，都不会因为双方是同事、同学、邻居、亲戚或者其他什么人际关系，就不处罚。

因此，我们其实只需要定下一个宪法层面的原则，来处罚一切侵害，无论它发生在什么样的人际关系之中，无论是婚前、婚后、婚外、恋爱、同居、找小姐、同性恋，还是其他任何一种亲密关系。

也就是说，现在这种烦琐零碎的反家暴立法，其实根本就是多余的，有这样的一句话，足矣；而且足以从反家暴这个局部，扩大到保护人权这个全局。

类似的例子还有婚内强奸问题，其实只要在现有的强奸罪里，增加"不论关系"四个字，就足够了。

总而言之，一切亲密关系，都没有任何特殊性，既不可以额外地保护,也不可以额外地处罚。法律只应该有一个"反侵害"的总则:保护任何人在任何人际关系中的任何个人权利。

夫妻暴力,如何釜底抽薪

所谓夫妻暴力,只能是发生在还没有离婚的两个人之间。那么人们就不禁要问:为什么不离婚、不尽早离婚、不舍弃一切地离婚呢?甚至,为什么不逃婚、叛婚呢?如果两个人说离就离,那么夫妻暴力的充分条件就消失殆尽,就几乎根本无法实现了。

例如一夜情,在这种萍水相逢、片刻欢愉、扭头就走、互不纠缠的性关系里,就算有人打算施加暴力,现实性有多大呢?就算偶然遇到了,还有几个人会像长久夫妻那样忍气吞声、逆来顺受呢?

说到底,是我们的"婚姻幻象"出问题了。现在的大众传媒,日甚一日地鼓吹着"一生一世""不离不弃",把"白头偕老"制造为婚姻的终极目标和最高价值。结果,当人们首次发现夫妻暴力的苗头时,就会不由自主地劝告自己:忍忍吧,忍忍吧,乃至一直忍到出人命,也不愿意破坏这个早已变质的婚姻。尤其是,你的第一次忍让,其实就是向暴力屈服,而对方很快就会利用这一点,受害方想离婚也不能了,甚至不敢了。

总之,对于白头偕老的盲目崇拜,也是夫妻暴力得以实现的一个充分条件。如果"草率离婚",那么暴力就来不及去实现,或者没有机会去实现。如果我们都能够把离婚作为解决问题的手段之一(既不是唯一的办法,但也不是最后的办法),那么夫妻暴力就一定会大大减少。问题仅仅在于,我们愿不愿、敢不敢承认,这才是避免和减少夫妻暴力的更有效的途径。

性的情感苛政

最新的两个相关词语是"冷暴力"和"精神出轨",就是情感苛政的蠢蠢欲动。这两种情况无论在法律上还是在生活中都无法判定、无法取证，更无法纠正，仅仅来源于一种幼稚之极的"婚姻幻象"——夫妻必须时时处处地如胶似漆，爱火焚身，如痴如醉。这种情况来源于独生子女带来的"娇贵化"，就是被惯坏了。凡是相信或者鼓吹这两个词的人，都不太适合在目前中国这个现实世界之中结婚。

在个人生活的层次上，我反对巨婴，反对玻璃心，尤其反对"交往霸权"，就是单方面地用自己的感受来绑架对方。所谓"我爱你，你就欠我的；你不再爱我了，就是伤害我"，实在没有道理。

在人际交往的层次上必须多多宣讲，在这个世界上生活，每个人都不得不付出"必要的代价"，包括忍让和受委屈。爱情也是一种交换，婚姻就更明显；当然有亏本的可能性，当然必须愿赌服输。

这也适用于性少数的社会处境的问题。这很敏感但是不得不说：歧视是什么样的，我们已经越来越清楚了；可是"不歧视"究竟应该是什么样呢？是不是只有强烈支持才算"不歧视"呢？如果仅仅是相安无事，算不算呢？在日常生活中，许多性少数成员的家人或者朋友，往往是假装不知，一切如常。可是有些性少数者却因此痛苦不堪，要求他们都来做自己的坚强后盾。这就是强人所难了，如果不幸成为一种口号或者思潮，那就适得其反了。

2000—2015，世界领先：
四次全国总人口的性调查

世界领先，有目共睹

1992年美国芝加哥大学社会学教授爱德华·劳曼率领的课题组，对美国全体成年人进行了随机抽样调查，涉及性生活细节与各种非婚性关系，获得了大量非常重要的研究成果，在美国引起了巨大的社会反响，被称为"芝加哥报告"（1995年发表）。

在美国，性调查是有传统的，自从金西（又译作"金赛"）教授1948年调查了男女性行为之后，各种性调查层出不穷。但是以往一切调查的最根本缺陷是：它们充其量只能代表一些特殊的人（往往是性开放的人，甚至只是"好事之徒"），却无法反映出全体成年人的情况。如果贸然地相信和使用以往的调查结果，就会对整体情况产生误解。劳曼教授的这次调查，却是人类历史上第一次针对全国总人口的随机抽样调查，其科学性是空前的。

随后，有五个国家陆续进行过全国总人口随机抽样的性调查：1990年和2000年两次英国"性态度与生活方式的全国调查"、1996年瑞典"性调查"、1997年挪威"性调查"、1998年法国"性调查"、2001—2002年澳大利亚"健康与性关系研究"。这些调查为性研究的发展和艾滋病的预防工作提供了坚实的基础。可是，由于众所周知的原因，所有的发展中国家都榜上无名。

我和我的团队在 2000 年、2006 年、2010 年和 2015 年，四次完成"中国人的性"全国总人口随机抽样调查，基本上是每五年一次。四次调查的随机抽样方法一致，调查的地点一致，调查方法一致，问卷的内容也基本一致，因此具有历史可比性。跨度 15 年的四次全国总人口随机抽样调查，这在世界上还是第一次。

这个调查的巨大科学价值与社会意义在世界上也是首屈一指。

自从 20 世纪 80 年代以来，每个生活在现实中的中国人都分明感到性、爱情、婚姻方面已经出现了剧烈的变化。可是，这种变化究竟有多大，涉及面有多宽，发展速度有多快，没有人能够说清楚。尽管刘达临教授（1932—2022）在 90 年代初也对近两万人进行过性调查，但是由于当时可能还无法采用随机抽样，所以其结果并不能代表全体中国人。人们只能根据自己的亲身经历或者亲朋好友的情况来猜测。结果，传统的人和封闭的人往往仍然认为"性乱者"只是"一小撮"，开放的人和愤世嫉俗的人则常常以为我们比"老外"还超前了。

现在，这四次调查使我们可以借助科学的力量，把性方面的纷扰看得清清楚楚、明明白白、真真切切。当然，这最需要感谢的是 2000 年、2006 年、2010 年和 2015 年参与并完成调查的那 23147 位中国人。

1991 年 8 月，在香港举行的"亚太地区性社会学研讨会"上，我有幸遇到了约翰·盖格农①教授，他因其著作《性举止》一书被尊称为"美国性社会学之父"。这本来是一次普通的学术会议，我与盖格农教授也仅是点头之交，但是会上的一位柬埔寨女性突然对我发问，讲起她家的苦难史，说到动情处甚至痛哭流涕。我虽然听懂了她的故事，但是以我的英语口语能力，完全无法做出任何解释，就只好呆若木鸡

---

① 他 1972 年的《性举止——性的社会组织》（*Sexual Contact: Social Organization of Sexuality*）一书，基本上完成了"性的社会化"理论的构建。他的主要思想是：所谓性的社会化，就是个体接受了被社会改写而成、演员表演时所依据的那种性的"脚本"（scripts），并且据此行为。中译本：《性社会学——人类性行为》，约翰·盖格农著，李银河译，河南人民出版社，1994 年。

地听着。会后，盖格农教授主动来跟我搭话，问我知不知道那位女性所说的情况。我说当然知道，随后我们就简单地以我的口语水平聊起学术。

他告诉我他是当时正在进行的"美国人的性生活"全国随机抽样调查的第二主持人，因为调查的假设基本上是他提出来的。他还问我，在中国进行这样的调查是否有可能。听我说有可能之后，他很兴奋，不仅随即联系了下述各位美国教授，而且三次给我邮寄来他的新书的打印稿，让我评论，几乎是每写新的一章就寄来，而且很期盼回复。可惜我的英文远没有达到这样的水平，跟他解释之后，这才终止。

1992年10月，劳曼教授和白威廉[①]教授来中国人民大学访问，并且在人民大学举办讲座，首次公布了刚刚完成的"美国人的性生活"调查的主要数据。劳曼教授特别表示：这是在全世界范围内第一次公布。特意选在中国来公布，就是为了促进中国性社会学的发展。

我按照中国学界的思维方式，最担心的是来听讲座的学生比较少，不到100人。因为那时候中国人还不知道"芝加哥报告"如此惊天动地，也不大懂得社会调查的重要性，所以来的学生还不如平时听我课的多。我再三向白威廉教授解释这一点。他却哈哈一笑说：在美国，对着不到十个人办讲座不足为奇[②]。最重要的是劳曼教授在你们学校首次公布了调查数据，这是一种极大的信任和认可，等于承诺与你合作。

我当时就意识到这次访问和讲课，是在盖格农教授的推荐下，美方的两位教授对我的现场考察。因为他们从一开始就非常认真严谨，首先向我索要了我那时候已经发表的所有文章的题目和几次小调查的原始数据，由白威廉教授翻译成英文。双方这才最终确定了在中国进行调查的意向。

随后在1993年8月，我与史希来在密歇根大学访学期间，劳曼、盖

---

① 白威廉是芝加哥大学社会学系教授，研究中国的著名社会学家，曾任美国社会学权威刊物的主编八年之久。
② 此后的2009年，我真的被邀请到华盛顿，参加六个人的研讨会。我发言半小时，往返的飞机却坐了26个小时。

格农和白威廉共同邀请我们去芝加哥大学，专门讨论课题合作的事情。双方决定，一旦美国的调查报告完成，就立即开始申请在中国进行调查。

1994年11月和1995年11月，白威廉和我两次联名申请本课题。但是由于1992年"美国人的性生活"调查的最后学术成果尚未正式出版，其巨大的学术意义尚未广泛传开，所以本课题的申请被推迟审批。

1996年11月到1997年3月，白威廉与我第三次申请本课题。1997年10月通过学术审批。1998年3月1日，本课题正式获得美国国家卫生研究院批准。同年，我也申请到国家社会科学基金的资助，因此这个调查和研究是双方合作，而不是仅仅委托我来执行。据此双方商定：中文发表成果时，中方署名1、3、5；英文发表时则为2、4、6。这是因为我仅仅获得一万元的中国资助，与整个课题的花费相比实在是九牛一毛。

在后来进行的实际调查中，劳曼教授是学术指挥，美方的直接负责人是白威廉教授。在学术上，他是我三生有幸的恩师。在生活中，我全家与他们夫妇结成亲如一家的私人友谊。

从学术上来说，我们双方合作在中国开展"性调查"是经过深思熟虑的。首先，中国是非西方的、文化差异极大的发展中国家。其次，中国还保留着大量的传统文化、阶层差异与地域特色。第三，2000年前后，正是中国性革命突进之时。第四，当时中国还没有财力进行独立的全国"性调查"，中美又处于合作的"蜜月期"。第五，中国没有禁欲主义的宗教统治。总之，在中国进行"性调查"可以更加具有全球性、历史性、动态性和可行性。事后证明，我们的这些预期都圆满地实现了。

为什么能够代表全中国成年人

四次调查的对象都是中国境内18—61岁的、能识汉字的人。在2015年，全国人口总数为13.6782亿，其中18—61岁的大约是9.4亿。

随机抽样调查，就是保证在这九亿多人里，不论什么样的人，每个人都具有相等的可能性被调查到,而不是这种人多、那种人少。因此在理想的情况下,随机抽样调查具有 95% 的把握,足以代表这九亿多人的总体情况。[①]

概要的情况请看下表。

四次全国随机抽样调查的简介

	2000 年	2006 年	2010 年	2015 年
调查对象的定义	中国大陆境内能识汉字的人			
调查对象的年龄段	20—64 岁	18—61 岁		
抽样方法	多层等概率抽样			
抽样的分层标准	城乡、人口规模、离婚率			
初级抽样单位:街道/镇	60	120	103	103
分布在省/直辖市	22	24	25	25
抽样到居委会/村	PPS 方法抽取			
终端调查点个数	60	195	159	103
其中城市居委会	50	150	123	67
其中行政村	10	45	36	36
调查点内抽样到的人	居民与流动人口的名单等距抽样			
抽样人数总计	5000	6788	9992	7725
到场人数总计	3962	5688	7786	5601
有效完成调查人数	3812	5404	7202	5136
其中男性[①]	49.8%	50.4%	47.7%	48.1%
现场有效应答率	96.2%	95.0%	92.5%	91.7%
抽样有效应答率	76.4%	71.5%	72.1%	66.5%
复杂加权的因素[②]	城乡、性别、年龄	城乡、性别、年龄	城乡、性别、年龄、婚姻	城乡、性别、年龄、受教育程度

① 我们的调查以城乡差异、人口规模、离婚率等国家统计数据为分层指标,进行多层等概率抽样。初级抽样单位(PSU)为县级地理区域,往下抽取第四名的街道和镇,再往下抽取第四名的居委会或者行政村,再按照居住者的总名单进行等距抽样,按照地理位置抽样法抽取流动人口。
② 在实地调查中,被调查者中的男人往往外出,所以总是女人偏多。因此,接受调查的男性比例越高,证明调查的质量越高。
③ 复杂样本就是在统计中,首先纳入分层抽样的因素——城乡、不同调查点之间的差异,然后再纳入一般的人口特征的因素。这是随机抽样调查结果统计的底线。

任何一个社会调查必须具有明确而且不变的"总体",就是说这个调查究竟是在什么地理范围之内做的、包括了什么样的人、为什么不包括其他人;绝对不可以是"谁回答就算谁"。如果没有这样一个总体,那么任何统计数字都会失去意义。例如某些网上的调查,其实仅仅是那些看到这个网站而且愿意回答的人,绝对无法反映出其他人的任何情况。

确定了总体之后,必须在其中进行随机抽样,就是运用为数不多的几种科学方法,在总体的所有地区和所有人中间,选择某些人来调查。没有被选到的人不可以来回答,更不能随随便便找人。只有这样,调查结果才能够反映出所有人的情况,才具有科学性。因此一切街头调查、网站调查或者把一个单位的人集中起来调查的方法,都没有价值,反而会误导读者。

随机抽样调查,是一切社会调查的底线,如果做不到这一点,那么调查 100 人和调查 10000 人是没有区别的,都不能够代表总体的情况,都会出现非常严重的偏差。任何一种网上调查,都无法做到随机抽样,因此,调查的人数再多,也是非常片面的,会严重扭曲真实生活。我专门做过网上调查与实地调查的对照,足以证明这一点。①

下面是 2015 年全国调查的初级抽样点的全部名单(城市的街道与农村的乡镇)。我不厌其烦地列出这些地名,其实只是出于一种学术的自尊:任何人都可以去复查我们实地调查的真实性。

1. 安徽,安庆市,潜山县,龙潭乡
2. 安徽,蚌埠市,蚌山区,天桥街道
3. 安徽,六安市,金安区,中市街道
4. 安徽,六安市,霍邱县,龙潭镇
5. 北京,朝阳区,垡头街道

---

①《网站调查与实地调查的实证对比研究:样本偏差程度及其方法论意义》(2009)。

6. 北京,丰台区,丰台街道
7. 福建,福州市,鼓楼区,五凤街道
8. 福建,福州市,长乐区,吴航街道
9. 福建,泉州市,南安区,溪美街道
10. 福建,厦门市,思明区,中华街道
11. 广东,东莞市,市辖区,东城街道(A居委会)
12. 广东,东莞市,市辖区,东城街道(B居委会)
13. 广东,佛山市,顺德区,勒流街道
14. 广东,佛山市,高明区,荷城街道
15. 广东,惠州市,惠城区,桥东街道
16. 广东,江门市,蓬江区,堤东街道
17. 广东,茂名市,电白县,黄岭镇
18. 广东,梅州市,梅江区,金山街道
19. 广东,清远市,佛冈县,石角镇
20. 广东,汕头市,龙湖区,珠池街道
21. 广东,深圳市,宝安区,新安街道
22. 广东,深圳市,罗湖区,笋岗街道
23. 广东,湛江市,徐闻县,锦和镇
24. 广西,北海市,合浦县,闸口镇
25. 广西,柳州市,柳江县,成团镇
26. 广西,南宁市,天等县,华隆乡
27. 贵州,六盘水市,钟山区,凤凰街道
28. 海南,临高县,临城镇
29. 河北,唐山市,路北,缸窑街道
30. 河北,唐山市,古冶区,古冶街道
31. 河北,唐山市,迁西县,栗乡街道
32. 河北,邢台市,清河县,葛仙庄镇
33. 河南,南阳市,方城县,清河乡

34. 河南，南阳市，镇平县，贾宋镇
35. 河南，南阳市，唐河县，郭滩镇
36. 河南，商丘市，永城市，城关镇
37. 河南，周口市，商水县，胡吉镇
38. 黑龙江，大庆市，让湖路区，龙岗街道
39. 黑龙江，哈尔滨市，南岗区，燎原街道
40. 黑龙江，哈尔滨市，宾县，宾州镇
41. 黑龙江，齐齐哈尔市，龙沙区，民航街道
42. 黑龙江，绥化市，北林区，大有街道
43. 湖北，黄冈市，浠水县，丁司当镇
44. 湖北，黄石市，黄石港区，沈家营街道
45. 湖北，荆州市，江陵县，秦市乡
46. 湖北，武汉市，黄陂区，罗汉街道
47. 湖北，宜昌市，宜都市，陆城街道
48. 湖北，宜昌市，枝江市，七星台镇
49. 湖南，郴州市，桂阳县，桥市乡
50. 湖南，郴州市，安仁县，灵官镇
51. 湖南，邵阳市，邵东县，黄陂桥乡
52. 湖南，株洲市，攸县，槚山乡
53. 吉林，吉林市，舒兰市，环城街道
54. 吉林，延边州，敦化市，二道白河镇
55. 吉林，辽源市，西安区，泰安街道
56. 江苏，连云港市，灌云县，下车乡
57. 江苏，连云港市，灌南县，三口乡
58. 江苏，南京市，玄武区，梅园新村
59. 江苏，苏州市，常熟市，虞山镇
60. 江苏，苏州市，姑苏区，双塔街道
61. 江苏，苏州市，张家港市，杨舍镇

62. 江苏，泰州市，兴化市，绍阳镇
63. 江苏，无锡市，宜兴市，环科园
64. 江苏，徐州市，云龙区，彭城街道
65. 江西，上饶市，余干县，三塘乡
66. 江西，新余市，渝水区，城南街道
67. 辽宁，鞍山市，岫岩县，兴隆镇
68. 辽宁，朝阳市，双塔区，光明街道
69. 辽宁，丹东市，凤城市，凤凰城街道
70. 辽宁，抚顺市，新宾县，平顶山镇
71. 辽宁，沈阳市，和平区，砂山街道
72. 内蒙古，赤峰市，宁城县，大双庙乡
73. 山东，德州市，德城区，运河街道
74. 山东，德州市，武城县，四女寺乡
75. 山东，济南市，长清区，文昌街道
76. 山东，济宁市，泗水县，泗张乡
77. 山东，聊城市，临清市，青年路街道
78. 山东，青岛市，莱西市，水集街道
79. 山东，烟台市，芝罘区，向阳街道
80. 山东，烟台市，莱阳市，城厢街道
81. 山东，枣庄市，滕州市，荆河街道
82. 山西，晋城市，阳城县，杨柏乡
83. 山西，太原市，晋源区，罗城街道
84. 陕西，安康市，汉滨区，老城街道
85. 陕西，宝鸡市，扶风县，揉谷乡
86. 陕西，渭南市，大荔县，八鱼乡
87. 陕西，咸阳市，淳化县，卜家乡
88. 上海市，浦东区，南码头路街道
89. 四川，成都市，金牛区，抚琴路街道

90. 四川，成都市，双流区，东升街道
91. 四川，眉山市，彭山区，谢家镇
92. 四川，遂宁市，蓬溪县，红江镇
93. 四川，雅安市，名山区，红岩乡
94. 云南，玉溪市，红塔区，玉带路街道
95. 浙江，杭州市，上城区，清波街道
96. 浙江，杭州市，萧山区，城厢街道
97. 浙江，湖州市，安吉县，天荒坪镇
98. 浙江，嘉兴市，海盐县，武原镇
99. 浙江，宁波市，鄞州区，洞桥镇
100. 浙江，绍兴市，上虞市，百官街道
101. 浙江，温州市，鹿城区，洪殿街道
102. 重庆，江津区，德感街道
103. 重庆，永川区，胜利路街道

调查方法：我将心比心，你实话实说

我们调查了：调查对象的社会地位、健康状况、魅力与性感、社会交往、恋爱与性（未婚者）、婚姻状况（含同居）、双方情感、性生活细节与技巧、非婚性关系、多伴侣性行为、"看黄"、上网活动、异性按摩、一夜情、找小姐、交换伴侣、多人性行为、同性性行为、性生活障碍、使用新毒品、购买性用品、遭到性侵害或性骚扰等情况。

如果调查对象没有某些情况，电脑就会自动跳答。因此，如果被调查者没有任何性行为，仅仅需要回答86个提问；如果什么情况都有，就要回答280个提问。在2015年，由于经费所限，调查内容缩减为至少68个提问，最多192个。

在2000年实地调查时，关于互联网的问题，根本没有问到。直到2006年，我才在调查问卷中开始询问"网上性爱"的情况。手机（移

动互联网）则更是一个新现象，从 2010 年才开始调查。这就是说，社会调查永远比社会生活要落后一步，永远是"遗憾的学术"，这是没有办法的事情。

2000 年的第一次调查的成果汇集于《当代中国人的性行为与性关系》，由社会科学文献出版社于 2004 年 2 月出版。

2006 年的第二次调查的课题负责人是我，调查组组长是黄琦、黄盈盈、史梅、王昕、毛燕凌、张娜、王东、杜鹃、侯荣庭、王冠、金一之。调查的成果是《中国性革命成功的实证：全国成年人口随机抽样调查结果简报　2000 年与 2006 的对照研究》，由台湾高雄万有出版社于 2008 年 1 月出版，ISBN：978-986-83350-5-9。

2010 年的第三次调查的负责人是我、黄盈盈。课题主要参加者和调查组组长是当时中国人民大学的各级学生：张楠、袁雷、王小平、林博、高培英、杜鹃、张娜、刘熙、王昕、姚星亮、（毕业生）王冠。以上 2000 年、2006 年、2010 年三次调查的成果是《性之变：21 世纪中国人的性生活》，由中国人民大学出版社于 2013 年 7 月出版。

2015 年的第四次调查，负责人是我、黄盈盈，合作调查人和调查组组长几乎都是我和黄盈盈的编内或编外的、毕业的和当时的学生：黄琦、蔡鑫、姚星亮、王小平、赵军、王昕、王冠、王文卿、张娜、张楠、宋琳、高培英、侯荣庭、夏冰、贺天丁、刘春成、于永丽、宫赫、潘荣桂、周柯含、张育智。这次调查的结果，一方面写了一本书（新浪博客发布）[①]，另一方面从 2017 年 8 月 2 日开始，在我们研究所的微信公众号"性研究 ing"上连续 45 期发布完毕。

看任何一个有关性问题的调查，一定要看它是怎么调查出来的，就是在调查的现场，究竟是怎么找到被调查者的、怎么询问和记录的。如果一个调查报告没有说清楚自己采取了哪些独特的、合适的调查方法，

[①]《给"全性"留下历史的证据：2000—2015 中国人的全性（sexuality）》，2018 年 4 月 24 日更新拓展版，https://blog.sina.com.cn/s/articlelist_1305771610_15_1.html。

读者怎么可能知道那些被调查的人是不是在撒谎，甚至整个调查结果是不是伪造的呢？

由于性调查的高度敏感性，我采用了如下实地调查方法，全都是从被调查者的"主体建构"出发，努力减少对方可能的顾虑。

1. 派出调查员，直接到达全国各地的居委会和行政村，在当地调查三天以上。

2. 不进行"入户抽样"，不在家中访谈，而是直接抽样到个人，邀请被访者到事先准备好的访谈室来，一般是居委会的房间或者学校教室。

3. 在封闭空间中访谈：保证每个访谈室中只有调查员与被访者两个人。

4. 同性别、一对一地访谈：禁止调查员访谈异性。

5. 调查员与被访者素未谋面：组长上门动员、预约且不进行访谈，调查员事先不可能知道被访者究竟是谁。

6. 获得被访者的"知情同意"：在访谈开始之前就明确告知被访者，我要询问性生活的问题，而且允许拒绝回答任何一个问题或者中途退出。

7. 使用电脑问卷进行访谈：把调查问卷制成电脑程序，调查员携带笔记本电脑到当地，在调查员指导之后，由被访者通过按键盘来独自完成问卷。这是目前国际公认的最接近真实的方法。①

上述四次全国调查的操作方法的细节，我在 2004 年的《当代中国人的性行为与性关系》中写下两万多字的详细叙述。随后在 2006 年、2010 年和 2015 年进行的后续调查中，一直严格遵照同样的调查方法。感兴趣的读者可以查找该书阅读了解，这里就不再赘述。

此外，问卷调查的内容必须有一个假设，就是研究者准备验证什么，而不仅仅是想知道什么。因此，任何一个合格的调查报告，必须写

---

① 1998 年，在美国"全国男性青少年调查"中，把这种方法与"自填问卷法"进行对照，发现各种敏感行为的报告率都比后者有所上升。

清楚自己想要说明什么,是怎么询问的,自己给被调查者设计出什么样的回答选项,否则就不值得去看。下面是某位网友写的一个例子,足以警示读者:问卷调查的结果是很容易骗人的。

黄世仁给杨白劳的调查问卷:你赞成我每天强奸喜儿几次?回答选项:1. 赞成每天强奸九次;2. 赞成强奸七次。杨白劳必然是两个提问都反对,因此足以证明他赞成黄世仁每天强奸喜儿八次。[①] 其窍门在于:由于问卷根本不问"强奸行不行"这个问题,也不设置除了七次与九次之外的任何选项,所以无论杨白劳怎么回答,结果都是赞成喜儿每天被强奸八次。

这就是问题调查的"元假设",是任何一个问卷调查的隐秘的灵魂。很可惜,目前所见的大多数问卷调查,其领导者根本不知道这一点。

因此,如果你看到任何一个社会调查报告,请首先看看它敢不敢公布我在本章中介绍的所有这些情况。如果没有或不全,那就别往下看了,免得误导自己。

趣事连连,理解国人

从 1997 年 5 月到 2000 年调查开始,我与白威廉教授就一直在翻译和本土化劳曼 1992 年的调查问卷。这可真是一种最深刻的学习与锻炼,不仅使我更加深刻地理解了中西方文化的差异,也加深了我对于中国人之性的理解。例如,在美国的调查问卷中,如果被调查者还有其他的性伴侣,那么就请他给那个人起一个外号,以免跟现在主要的性伴侣搞混了。我坚决反对,因为中国人一定会怀疑你这是有什么阴谋诡计,中国人不善于拒绝却可能采用撒谎的策略。因此,在中国的调查中,用的就是最直白的"现在这个人"和"另外那个人"。

要调查,就需要组成团队。1998 年 3 月 21 日在北京百望山招待所,当时的课题组进行第一次讨论,4 月 7 日开始到天津静海县做试调查,

---

[①] 来自和菜头博客"槽边往事"。

参加者是我、史希来、郭大平①（1947—2011）、王爱丽、史建、樊静、刘光华，后来又加上我的学生蔡鑫、黄琦、黄盈盈。

调查的另外一个需求就是"名正言顺"，虽然我们到任何地方去调查都是自带费用，而且还会给当地的居委会或村委会一些劳务费，但是在中国，某种官方的手续还是必需的。恰好，我当时是民政部婚姻家庭专家委员会委员，就顺利地开出了民政部的介绍信，发挥了极大的作用。②

调查中的故事，可以另外写一本书。我觉得，最能反映中国人性格的有这样几个小故事。

其一，我们调查的基本假设就是中国人也开始有多个性伴侣了。可是，这在2000年的中国，似乎是匪夷所思。我的合作者郭大平先生自己是个极端洁身自好的人，所以他从讨论问卷的时候就一直说："调查这个（多伴侣）没用，没人这么干。"等到调查开始，第一批数据上来，发现有过多伴侣的人接近10%。郭先生一夜无眠，痛心疾首地跟我说"人心不古，世风日下"。再等到调查结束，有过多伴侣的人上升到16%之后，他就再也不说什么了。

其二，在福州市调查的时候，没想到来了一位现任的市人大常委会的副主任，这是他在回答完之后主动告诉我的。我很惊讶，大概是脸色都变了，他误以为是我怕他撒谎，就用那种领导式的语重心长的口吻告诉我："我回答的情况都是真的，因为我不怕你们泄密。我没签字，谁说什么也不算。"后来这个故事被白威廉教授拿到美国去说，以证明中国人其实是可以接受性调查的，很有说服力。

其三，在农村调查的时候，有一位妇女答完问题之后问我："如果我不说实话，是不是你们的电脑就会叫唤？"我赶快解释说不会的，再问她怎么会这样想，她说是前面被调查的男人们说的。在2000年的时

---

① 时任中国人口情报研究中心副研究员。
② 2006年和2010年那两次调查都是我的学生莫丽霞（1968—2020）从国家计生委拿来的介绍信。2015年没有统一的介绍信，但是个别省是莫丽霞打过招呼的。

候,老百姓可以看到电视主持人都对着一个笔记本电脑,所以并不大惊小怪;可同时又存在严重的"机器崇拜",所以才会闹出这样的笑话。可是在后来的调查中,我们遇到更多的却是一些年轻人屡屡质疑我们的笔记本电脑是否真的可以保密。2010年我们在上海曾经遇到一位电脑高手,他一帆风顺地答完出去后,我听到他跟一个女孩子说:"这帮人真傻,我把他们的硬盘都看完啦!"

其四,在2000年的调查中,我们还会请被调查者留一个尿样,以便化验是否有性病。在一个小城市里,有一位30岁左右的男人,交回来的居然是精液。这个属于我们的工作失误,所以一直无法当作例子来证明中国人的"性禁锢"其实不那么普遍。

善始善终 2015

兵马未动,粮草先行,如此大规模的全国调查,如何使用资金是个大问题。

我早在2011年9月出版的专著《论方法——社会学调查的本土实践与升华》(中国人民大学出版社,第154—156页)和2023年1月出版的第二版(世界图书出版公司,第146—148页)中,专门写了"调查的财务"这一节,详细记载了调查中下列最主要的开销。特此摘要引用如下。

任何一个大规模的社会学调查,有四笔钱是不能节省的。

1. 调查员的报酬标准。我的原则是:宁可降低每个工作日的报酬标准,也要坚持调查点的报酬包干制度。因为前者是钱多钱少的经济问题,而后者则是课题负责人与调查员之间的公平与信任的人情问题。

2. 感谢金及其标准的考虑。我的四次调查付给被访者的感谢金,遵照"约等于当地平均日工资的一半"的标准。农村地区的成功被访者付给30元,城市40—50元。

3. 协助劳务费。这就是付给所有帮助调查的人员的劳务费,尤其是那些最基层的管理者们。这可不是变通,是调查伦理所要求的。笔者的实践是:如果他们帮助邀约了,那么每成功邀约到一个被访者,支付10元的劳务费。如果租用他们的办公室了,则每天每间房支付100元。即使他们什么也没做,调查组还是要请他们吃一顿饭的。

4. 善后款。我的原则是"让被访者知道如何联系我们"。这是必须遵守的社会学调查的伦理原则。不言而喻,这也需要留下一笔小钱备用。

真正的难题在于课题负责人如何向本单位报销这笔钱。个中的酸甜苦辣甚至逼良为娼,说不好,不好说,不说好。

难点是:它们都是不可能有正规发票的。我们又是匿名调查,所以无论被调查者还是居委会,连个收款的白条都不可能给我们。此外还有大批林林总总的零星花费(例如分散就餐、食品、矿泉水)也不可能有发票,所以按照惯例就是请调查员去找各种发票来顶账。我和我们团队的所有人都天真地以为,只要钱花在调查上,没往自己兜里装,就不会有问题。此前2000年的调查是芝加哥大学负责报销,2006年是福特基金会资助,实行的都是总经费包干制,所以这都不是问题。到了2010年,由于使用了一些政府资金,就出问题了。

2015年我第四次做调查的时候,全部资金都来自国际合作项目,没有国内的一分钱,但是国内的制度是一切外来资助都按照国有资产来处理,所以我还是申请并且被学校批准了一个替代方法:给被调查者等额的电话充值卡,用电话卡来报销。

这最后一次调查,既是学术的提升,也是一个争气之举。它首先证明我认命不认怂,舔干伤口,再接再厉,终成大业;其次证明某些财务规定实在不可理喻、自欺欺人;第三则证明,了解内情的各位校领导都全力支持我的研究,而这不是无风险的。

2015年之后,应该在2020年再进行第五次全国调查,我女儿完全可以全额资助我,再也不必仰人鼻息。但我深思熟虑之后还是激流勇退,不再进行。主要有下列几点原因。

首先，中国的"性化"在 2015 年应该是达到了顶峰，然后就随着整体社会的变化而变化，呈现出极大的不确定性。这将严重影响普通中国人在回答性问题时的真实性。我的四次调查已经证明：中国人的性伴侣越来越多的情况其实同时有两个原因，一方面是真的越来越多，另一方面则是人们随着社会的宽松而越来越敢于承认了。同理，如果社会更加严苛，那么不敢承认的人就会增加，这将极大削弱以后任何调查的真实程度。

其次，我所做的四次性调查，外行人喜欢看那些百分比，内行人则明白，其主要价值在于实现了全国成年总人口的等概率抽样，而且经得起连续四次的对照检验。但是这种随机抽样越来越难了，因为城市越来越变成相互隔绝且自我封闭的小区，就连居委会甚至物业公司都很难找到本地的居民，在农村则是青壮年人口基本不在家。这就使我们的抽样误差越来越大。我没有把握说，2020 年我和我的团队再做调查仍然可以达到最低限度的抽样代表性。

我可不愿意晚节不保，只希望：风吹过，水留痕；水无定，海永存。

当然，那时候我不可能想到：2020 年不再调查的决策是歪打正着，躲过了新冠疫情这一劫。

2005·2011，性社会学，自立于学术之林

实至名归：1993年研究所诞生

1993年6月，中国人民大学校长办公会议决定，创办"中国人民大学性社会学研究所"，属于系级的正式研究机构。首任所长就是我，到2014年3月我退休之后，我的学生与合作者黄盈盈接任研究所所长，我则作为荣誉所长暂留一点痕迹。

这当然不是领导们突发奇想，而是我的研究已经在国内社会学界产生了初步的影响，研究所的成立才能够水到渠成。例如，1993年的《中国社会学年鉴》这本权威的、相当于学科目录的书，已经收录了我写的《专题研究进展·性社会学的基础研究》一文，表明了学界同道的认可。当然还得有贵人相助，如果没有李强（当年的副教授和社会学系副系主任）专门去找校领导汇报，研究所的成立也不会这么快和这么顺利。

1996年6月，研究所设立了"中国性研究信息中心"，其实就是一个图书室。2005年增设"中国性研究资源中心"，主要是为各个草根组织提供学术支持。2006年5月增设"妇女网络与培训中心"，主要是支持和扶助那些做小姐研究与社会工作的小组。

这些机构都是大学里常见的非实体的"三无单位"（无编制、无经费、无办公室），主要是为了方便进行学术活动。研究所一直以来只有

使用课题费聘用的短期秘书、助理和图书管理员[①]，研究人员就是我与我的历届硕士生、博士生和博士后，与社会学系的两位同事史希来老师和刘振英副教授有阶段性的合作。

这种"挂虚名"的大学科研单位，对于我和我的团队，对于我们所从事的性社会学来说，非常宝贵。它不仅可以使我们的研究名正言顺，而且可以把我们与一般社会学区别开，突出性社会学这个分支学科的独立性。这些年来，很多局外人就是看到我们这个研究所的名字，才知道或者才肯承认，还存在这样一个学科。1996年7月，我被中国人民大学评聘为教授之后，我自己和研究所的科研与学术交流也就更多、更顺利了。

美国飞来的图书室

研究所成立三年之后，增设了一个图书室，就是一间屋子堆满书，向公众开放，一直到现在。这当然是为了我们研究的方便，也可以促进学科知识的传播。它的来历是一个有意思的故事。

早在1991年，就有一批美国的"性学家"来访问当时的中国性学会[②]，具体的来龙去脉我并不清楚，我只是被邀请去参加了两次座谈和一次陪同参观。其间，由于我的英语口语很差，没有结交什么人。但是美国同道们回去后，有一位詹姆斯·爱德华兹先生主动联系了我。我们开始了通信交流。

爱德华兹先生不是大学教授，也不是专业的学者，而是一位木材商人。他年轻时在大学里学过三年中文，就喜欢上中国古代的道家思想和性文化了，后来一直在业余时间研究。

1991年他首次来中国的时候，发表的论文演讲是对于18—19世纪

---

① 段雅芳、高培英、林博、贺天丁。
② 1994年中国性学会经卫生部批准，正式在民政部注册成立。

中国南方的"缩阳症"①的研究。在当时,这个题目就连学历史出身的我也是一无所知,更别说性学会那些学医出身的大夫了。结果他发言完就冷场了,我也是为了救场,就提问:房中术可以治疗"缩阳症"吗?这当然是胡扯乱拉,当时爱德华兹先生也没有认真回答,但是记住了我。我们开始通信之后,他承认我对房中术的理解与解释是西方文献里没有的②。这样的交流加深了我们的交往。

我们真正形成个人之间的友谊,是在1993年和1994年。这两年里他两次来中国访问,都是我接待的。他学的是"哑巴中文",甚至比我的"哑巴英文"还差,所以我们很难进行深入的学术交流,只能以私人交情为主。例如,有一次我带他去逛东华门一带的北京小吃夜市,发现小贩跟他多要了一倍的饭钱,我就跟小贩吵。我说:"我去美国,吃饭的钱跟美国人一样多。你们凭什么宰他?"小贩大骂我是汉奸卖国贼,我只好拉着他逃走了。后来我用英语跟他解释了这件事,他一个劲儿地说"我们是朋友"。此后,他坦承自己是一位同性恋者,但是这并没有影响我们的友谊。

1996年7月,在美国的周练红女士③给我发来电子邮件,说爱德华兹先生在他姐姐家里度假的时候,突发心脏病,不幸去世了,享年47岁。我收到爱德华兹的长期同性伴侣的来信,把爱德华兹一生积累的214本英文书全部捐献给我们研究所,除了负责运送,还捐献2000美元作为建设一个小图书馆的初期费用。对方唯一的要求是图书室里要有纪念爱德华兹的文字。我当然一切照办,那些英文书和那个纪念铭牌一直在我们的图书室里,沉静地守护着爱德华兹先生的灵魂。

---

① 清朝时期,岭南一带流传着一种谣言,说"缩阳症(病)"会传染,因此一旦听说外地发生了,本地就会全民皆兵,断绝交通、严防死守。但是仍然会有本地人突然发作,阴茎(甚至包括阴囊)缩进肚皮,必须大家一起痛打他,才能把阴茎"吐出来",实际上很多人直至被打死也没能吐出来。这其实应该是一种高度精神紧张带来的癔症突发。
② 在1990年之前,我虽然认真地研读过房中术的文本,但是一直没有下决心去研究它。1991年到1995年之间我对爱德华兹先生发表的观点,其实都是我在与古文字和古文化专家李零教授的私交中学到的。
③ 中国留美学生,后来长期在美国印第安纳大学的金西研究所担任图书馆馆长,为中美之间在性研究方面的交流做出很多贡献。

从 1996 年 6 月 5 日起，我们研究所下设的"性学信息中心"（图书室）正式开始为全国的性研究者服务。到 2020 年年底，拥有外文图书约 2500 种、中文图书 2100 种、其他各种资料约 1000 种。先后的三位专职女图书管理员[①]不但工作优秀，而且与很多前来借阅的读者一见如故，交的朋友比我还多。尤其是有些女性读者与年长的前两位成为无话不谈的忘年交。

回想起来，唯一遗憾的是，由于我们的经费有限，更是由于国家对图书进出口的严格管制，我们的英文新书非常少，全靠同事和学生出国自己带回来，捐献给我们。在 2010 年的时候，一位比利时的教授来访，参观了我们的图书室后大跌眼镜，说"这简直就是版本学的宝库"，其实就是说我们的英文图书都过于古老了，我们也真的有一本 1902 年出版的书。

2005 和 2011：本学科的确立

为什么我把 2005 年作为性社会学在中国确立的年份呢？因为在长期的学术积累之后，这一年的 10 月 16—17 日，在中国人民大学的逸夫会议中心，由我主持召开了"中国'性'研究的起点与使命·国际学术研讨会"。参会的有福特基金会举办的"性研究全球网络"在东南亚、非洲、北美和拉丁美洲的 4 个"资源中心"的主任，有来自英国与美国自费参会的学者，还有 34 位中国发言者和其他 87 位参会者。

郑杭生教授致开幕词。当年他不仅是中国人民大学的副校长，还是中国社会学学会会长，是社会学界的学术权威之一。这代表着中国社会学界正式认可了性社会学这个分支学科的确立。

在开幕词中，郑杭生教授总结了性社会学的初步发展："在我主编的《社会学概论新修》（后来被列为'九五'国家级重点教材、'十五'国家级规划重点教材）及其后来的一系列修订版中，专门请他（潘绥

[①] 该图书室的管理员先后是郭珊红、刘晓秋、段雅芳，特此铭以致谢。

铭)写作了'家庭、婚姻与性'这一章(现已增加了'社会性别'的一节),其中专设了'性社会学'这样一节。这是正规高校的全国教材中,首次出现性社会学的内容。这本教材已经连续发行了数十万册,对于性社会学的建立与普及发挥了巨大作用。"

郑老师还指出:"当前我国的社会正在经历着广泛、深刻而激烈的变化,其核心是随着经济体制转轨而来的社会结构的转型,情况极其复杂。社会上各个方面对待同一问题都存在多种看法,甚至是截然相反的看法。在这样的条件下研究性社会学这样尖锐的问题,无疑是有风险的,也是容易引起争议的。在这样的社会背景中,与会的各位能够积极地投身于'性'的研究之中,充分体现了各位研究者的学术勇气与高尚道德操守。"

"本次会议的议题表明,我们中国人在'性'研究方面正在迎头赶上。这么多年轻力量已经或者正在参与到性社会学的基础研究与理论探讨中来,真是后继有人,前途无量。"

当然,这个开幕词是我起草的,但是郑老师这样的学者容不得半点越俎代庖,他删减了草稿中一段性社会学的发展简史,添加了中间这一段。在会议开幕式之前和之后,他还两次向会议赞助方和外地来的学者公开表达了对我个人的信任与支持。

我也没有辜负郑老师的评价。到2005年的时候,我已经是十年的社会学教授,发表了一些著作[①]、论文[②]和英文论文[③](前文提过的不再重复)。从1996年到2005年,我每年都主办一次"中国Sexuality研究"的年度专家会议,一共举办了十届,只是规模大小不一,邀请的研究者多少不一。虽然这些专家会议都没有专门出版论文集,也没有特意宣

[①]《性学与性社会学》(福特基金会出版,1996—1999)、《性,你真懂了吗?——21世纪性学读本》(1998)、《中国性科学百科全书·性社会学卷》(该卷主编,唯一撰稿人,1998)。
[②]《性社会学大纲》(1995)、《性社会学不再沉默》(1997)、《性社会学、性的"虚拟现实"、性文学》(2000)、《性学在中国的发展与方向》(2001)、《社会对于个人行为的作用——以"多伴侣性行为"的调查分析为例》(2002)、《性社会学基本命题的实证》(2004)。
[③]《中国性文化的基本变化与性学的方向》(英文),1998。

传,但为 2005 年的大会打下了坚实的学术基础。

以上内容可能还是学术活动的老套路,司空见惯。但是在这次会议上,参会的研究者们达成了一个非常重要的共识,就是确立了 sexuality 的基本内涵与中文译名。这足以称为性社会学的确立,同时也成为继续研究的起点,揭示了未来研究的使命。①

如果说 2005 年的会议还仅仅是在我们的圈子里获得共识,那么此后的一系列官方出版物就开始逐步承认我们这个分支学科的存在。例如,2008 年出版的《中国社会学 30 年(1978—2008)》这本权威作品,第二十章就是"性社会学"。同年的另外一本权威书籍《中国性与生殖健康 30 年》第六章是"权利与快乐的兴起:性与社会性别多元化",就是反映性社会学的直接应用。

2011 年 4 月,中国人民大学出版社出版了我和黄盈盈合著的《性社会学》一书。它是教育部高等学校社会学学科教学指导委员会推荐的教材,是 21 世纪社会学系列教材。这标志着我们的学科得以在官方系统和体制内确立。

这本《性社会学》基本包罗万象,纳入了国内外几乎所有的研究领域,日后被很多大学的老师作为开课的直接教材或者参考书目。这么多年过后,我自己回顾起来,觉得最有价值的还是书中的第十九章"性的日常培训"。这一章的内容,不仅在国内的任何文献中都找不到,也不是外来的理论,而是我的生活体验的提炼,在此把它的小标题罗列一下。

第一节 性的语汇建构
一、语汇,建构着我们的性
(1)性语汇的社会等级

---

① 这次会议的论文集是《中国"性"研究的起点与使命》,由台湾高雄万有出版社于 2005 年 12 月出版,ISBN:986-81778-1-2。

（2）"语汇"不是"话语"

二、乱伦禁忌靠"骂娘话"来承袭

三、"性骂"在维系着婚姻制度

四、社会性别："性骂"就是在培训"男子汉"

（1）通过骂对方不能生育来迂回地指向性能力

（2）直接指出对方有各种性功能障碍

（3）指向遗精

（4）说对方做过一些"为人所不齿"的性行为

（5）"性骂"小结

五、"性骂"也建构了女人

六、"性骂"的效应规律

七、"无词可用"才是最有效的"不可言传"

第二节 行为训练的构建

一、中国传统的"无性"服装：灵与肉的樊笼

二、迪斯科与气功：两种行为训练

第三节 性的社会环境

一、定义

二、性的传媒幻象

三、性的社会偶像

42辑之多的《研究通讯·研究丛书》

2005年1月20日，我们研究所通过电子邮件正式发布《中国"性"研究通讯》第1辑，主编是黄盈盈，我是副主编。《通讯》的收件人是我们这么多年来联系起来的国内外所有这个方向的研究者和有志于此的学生们，总计1200余人。

当时中国人自己的研究成果还很少，尚不足以构成频繁的交流。所

以这个《通讯》主要是介绍和引进国际上最新的性研究的成果，包括我在一些国际会议上的重要发言，以期开拓大家的眼界。与此同时，《通讯》也起到一个"抱团取暖"的作用，帮助各位研究者意识到我们共同的存在与前路。

最初的 24 辑《通讯》都是用电子邮件发送的，每一辑的篇幅也比较小。从第 25 辑开始，由于获得了福特基金会的专项资助，我们研究所开始增加《通讯》的篇幅，而且结集出版纸质本，邮寄给国内外的图书馆和研究者。从 2007 年开始，《通讯》主要是历届"中国性研究研讨会"的论文集。这样一以贯之，到 2018 年一共出版了 42 辑之多。

那些年的那个网站

2003 年 3 月起，我开始建设我们中国人民大学性社会学研究所的网站 www.sexstudy.org，包括英文版，这个网站一直由我和我的学生侯荣庭管理。

到 2011 年，由于我忘记给虎翼网交域名费，结果我们的域名被一家性用品公司抢注了，把内容变成了相当色情的商业推销。我不得不改变域名为 www.sex-study.org，这在相当大的程度上减少了网站的阅读量。越往后麻烦越多，网站经常被屏蔽，每次都要走后门去疏通，至少一个月才能恢复正常。

到了 2018 年，我被通知，网站必须重新登记才能继续存在，可是按照规定，一个正规单位只允许建立一个网站，性社会学研究所属于中国人民大学的社会与人口学院，因此不能再设立自己的独立网站了。当然，如果我使出浑身解数，也许希望犹存，但我实在是心灰意懒，也就听天由命，在 2019 年 4 月 2 日收到工业和信息化部网站备案系统的短信通知：网站被注销。

从客观上来看，网站这种传播方法确实已经过时，我们研究所 2015 年 10 月已经由黄盈盈所长直接负责，建立了自己的微信公众号"性研究 ing"，关注的人数并不比网站的读者少，因此网站被注销这件事对我们的传播其实没有很大的影响。

其实,这个网站既全面又很有意思。2008 年,网站已经有 32 个栏目,3563 篇文章,到 2016 年年底则增加到 41 个栏目,5215 篇文章,包括 121 篇英文的(主要是我和学生们的论文英文摘要),其中 96% 是我们的原创文章。这些文章都是我一个个手工操作贴上去的,基本上都经过我的校对和重新排版,花费了巨大的精力,也给我带来了极大的乐趣。

这个网站除了我自己的全部文章,主要是我各届学生的硕士论文和发表在报刊上的文章、我们联系的一些研究者的投稿或者转发的文章、选修"性社会学"课程的人民大学学生的课程论文等。为了留下史料,也为了反映性社会学的全貌,更是因为我对这个网站实在是付出了太多,因此我把 2016 年年底时的网站栏目照贴如下。

一级栏目	二级栏目	一级栏目	二级栏目
01. 我们的成果	专著书籍	11. 性的拓展与传播	涉性的活动
	学术论文		互联网与传媒
02. 性社会学	基础理论		日常沟通
	专题研究	12. 性别新论	跨性别
03. 性教育专栏	理念指导行动		女性主义
	策略与方法		男人如火,女人如水
04. 性革命	五彩缤纷	13. 性在两耳之间	欲望与想象
	理论分析		心理万象
	快乐主义兴起	14. 多样之婚姻	制度的夫妻
05. 性权利伸张	性的权利		婚姻开放
	非主流的性	15. 性生活评说	性行为革命
06. 多元性别	同性恋		性生活与性烦恼
	LGBTQ	16. 性爱	校园小夜曲
	跨性别		情爱与性爱

(续表)

一级栏目	二级栏目	一级栏目	二级栏目
07. 性产业与性工作	关注主体	17. 研究方法	定性研究
	恶法批判		定量研究
	行业研究	18. 性,远离艾滋病	作为社会问题?
08. 中国性文化	列祖列宗		性传播
	性道德与时尚	19. 性侵害	性骚扰
	"性化"时代		其他
09. 性的身体	身体与健康	20. 地球村的信息	学术评述
	感受与意义		文化与社会
10. 情色两依依	呈现与审美	21. 讨论地带	读者反馈
	拒绝扫黄		不同立场
			性情妙语

此外,网站还设立了服务类的栏目和功能。

传播与交流		
《性研究通讯》	《小姐》通讯	国际学术文献
信息中心服务		
图书文献目录	检索功能	预约与借阅
相关网站的链接		
性研究	预防艾滋病	相关学科
本研究所发布		
学术活动与信息	被采访与报道	联系我们与报考

不管怎么说,我们这个小小的专业网站曾经存活了15年,好歹也进入青春期了。我无法判断它对别人、对这个社会发挥了多大作用,但它却是我的精神寄托之一。我为每一篇文章校对、排版和上传的过程,就如同在制作一件精美的工艺品。且不论其具体内容,也不论学术水平,这样一种似乎是机械重复的手工劳动,却给我带来别样的实实在在的欣喜、宽慰与成就感。

当年,我曾经设想过,在我创造力衰竭之后,我至少还有这个网站，可以使我保持简单劳动，以免老年痴呆。没想到它这么快就成了泡影。

我们师门：非孤独，乃独处也

师门一家亲

1994年，我首次招收硕士研究生，是社会学专业之下的"性社会学"研究方向。这是全国首次。此后总计有22人以我为导师获得这个硕士学位①。

2000年，我首次招收博士研究生，研究方向是"性与性别社会学"，也是全国首次。此后20人在我指导下获得博士学位②。

这里还有一个小插曲。2003年我招收博士生的时候，正好社会学系获得了人类学的博士学位授予资格，可是当时准备调入的人类学博导尚未入职。系领导看来看去，只有我的研究更加接近人类学，就让我先来指导我们系的第一批人类学博士生。结果，我的学生里就有三位获得的不是社会学博士学位，而是人类学的博士学位。所以说，高大上的博士学位，偶尔也不能那么较真。

我从2004年开始招收博士后，此后有两人完成研究出站③。

以上说的是在现行的行政体系内，我正式招收的硕士生与博士生。除此之外，我还有九位"编外学生"④，他们大致是四种情况。有两位是我们社会学系别的老师的硕士生，直接跟着我做过田野调查。有三位是人民大学其他专业的本科毕业生，曾经被我们研究所聘用，从事过秘书

---

① （除了后来成为我的博士生的那些）曾静、杨蕊、何为、刘佳、游珍珍、刘熙、张亚群、王丽君、陈肖、夏冰。
② 按照博士生的入学年份排列：2001：蔡鑫，2002：黄琦、黄盈盈、莫丽霞，2003：刘中一、王洁，2004：王文卿、方刚，2005：史梅、宋臻，2006：王东、毛燕凌，2007：王昕、姚星亮，2008：张娜、杜鹃，2009：张楠、王芳萍，2010：王小平、袁雷，2012：侯荣庭、鲍雨。
③ 王大良、赵军。
④ 张慧霞、江秋雨、高培英、林博、贺天丁、刘春成、于永丽、张枭、李颖。

或者助理的工作，时长从半年到两年不等。有两位根本就不是我们人民大学的学生，但是曾经跟随我去全国各地做过社会调查。第四种情况则是我曾经前去指导帮助过她们所做的研究。总之，他们都与我一起做过研究，且相处都很愉快，我们双方都认定这也是师生关系，且是难能可贵、不可多得的师生关系，一直保持到如今。

除此以外，我还有一些"孙辈"的学生[①]。因为我的学生黄盈盈成为副教授以后就开始招收硕士生，前几位硕士生就像我自己的学生一样，直接参加我的研究项目或者社会调查，亲如一家，所以我们相互也一致认为他们也是我的学生。

这样一来，我们师门就有些奇怪了，因为有的学生是上硕士早，上博士晚，结果就从师兄变成师弟。有的学生则是我的博士生后来招收的硕士生，后来成了我的博士生，结果就从"师孙"变成了师兄弟。我们总结说：辈分已乱，没大没小，每逢聚会必是大家调侃的内容之一。

在人民大学里，教授与本科生基本上没有什么关系，老死不相往来，根本就谈不上严格意义上的师生关系。对于自己的硕士生和博士生，中国的教授们一般有三种相处之道。

第一种是传统的官僚文化中的师道尊严，就是双方都把学业与个人生活极其严格地分开。例如我曾经的两位教授同事，仅仅定期定点在办公室会见学生，从不谈及双方的任何私事，结果，导师记不住学生的名字，学生连导师是否有家庭都不知道。

第二种师生关系就是所谓"老板制"，学生实际上成为导师的雇员。但是在社科领域中这种情况很少，因为该领域基本上没有那种必须进行工业化生产的课题，导师基本上也没有雇研究生的课题费。

第三种师生关系就是民间传统文化中的"师徒如父子"和"一日为师终身为父"，亲如一家。我虽然一直是这样做的，但并不是出于自觉。

我招收的各届学生，虽然都是自己主动申请让我来指导他们的，但

[①] 周柯含、赵骞、宫赫、潘荣桂、张育智、于秋怡、武佳琦、祝璞璞、宋琳。

是我也没有征求他们的意见，就直接"利用职权"，硬拉着他们跟着我去做社会调查（请原谅我对孤独的恐惧）。女生都是被我带着去红灯区做相处调查，一待就是一个月；男生则是跟着我做全国总人口随机抽样的实地调查，跑遍全中国，连续8个月。这样朝夕相处、并肩砥砺地做下来，"师道尊严"和"老板制度"就都不可能实现，我们就不得不变成师徒一家。

从那以后，我就自觉地这样走下去了。20年间，我的硕士生、博士生和博士后，除了极个别的阴差阳错之外，全都跟我出过差、跑过现场，做过多次不同的田野调查。大多数学生也随我外出参加过各种会议或者学术活动。平时在学校里，我们经常一起讨论课题，开会加聚餐就很多，大家的私事也可以拿出来分享，所以格外亲。后来，我的几位博士做了大学老师之后，与自己的学生也是师徒一家，说是我的传承。其实我觉得，这主要是因为我们做的都是各种实地调查，是非常实际、非常生活的研究，不是殿堂之上坐而论道，所以大家必须亲密无间才能进行下去。

当然，这种师徒一家的状况还有一个促进因素，那就是我老伴不到50岁就"内退"回家了，之后一直帮助我做一些后勤杂事，所以学生们往往跟她接触更多，也更亲。

此外，由于我的国际合作课题和项目很多，我们师门的国际经验更多也成为一个特色。我使用国际合作课题的经费与机会，送六位学生去美国北卡罗来纳大学或伯克利大学访学至少半年。参加国际培训的机会也很多，我连续八年每年都会派出自己的学生去参加荷兰阿姆斯特丹大学举办的性研究研讨班，还曾经派两名女学生去印度直接参加当地的社会工作三个月。这在崇拜欧美的"留学热"中也是难得的机会与体验。

短期出国开会就更多，2009年我们11位师生一起在越南河内参加"国际性文化与性社会学研究协会"的会议，连国际学者都惊掉下巴："中国的一个大学里就有这么多学生在研究性！"现在我回想一下，除了我自己在研究历程中去过29个国家之外，我的历届学生至少有21人次去过 18 个国家，以至于在我们系的其他学生里一时盛传"跟着潘老师能出国"的说法。

特立独行：少是无奈多自觉

在中国，研究性的人，必定是孤独的，研究得深一些就更是形影相吊。这倒不是因为真有多少社会压力，而是有如下原因。

一、"性"是这个社会的孤儿，性研究就是弃儿。在当今中国这样一个实行天罗地网般严密行政管理的社会中，居然没有任何一个机构来领导和管理"性"。这当然是中国性革命与"性化"发生和发展的必要条件，但是反过来看，性研究也就没有任何渠道去获取任何行政的与社会的资源，就连纯粹学术的资源也非常难得到。

从 1990 年起，当时有志于性研究的几位同道就不断地张罗着成立"性学会"，例如黑龙江省妇联的高彩芹女士[①]、北京医科大学的王效道（1928—2018）教授、当时中国计划生育研究所的马晓年医生[②] 和我一起，到处去跑关系，最终也只能觐见到医学权威吴阶平（1917—2011）教授[③]，获得心理与信念的支持而已。结果，虽然 21 世纪以来中国的性研究者越来越多，但是由于极度缺乏资源，仍然很难像其他学科那样形成大规模的稳固的学术共同体。

在这种局面下，我和我的研究所从 1994 年开始，有幸一直获得福特基金会的资助，才有可能连续举办如此之多的学术活动，给全国的性研究者建造一个精神家园和学术舞台。

二、性研究，其实需要搭上研究者自己的全部人格。除非是同道，否则别人一知道你是研究"性"的，第一反应就是"他自己花吗"。

这绝不仅仅是我一个人的体验，而是几乎所有从事过哪怕一点点性研究的人的共同故事。当然，确实也有人真的是打着"性研究"的旗号

---

① 1988 年 8 月她曾经主编出版过《性与人生——人的永恒之谜》，由黑龙江人民出版社出版。
② 著名的性医学家，后在中国性学会担任专业委员会主任。
③ 著名的医学科学家、九三学社的杰出领导人，中国科学院、中国工程院资深院士。

以售其奸。早在1986年我参加学术会议的时候，就目睹过一个后来很出名的男研究员，直接性骚扰参会的女性研究者。但是至少在我所认识的性研究者中，相反的情况却更加普遍。那就是由于从事性研究，在不同的时期和不同的方面，对自己的日常生活和人生经历产生过不同程度的负面作用。

因此，只有在我和我的研究所将近30年来所举办的各式各样的学术活动中，所有参与的性研究者才是放松的与真实的个人，才能体会到志同道合的归属感，进而激发出继续前进的动力。也就是说，性研究不仅是研究"人"的学问，而且必定是"人"来研究的学问。因此，人安好，事常在，我自己虽然一直不喜欢呼朋唤友勾肩搭背，但是后半辈子交下的挚友，哪怕是一面之交的熟人，几乎全部来自这些学术活动。相应地，每次学术活动也都是近乎家庭聚会，其乐融融，而且近年来简直就变成一种众人的希冀与渴望了。

这方面最典型的例子就是阳春的故事。她原来是一个学术圈子以外的年轻女性，但是在连续参加我们举办的学术活动的过程中，激发了强大的学习功能，逐渐成为独树一帜的性研究者。[1]

三、可是，一讲到研究者的孤独，就不得不说说，究竟是我们被打压得如此孤独，还是我们这个专业就应该孤独？虽然前者的情况确实存在，但是我从来都相信是后者的作用更大，也就是说，我们这个性社会学学科，根本就不可能有很多同道，也不可能有很多读者。

在2016年年底的时候，我在新浪博客上连续发布了2000年、2006年、2010年、2015年四次全国总人口随机抽样的性调查的结果，读者第一多的内容是关于性高潮的，有117万人次点开。这个一点都不奇怪，因为性高潮是人类独有、最强烈、不可替代、身心合一的激情活动。人们理所当然地最关注它。可是就这117万读者，在中国18—60

---

[1] 阳春的故事请参见黄盈盈专著《性/别、身体与故事社会学》一书第6章，由社会科学文献出版社于2018年出版。

岁的大约九亿总人口里面,也不过是区区万分之一而已。

那些对性社会学(而不仅仅是性高潮)感兴趣的人,有可能是我们同道的人,就更少得可怜。在 2016 年之前的性社会学研究所的网站上,活跃用户最多达到过 2000 人,在 2018 年之后的"性研究 ing"微信公众号上,关注人数最多为 1600 人。

其实,哪一个学科不是这样呢?谁也不应该自虐式地突出那种被迫的"孤独",而应该坚定地宣讲自己主动的"独处",尤其是以"道不同不相为谋"来对抗权力的诱惑。也就是说,我所选择的是那种首先满足自己好奇心的自娱自乐,然后在客观上也许具有创造知识的意义,但是更大的可能性是成为过眼烟云。这个目标顺序绝不能颠倒过来,否则就会愤世嫉俗、怨天尤人、痛不欲生。

我欣慰的是,自己的理念经年不辍,还督促我的学生们衣钵传承。

2006 年始，学术回馈社会

社会培训：举步维艰

出师不利：崴脚的第一步

从 1994 年开始，与中国政府合作的福特基金会的项目官员找到我，开始了此后的多次合作。福特基金会的宗旨非常明确，它不资助任何纯学术的研究，也不资助任何机构的管理成本，仅仅支持举办各种社会公益活动。

福特基金会资助最多的项目一直是国家计生委的一些工作，因此，1998—2000 年我们合作进行了"在计划生育工作中进行性教育的探索"。作为研究基地，我与郭大平找到了天津市静海县计划生育协会的郭步景主任，合作开展试点工作。我们认为基层计划生育人员"讲性"应该最顺理成章，所以我们希望以此打开成人性教育这个突破口。

1999 年 8 月 22 日到 31 日，我们分三批为静海县基层计划生育干部举办"性科学"培训班。这个培训是免费的且为每个学员免费提供食宿。培训内容基本上就是我们日常讲课的浓缩。

前来听课的都是计生协的成员，就是在基层从事计划生育工作的那些人。他们往往不是干部编制，没有固定的工资，甚至都不脱产，因此迫切需要"计生协"这样一个名义上的民间群众组织来为自己正名，也是为了寻找归属感。体制为计生协的领导支付工资，也支付该组织的办公成本。但是除此之外再无其他，这样一来，计生协也就不得不自己创收。

静海县的领导之所以批准我们去搞这样一个另类的培训，最重要的原因就是当地计生协非常希望能够通过这个活动寻找到体制外的资助。可惜，我和我们研究所根本不可能做到这一点，所以这个项目从一开始就注定是虎头蛇尾，反而让计生协觉得我们是在忽悠他们。当然，这也怪我涉世未深，书呆子气大发作。事后回想起来，难怪我与国家计生委的一位年轻干部谈起此事的时候，她笑而不语，有一瞬间目光中流露出慈母般的怜悯。

至于前来听课的基层工作者，他们一无动力与兴趣，二无报酬与激励，完全是为了服从纪律，保住计生协会员这个身份。我生平第一次给几十位赶集的老乡讲课，讲到后来，我都恨不得走下讲台去加入他们的窃窃私语。他们在课后却每人给我交来一篇"作业"，写得那叫一个精彩，天花乱坠都不止，根本就是尽善尽美。这作业不是我们要求的，是计生协发挥了主动性和积极性，而且大概率是领导们或者秘书们的妙笔生花。

结果，除了我长了见识和郭主任成为我的私交之外，这个项目不了了之，连一个水漂都没打出来。我也就放弃了在计划生育工作中开展性教育的念头，开始另辟蹊径。

媒体培训：伴奏历史

在20世纪90年代的那段时间里，大众传媒连续几次掀起"性学热"，就是大量介绍性研究的书籍、历史与当前的进展，包括我的研究，大量讨论时下的性方面的热点问题，大量引进西方的相关叙述。这就促成日后21世纪的"禁区变闹市"，成为"性化"的主要内容之一。

但是，在这个过程中，传媒上的内容也是鱼龙混杂，主要是由于记者和编辑缺乏性研究的基础，很难判断各种信息的取向与质量，往往好心办坏事，无意中传播了一些谬误。因此我开始对传媒工作者进行性社会学的培训，最终或多或少地帮助一些传媒提高了他们在性问题上的认知水平。①

从我个人的学术发展来说，这也是一条扩大影响的捷径。说起来真不好意思，从那时直至目前的中国学术界，相当多的高级研究者，尤其是非专业的行政领导，都是通过大众传媒来了解自己专业以外的信息。性社会学这个分支学科如果仅仅靠我的学术论文和专著来传播，恐怕永无出头之日。若是获得传媒的助力则事半功倍。

我举办的培训计有：1995—1996年"大众传媒工作者的性学基础培训"、1997—1998年"传媒工作中的性教育"研讨会②、1999—2000年"大众传媒中的性教育与性知识传播"、2001—2002年"扩展对于传媒工作者的性社会学培训"。在这八年间，我每年举办一到两次培训班，每次招收50到100人，学员免费参加而且报销所有差旅费，招收的基本都是全国各地的各种报纸杂志、广播电视的记者或编辑，累计起来有数百人之多。其间，我也与传媒建立起良好的合作关系，尤其是《人之初》杂志，不但经常发表我的研究成果，而且其负责人魏宏岭、黄效德还成了我的朋友。

在这些培训的基础上，从2003年开始，我进一步组织了每年一度的十大"性新闻"活动，就是请专家评选出当年大众传媒报道过的十条性方面的新闻，加以评论和分析，再通过传媒反馈给大众，以期有意识地引导舆论的走向。

这在当时的中国是创新之举。这项活动在持续了三年之后，由于我忙于此后的全国调查，无暇他顾而终止。但是这条路上后继有人，2011年《人之初》杂志在广州性文化节上发布国内外的十大性新闻，我的学生方刚则在2014年以后把这个活动坚持做了下去。

当然，传媒工作者的流动性太大，有些人往往是刚参加完我们的培

---

① 21世纪以后，有些朋友传说我很不愿意接受采访，那是因为他们不知道这段历史。
② 该项目发表的论文是《传媒工作者的社会性别意识取向》（1999）。

训就改行而去，新来的人又是两眼一抹黑。这就严重削弱了培训的效果，也是我终止了培训的原因之一。

提篮小卖：我和李银河的巡回讲座

2004年5月，我和李银河一起先后去了上海、武汉和广州，去几所重点大学举办性社会学的巡回讲座。2005年我们又一起去了成都和重庆。

我现在已经回想不起来，举办巡回讲座这个创意来自哪里。也许是外校师生主动邀请而激发的，也许是传媒界的朋友出的主意，还可能是我在国际交流中受到的启发。不管怎样，这对我来说正中下怀，可以恣意放纵一下好为人师的本能。李银河是我强拉来的，她不喜欢讲课，全是为我两肋插刀。

我们先后去了复旦大学、同济大学、武汉大学、华中师范大学、中山大学、暨南大学、四川大学、西南大学、西南师范大学。全部是全校范围的课外讲座，听课的师生一般在200人左右，最少的139人，最多的458人。大多数讲座是以某个系或者学院的名义举办的，也有几所大学为了保险起见，以学生社团的名义举办。一切费用都是我们自己出。途中，李银河还不慎摔伤了腿，只好坐着轮椅去讲课，激起唏嘘一片而且传为美谈。我们原计划2006年还要去哈尔滨、昆明与兰州，但是由于我忙于第二次全国"性调查"，最终作罢。

作为讲课的狂热老手，我对这两年巡回讲座的记忆并不深刻，总觉得无外乎是把课堂从中国人民大学搬到了外地外校。尤其是在21世纪之初的和谐社会的大氛围中，我们的讲座空前顺利，不但没有遇到捣乱和困难，还被几乎每个大学的不同级别的领导亲切接见，甚至还有某大学的副校长一马当先，给我们的讲座做开场白。我还保留了各个大学里那顶天立地的巨幅海报、学生进教室时的人头攒动、课后"围签"的盛况的照片。当年并不觉得受宠若惊，如今却刻骨铭心。

在后来的岁月中，我不断地听到有些年轻人谈起那两年的巡回讲座，都是交口称赞，都说余音袅袅。我这才开始沾沾自喜。2010年前后，某个网站一位采访我的编辑告诉我，当年她就去听过我们的讲座。现在她已经小权在握，所以那些乌七八糟的性故事就过不了她的手。说者无心听者有意，我被吓了一跳：我口干舌燥讲了一辈子的这个学科，会不会也给各式各样的管控提供了理论武器呢？

奖掖新人与抱团取暖

资助学生做研究

虽然我一直在中国人民大学讲授性社会学的课程而且带硕士生和博士生，但是总觉得还不够，还可以争取吸引更多的年轻人投身进来。根据我多年的经验，这光靠上课远远不够，必须放手让学生自己去真的做一个研究，那么他们就不得不去学习理论、收集文献和选择研究方法，其实就是"师傅引进门，修行在个人"。因此我资助我们研究所之外的本科生、硕士生和博士生进行小型、实证、新锐的研究。

2006年资助了四项。

1. 张朝雄，中国人民大学，硕士生，"超越激情——异地恋大学生的性爱模式"。

2. 杨洁，中国人民大学，博士生，"北京'酷儿'个案研究"。

3. 王瑜，中国协和医科大学，博士生，"海南省黎族男女性和生育观念研究"。

4. 潘琳，云南大学，博士生，"云南性产业中的少数民族性工作者"。

2007年资助一项。

李超海，中山大学，博士生，"进城卖淫农妇聚集行为的社会学研究"。

2008年资助七项。

1. 李俊杰，首都师范大学，本科生，"大学生网络游戏中异性交往调查研究"。

2. 王义伟，首都师范大学，硕士生，"新时期以来文学中性描写的发展与流变"。

3. 金灿灿，北京师范大学，博士生；何姗姗，香港大学，博士生。"恋爱中大学生首次性行为的性强迫：一个阶段模型的验证"。

4. 王臻，云南大学，硕士生，"族际通婚中的性伦理研究——以河口瑶族自治县为例"。

5. 方朝明，浙江大学，硕士生，"中老年男同性恋性交角色转化对其生理和情感影响的交互作用"。

6. 平妮娜，昆明医学院，在职研究生（教师），"昆明市女性性工作者保健服务需求研究"。

7. 孙建，四川师范大学，硕士生，"成都市高校大学生同性恋者性行为与性观念调查研究"。

2009年12月，我组织上述所有受资助者在深圳开会，交流研究成果与心得体会。到我写作此书的时候已经过去十年，我希望他们心中还保留着这颗种子，不论何时何地，也不论是否适合发芽。

花开四处：资助其他高校开课

名师出高徒。为了性社会学香火永续，我们研究所还陆续资助了下列老师，在他们所在的大学里开设各种性研究的课程。

新开课的如下：

2007年，张小金，厦门大学，"中国性文化研究"。

2008年，方刚，北京林业大学，"性与性别心理学"。

2008年，杨柳，上海政法学院，"性社会学"。

2009年，魏伟，华东师范大学，"性、社会和健康"。

我们资助既有课程的发展与提高的是：

2008年，史红，首都师范大学，"性美学"。

在以上这些工作的基础上，从 2006 年 4 月开始，我、彭涛①、高燕宁②、黄盈盈一起与墨西哥国立研究院合作，开展了"性研究的大学课程建设"这个经验总结与推广的国际项目。随后这个项目扩展为"南南合作"，我们与墨西哥、菲律宾和南非的性研究者一起，度过三年美好的合作时光，最终向联合国教科文组织提交了相应的报告。③

抱团取暖：持续 12 年的七次国际研讨会

在整个 80 年代和 90 年代前期，我就像传统的儒家书虫一样，一直是单枪匹马，个人奋斗。这倒也不是我不懂学术会议的重要性，而是因为那时候性社会学还在嗷嗷待哺，别说我不可能自己举办会议，就是想参加相关的会议也不行，好生孤单。所以一旦获得福特基金会的资助，我第一个冲动就是"办会"。说来也可怜，那时候，若是不能报销与会者的差旅费，那些穷得可怜兮兮的教授，根本就不可能自己掏腰包来参加任何学术活动，更别说我们这个小小的性社会学圈子了。

最开始我举办的会议都是单打一，就事论事，一个主题开一次会。2000 年 8 月在北京举办"性产业研讨会"，2001 年 11 月举办"性与婚姻专题研讨会"，2002 年 10 月举办"Sexuality（性存在）研讨会"……到 2005 年，我发觉这种零敲碎打难成气候，就从 2007 年 5 月开始，持续地举办和主持"中国性文化国际研讨会"，以后每两年举办一次。到 2019 年是第七届，从 2013 年的第四届开始我就退居二线，由黄盈盈持续主持。其中 2017 年和 2019 年的两次会议是黄盈盈与我们的老朋友彭涛教授合作，在哈尔滨组织接待的。

第一次会议的与会者来自国外的有 17 人，国内 96 人，包括了国内的研究者和相关的主要媒体，也吸收了许多国际上可以使用汉语的外籍研究者。此后每次会议参与人数都过百。每次会议都采用征集论文制度，

---

① 时任哈尔滨医科大学性健康中心教授、主任。
② 时任上海复旦大学医学院副教授。
③《在中国的大学里开设性研究的课程：其内容、经验与挑战》(英文，合作，2009)。

论文被我们录取而在会议上发言的研究者,由福特基金会资助一切费用。同时免费开放旁听,每次前来旁听的也至少有 50 人。

其间,我的办会思想也一波三折。

开始的时候,我按照国内学术界的老八股,只邀请那些功成名就的学者,至少是副教授。可是这帮家伙真的不争气,一来他们很少真的做过实证研究;二来他们很少有真知灼见,基本上都是空话连篇,云山雾罩,硬充大尾巴狼。

后来,我就改弦易辙,邀请那些刚刚崭露头角的年轻教师,但还是局限在大学与科研机构的小圈子里。结果会议质量好多了,可还是有些空中楼阁的感觉,会议论文总是缺乏鲜活与生动的灵魂,似乎这些年轻教师一旦进入学术界就不能说人话了。

最终,我决定来个"三结合":学者、学生和草根人士齐聚一堂、多元平等——让七嘴八舌来得更猛烈些吧。随后,黄盈盈把这个理念发展到囊括大陆和港澳台,而且不断加大草根人士的比例。结果,即使不谈学术水平,光是我们的参会者就多姿多彩,为大陆学界所仅有,甚至引发我们所住宿酒店的不解与担忧,反复向我们核实:"这真的是一个学术会议吗?"

这 12 年的会议论文集对于我们具有格外重要的价值与意义。因为在现今的中国,我们遇到了三大障碍。

其一,道德压力与顾虑,很少有学术杂志会冒险发表我们性社会学的论文。其二,我们社会学界很少有自己独立的刊物(直到 2019 年才有三家核心期刊),狼多肉少,研究者们为发表论文恨不得打出脑浆来,我们这个另类小学科更是排不上队。其三,各个学术刊物为了提高自己的档次,往往只发表"大咖"的文章,可是我们的与会者大多数是初出茅庐的年轻人,还有很多是草根组织成员,他们都不入期刊编辑的法眼,想要发表文章难于上青天。

因此,我们拼了老命也要按时和保质保量地出版我们自己的会议论文集,说"拼老命"是因为我们没有专职的编辑、校对和排版人员,全靠我在前期、黄盈盈在后期拉上历届的硕士生和博士生自己学、自己干。结果，我们的论文集因为太粗糙而被专业出版社的人不屑一顾，但学生们却苦中作乐地说多学了一门手艺。

我们的论文集（和我的一些专著）不是正式出版物，所以不能卖，就连收取工本费也可能属于"非法经营"，必须是免费赠送。同时也不能进书店，只能由我们自己一本一本地邮寄给需要的人①。那么该送给谁呢？前期的我和后期的黄盈盈都非常明确，主要赠送图书馆。我们寄希望于图书馆出于其专业性，既会妥善保存又会尽力传播，远胜于直接送给任何个人，因为我自己就是买书不看借着看。

我们还是太嫩了，后来才知道，由于我们的论文集使用的是香港或台湾的书号，所以在大多数正规的图书馆里，既不允许宣传展示也不允许随便借阅，还必须另外保存，甚至连书目上都没有，读者检索不到。可是我们又能怎么办？还是每次都邮寄给154个国内的图书馆，绝大多数是大学的图书馆，我们希望大学图书馆的管控会多少宽松一些。当然，这也许是我杞人忧天，因为每次赠书，大多数图书馆还是会给我发一个赠书证明或者感谢信。

此外，我们每次还给112个海外大学的图书馆邮赠我们的论文集及我在海外出版的专著。因为我在海外访学期间，对大学图书馆一往情深、忠贞不贰。那里的中文读者可能凤毛麟角，但我坚定不移地相信，这些论文集和专著会存活得更久远一些。

教学相长：专业培训与邂逅"性技巧"

专业培训班

性社会学一直就是一个小众的学问，但是总有一些后辈的铁头男与钢心女，不计谗言，笃志求学。可惜他们往往不是因学历不够而无法考

---

① 免费邮寄给个人也是有风险的。

学，就是因专业隔绝而不得入门，又或者因身为草根无暇全职上学。尤其是 21 世纪以来，随着各种社会运动风起云涌，年轻人越来越需要获得更多的知识，以便在飞速发展的世界中寻找自己的锚地。

我从 2009 年开始举办"性社会学理论与方法"培训班，后续是黄盈盈负责。每年举办一期或者两期，每期持续至少五天，免费招收 30 人左右，报销所有差旅费。到 2019 年培训班已经是第九期，总计至少有 250 人受益。

讲性技巧：管窥"塔式性别"

作为一辈子的教书匠，原以为在讲课这一点上，我早已百毒不侵、荣辱不惊。但是，21 世纪伊始，我被邀请去给两个系列的"富婆班"讲课①，让我有幸获得了难得的人生经历。

所谓"富婆班"是听别人说的名称，真正的名字各不相同，但都很高大上，例如"商界女精英提高班""女界领军人物潜力发掘班"。这些培训班的课程都是学习几天，游学几天，休息几天，再上课几天，号称是半个月的"锤炼"。学费金额对请来讲课的老师保密，可能怕我们心理不平衡，但我两次分别听到学员说是每次 13 万元与 15 万元。

这样的收费，招收到的学员肯定会被外人视为"富婆"，但是曾经跟我聊过的那几位女性，有的是公司的高管来进修，有的是土豪的老婆被派来打发时间，有的是老板的女性亲属来镀金，还有一位居然是公司给的福利。当然，铁定的富婆也有，至少有一位是巨型企业的独资老板，我刚一到就被介绍给她。

我讲课的内容还是性社会学那一套，但完全是女性的内容。我不知道学员是否喜欢，但连续几年几届他们都请我来讲，看来还行。我印象最深的是这样三件事。

---

① 2001 年和 2002 年在成都，是以妇女杂志社的名义举办的；2005 年在北京和 2006—2009 年在深圳，是知名的民间公司开办的。

其一，一些女学员的封闭程度。虽然我有心理准备，但还是出乎意料。例如讲到女性自慰，一位大姐居然脱口而出："那不是变态吗？"更有甚者，一位看起来绝对不到30岁的女学员，在我刚讲了半小时时就拂袖而去，临出门还来了一句："这都是什么呀！"幸亏主办者和其他听众都不为所动，我才能讲到底。这在中国本不奇怪，但不知道究竟是我高看了富婆或者女精英的开放程度，还是她们小瞧了我的脸皮厚度。

其二，我几乎是习惯成自然地讲起了社会性别理论和一点点女权主义皮毛，结果一片哗然，害得主办者当场叫停，我也噤若寒蝉，才得过关。

其三，可是如此传统、没有性别觉悟的女性，却要求我讲性技巧！那是第一次在成都的讲课中，开始我不知深浅，全然回避了女性的性技巧这个话题，可是后来不小心讲了只言片语，当场就有一位女学员（我没看到是什么样的人）跟上说："讲下去！"我也就恭敬不如从命。

后来到了深圳的课堂，主办者事先就说，有的女学员提出要我讲性技巧。这次我有准备了，就用最后半节课来讲。

其实我讲的所谓性技巧根本就没什么，就是请她们自己思考一下，女性的性技巧究竟是为了使自己更加快乐，还是为了留住老公的心。如果是前者，那么我可以讲一讲（其实平淡无奇）。但是有人说："讲后一个！"于是我就告诉她们，要论性技巧，妻子永远竞争不过小姐，因为妻子要爱，要平等，要白头偕老。然后我就介绍了一下性产业招徕男人的那真真假假的几十"招"，并且断言：这些性技巧，天下女人一学就会，但是天下妻子却永远学不会，因为妻子不是女人。

讲到这里，我就下课，任凭狂风暴雨或者哭天抢地都抛给主办者。

当然，讲课之余总要聚餐，聊天就难免，继续联系的和咨询的也多，但是恕我不言，因为那些都是几位女学员的婚恋与性事之隐私。

说到这里，我也应该讲讲我给男人讲性技巧的趣事。

第一次是2008年我在柳州做调查的时候，朋友邀请我去柳州卷烟厂给男工人讲讲夫妻调适,而且直截了当地要求讲性技巧。我一去,发现来者寥寥,顿时心知肚明,因为这是男性世界的铁律:每个人都认为自己才是全世界最伟大的性学家,所以没人来听,来的都是准备砸场子的。于是我也就来个黑虎掏心,直接开讲性进化,这才镇住场面,还让一些没来的男人后悔不迭。

第二次是2010年"富婆班"的主办者为了开辟财路,在上海组织十个男性大老板来与我座谈,性技巧是必谈内容之一。那十位都是浙江的大服装商,个个威名赫赫。可是其中有一位居然带老婆来一起听,结果座谈的效果大减。但是至少实现了两条:其一,他们坦承了自己婚外找女人的四大标准;其二,我讲的男女性高潮的生生死死,终于镇住了这些成功男人。不过主办者也发现这并非商机,我以后再也没有这样的机会。

回归学术来说,这就是我自己瞎编的"塔式性别",根本就没有什么整体的男人或者女人,只有多个高低阶层里的个体,像金字塔一样构成两个所谓的"性别"。我只想做一个书斋学者,却不得不分别感悟到"小姐"与"富婆"的地与天,不得不体验到雄性天地里的昼与夜。这让我实在无法信服那种男女第一、阶级第二的任何理论。

缘聚:我的草根朋友们

在上述的所有这些社会活动中,我和我的师门都大量地长期地参与了各种草根组织的生活。本书前面讲过我们与"姐姐小组"的相处,这里主要总结一下我们与一些性少数社团的互助。

我的老朋友张北川教授创办并且主持一个著名的男同性恋刊物《朋友》,我从来没有参加过他们的任何活动,但在1999年,张教授找到我说,他所在的单位不肯支持他,他需要一个所谓的主管单位来为刊物遮风挡雨。我们研究所是正宗官办的体制内机构,我给他开了证明,该杂志的封面也写上了"中国人民大学性社会学研究所主管"的字样。当然，我不知道这个事情是不是重要，但是该杂志能够给我们研究所挂个虚名，其实也是对我们鼎力相助，特此鸣谢。

后来，这样出证明的事情我还真没少干，不管效果如何，我们的心尽到了。

我们与纪安德研究所的关系源远流长，长得我都记不清究竟是从何时开始的，反正一定是20世纪90年代的事情了。该研究所主要服务于男同性恋社群，其两任所长郭雅琦和魏建刚也都是我们的朋友。在他们独立注册之前，我们也曾经是他们的"婆家"（当然只是挂虚名），也参加了他们的大多数活动，从而结识了很多这方面的朋友。不过，还是他们对我们的帮助更大，为我们提供了连接"性少数"的路径，使我们在21世纪的炫彩世界中不会由于全是直男直女而自我隔绝。

此外，我从21世纪开始还遇到一位不可多得的奇人，江湖人称老大的孟林先生。他一手创办了"中国艾滋病毒携带者联盟"，并且一直主持到底。虽然我们无法直接参与他们的具体活动，但是曾经努力提供学术支持。例如该联盟向国内外广泛提交和发布的《感染者现状调查与建议》，就是孟林带着我和五个硕士生、博士生，跑遍祖国大地，访谈了上百位艾滋病毒携带者，然后跑到京郊十渡，闭门不出，奋战整整十天才得以完成的。

孟林自己的回忆录已经写完，我不必多言。我要说的是，就我所见，唯有他才能把这个组织、这些活动、这批同命运者团结起来并且运作起来。这恰恰是我自己最缺乏也最佩服他的地方。我其实一直打算写他的传记，不是采访而是依赖于佐证的客观述评。但这是个巨大的工程，我退休后好逸恶劳，结果此事也就如烟逝去。但是我还是要衷心感谢孟林和他的团队，没有他们的帮助，我的好几位学生大概连论文选题都找不着。

21世纪以来，老有人找我：潘老师，你给我们讲讲同性恋问题。我说：有那么多同性恋组织，为什么不请他们讲？他们说：因为你不是同性恋，所以你讲的才客观。我觉得，这才是异性恋对于"性少数"的根深蒂固的偏见："同志"说的话一定是自我辩白，所以不要听。必须要有一个第三者，客观中立的，而且是有学问的、年纪大的，他说的才能听。因此我从来不在传媒上谈及同性恋话题，生怕加深这个误解。

直到2016年，成都的一个大学本来请我去讲"性社会学"，可是该校心理健康中心的老师们又想跟我讨论同性恋的问题。我去了一听才明白，原来他们以前也请过男同性恋的草根组织来讲，可是他们觉得请草根组织来讲其实是在鼓励同性恋，所以他们希望我这个异性恋的老教授来讲讲，如何预防与纠正同性恋。看着这些好心而且热心的足以为人父母的老师，我实在不愿意讲什么大道理，只能劝告他们：人要将心比心，咱们至少要做到绝对尊重对方的意愿与选择。

作为学者，我最大的尴尬就是，面对中国这种环境，我该怎么办呢？我也没有什么好的结论和想法，只好把自己定位为一个"专业知识分子"。可是很多国际上的人都在骂：中国知识分子整体上都是犬儒主义者，就是缩头乌龟。我的选择体现在我跟所有草根组织的关系中：你如果需要学术包装，我来帮你；你想在哪个杂志上发表观点，我帮你写成主流的八股。但是我只能帮你这么一点点，别的我也做不到。

2007，主体建构论的萌发

性社会学，只不过是社会学的一个弱小分支。在西方，它发展不过百年，学者不过百人，在中国则更是初出茅庐而且门可罗雀。但是，它研究的却是人类生活中发生最频繁、体验最深刻、意义最广泛的重大活动之一。人类智慧数千年来对于自身的几乎一切认识与争论，都可以在这里得到集中的体现：精神与肉体、个人与社会、美与丑、生命与死亡等，不一而足。性是研究人类的最佳切入点之一。

我在多年研究的基础上，终于在2007年提出了"主体建构论"[①]。我自认为它是柳暗花明的一大贡献，而且是本土的，是实践出真知。

后来我到山东大学讲学，有一位年轻老师问我：主体建构的英文是什么？我答曰不知道，因为这个概念不是从英文翻译过来的。他面露愠色地追问：那你检索过英文文献吗？我只好告诉他：我不知道英文应该怎么翻译这个中文词语，所以无法检索英文文献。我看他还不甘心，就继续安抚道：我不相信英文里没有类似的文献，但是至少现在我还无法对照。

这种主体建构论可以按照两个词来分别解释。

"主体"的视角反对研究的客观化，主张从主体出发。它也可以分为三个层次：首先，强调被研究个体的"主体性"和体验性；其次，在

[①]《"主体建构"：性社会学研究视角的革命及本土发展空间》(2007)。

自己的文化中,侧重的是个体之间的互为主体的机制;最后,在多文化中,我们所处的文化就是一个主体。

"建构"的视角反对把研究对象视为"天然的静态存在",强调对它的形成和发展过程进行分析和解构,尤其重视社会、文化、政治、历史等因素所发挥的作用。它至少可以分为三个层次:第一个层次,建构的基础、动机和意义;第二个层次,建构的过程和方向;第三个层次,建构的机制及其所蕴含的关系。

主体建构论可以说是这两个方面、三个层次的融合所形成的更大的总体。尽管这个概念其实很反对把自己"定义化",但我还是可以把主体建构论集中表述为:把现象作为主体(行为者)自己建构的结果(而不是天然存在的或者仅仅由环境决定的),以主体的感受和体验(而不是研究者的认知)为基础,更加侧重去研究主体自己进行建构的具体过程(而不仅仅是建构的结果及其作用)。

简而言之,主体建构就是"主体对于自己和外界所进行的建构"。在表述其结果的时候用名词"建构",而表述其动态实现的时候用动词"构建"。

基本的表述

主体建构这个称谓体现着我的学术倾向,即整个研究活动应该以实践者的感受和体验为主,而不是以研究者的设计为主。

从这样的新视角出发,人文社会研究者很快便发现:我们从西方医学界套用来的那些性的类型体系和分类标准,基本上都是"主体无涉"的,几乎不可能用来解释人的性。尤其是当我们研究那些往往不为人们所关注的群体,通常是"被言说"的边缘群体和弱势群体(如女性、同性恋者、小姐等)时,就更要强调主体的声音、体验和叙述,才能打破(而不仅仅是认识到)深深附着在这些群体身上的"他者性"。

国际学术界对于这个问题的讨论如火如荼。一部分对主体性表示怀疑的学者提出的关键问题可以被归结为：在具体操作的时候，究竟是研究者代表了或者置换了被研究者的声音，还是研究者参与了对被研究者的构建，从而促发了被研究者的主体声音？简而言之，究竟有没有一种"纯粹的主体"，主体是不是一个海市蜃楼？

其实，在我看来，这是某种程度的误解。所谓"主体视角"并不是要去制造一个新的绝对标准来衡量某次具体的研究过程，而是要求我们忘掉所谓"客观"，把自己的研究放在人际互动和互构中来进行、表述及评价。这是一种思维方式和方法论，而不是一种普适的尺度。从"追求原点"的视角出发是无法讨论这个问题的。也正是在这个意义上，我把主体视角看作一次革命。

在通俗的表述中，主体建构论很容易被理解为仅仅是提倡"换位思考"。其实两者的基点是不同的。换位思考的意思是：我觉得对方会这样想，因此我也应该这样想。其中的这个"我觉得"仍然带有客观测定的浓厚色彩。主体建构论强调的却是：我们不应该去猜测对方，而是创造一切可能的条件，争取让对方最自由最充分地呈现出自己，然后我们再据此进行研究。

理论来源与认知意义

我们研究的不仅仅是某个客观存在的事，更是人，是这个人，是这个被他/她自己构建出来的人。

主体建构论的理论基础是理解社会学，其要义就是同一社会现象在不同主体的视角下具有不同意义。

主体建构论的直接源泉是现象学，就是研究这个现象是什么样的构成，又是如何形成的，而不去无限地追因，不是因果研究，因为不是每一个现象都必定会有原因，更不是都会有一个终极的原因。

主体建构论的主攻方向就是意向性、意向对象和意义。意向性非常可能是不自觉的。例如普通的异性恋者，一般来说跟同性不会太亲密，他/她可能根本没有想过这种情况,更没有什么理性判断或者意识形态的引导,但是这就是一种实际存在的意向性,表现在具体的细微的行为里面。

意向的对象也是如此。例如,普通的异性恋者其实很难分辨对方是不是同性恋者,但是由于意向性已经存在,所以就不会对同性别的人使用性爱或者情爱的任何一种方式。

意义也不一样。同样是勾肩搭背这种行为,普通的异性恋者认为只有发生在异性之间的才可能具有性的含义,同性别的人这样做则可能仅仅因为双方是朋友。

主体建构论,既可以作为一种研究的新视角,也可以作为解释工具,还可以作为方法论,最终实现作为认识论的理想境界。

主体建构的视角是为了实现下列的认知方法的目标。它至少有以下四个层次。

一、倡导差异性的理解。

在认知任何一种性现象的时候,我们所能够发现的那些差异,究竟是研究者所规定与寻求的差异,还是性现象本身就具有的差异?只要我们具备了这样的思维习惯,那么我们所接受的几乎所有既存的知识,恐怕都可以打个问号了。

在这方面,我曾经有过惨痛的教训。在20世纪90年代我调查大学生的性行为时,曾经在问卷里询问:"你有过哪些性行为?"备选答案中列出接吻与性爱抚。在我自己的认知当中,接吻是比较轻微的性行为,有过的大学生应该更多;性爱抚因为深入,应该更少。可是调查结果却显示:没有过接吻却有过性爱抚的人很多。在排除其他方面的影响之后,我不得不承认,所谓"接吻的程度比性爱抚更轻"这样一个差异,其实完全是我自己闭门造车的结果,而不是大学生们的生活实践中确实存在的差异。如果我不是使用主体建构的视角,那么我完全可以用这两个回答来"测谎",把那些没有过接吻却有过性爱抚的人,统统视为"撒谎"。那可就一失足成千古恨了。

二、倡导情境性的与过程性的理解。这就是说，我们需要研究的不仅仅是此时此刻的某种性现象，而是必须努力去研究：主体所认定的不同意义，在不同的情境中，究竟是如何构建起来的；在不同的时空中，又是如何连接起来的。唯此，我们才可能最终完善研究对象自己的意义光谱，从而得出更加深入的认知。

例如"反悔"，在性骚扰和性侵害方面，这样的例子很多。所谓的反悔其实就是在判断的层次上"当时"与"此时"发生了矛盾，那么我们必须首先倾听对方的解释，看看对方究竟是怎么把这两个时空给连接起来的，为什么对方认为这种连接并不矛盾？对方有哪些根据？在遵循什么样的生活逻辑？是不是在对方的认知光谱之中，这两者其实非常接近，所以他/她并不认为这是反悔？这所有的一切，即使在我们看来完全是荒谬的，也只能在充分了解之后再做出评价。尤其重要的是，绝不可以用任何方法去抹杀对方的主诉与呈现。

除了反悔之外，更常见的是主体建构的不断转变。赵军的文章描述了这样的故事：一开始是买淫，后来变成强奸，再后来变成情人，到最后变成了搭帮过日子，甚至变成了相互施恩报恩[①]。这就是动态、不断进行新的主体构建的生活现实，其实任何一个人都可能是这样的。如果不了解来龙去脉和事情的全貌，随便抽出任何一个时段来加以定性，就会产生误读。

三、社会调查的"互动"和"交换"性质要求我们把被调查者视为"信息的主体"，被调查者所提供的信息不再简单地被视为一种客观事实，而是被调查者作为主体对于自己的想法、行为、意义不断进行构建的结果。

同时，调查者也是一个主体，调查者的主体性首先表现为他/她具有价值判断；其次，调查者对于所获得的信息只能进行主观解读，不可

---

① 赵军《义行江湖：警察、兄弟、小姐之间的学术游走》，载于 2017 年黄盈盈主编的《我在现场——性社会学田野调查笔记》。

能做到客观再现。

调查过程其实就是这两个主体之间的人际互动,而调查的结果则是双方共同构建出来的。这就是主体建构视角。它的确立能够促进调查过程的持续性和有效性,促进被调查者给出"主诉的真实"(区别于故意的欺骗或者隐瞒),促进调查者对于所获资料的"移情式理解",从而提高调查的质量。

当然,主体建构论也并不是要全盘颠覆以往的方法论,而是与传统的客观研究视角形成一种"双轨结构",两者缺一不可、各有所长,却也并行不悖、永不交叉。

从学术发展的进程来看,新视角就是创新,而且不仅仅是研究成果的创新,更是研究方法乃至于认识论的创新。[1]

主体建构的社会性别新论

我提出的主体建构论,足以促进经典的社会性别理论的发展。这里仅举一例:在迄今为止的许多社会调查中,女人的性伴侣数为什么少于男人?

这就引出一个疑问:在一个足够大的人口总体中,男人和女人的多伴侣发生率应该相差无几才对。例如,如果每个男人都有一个其他的性伴侣,那么女人也应该平均每人有一个,否则,男人的那些其他性伴侣都是谁呢?总不能都是抽样框以外的小姐、外国人吧?

早在 1995 年,美国的劳曼教授等人首次发表全国随机抽样的性调查结果[2]的时候,一些生物学家就提出了这个质疑,而且据此嘲笑社会学家"不科学"。

---

[1] 2016 年我的博士生姚星亮写的论文《主体建构论及其一般机制》,获得了黑龙江省社会科学优秀成果二等奖。
[2] 这个研究成果的科普版,由我和李放翻译为《美国人的性生活》,由陕西人民出版社于 1995 年 11 月出版。

其实，这些生物学家纯粹是只知其一不知其二。其中的道理其实非常简单：如果问到自己有没有性伴侣，那么全天下的女性，有几个人会把强奸自己的那个男人计算进来？

在传统的"唯科学主义者"看来，这无疑是一种狡辩。因为他们认定：只要性行为确实发生过，那就是有过性伴侣，才不管对方是什么身份。可是，这是又一次的只知其一不知其二。女性不计入强奸犯的做法才是最真实的，因为那个男人的强奸，当然是他的性行为，而女性却没有丝毫的性反应，这次行为当然不是女人自己的性。

性，绝大多数发生在人际关系之中，恰恰是按照生物学的严格定义，如果任何一方没有出现应有的性反应，那么该次性行为就只能算到有性反应的那一方的头上。这真的很难懂吗？

也就是说，那些鄙视社会学的生物学家其实是"半吊子"，因为他们所违反的，恰恰是他们自己学科的概念定义与研究方法。

女人判定某个男人算不算自己的性伴侣，甚至自己是不是与他有过性行为，其实是根据女人世界中的行为逻辑，可以有近乎无穷的标准。尤其是，绝大多数女人比男人更加重视和认同性关系的感情性质，更倾向于排除那些自己没反应或没感觉的性。因此，如果女人的计数少于男人，那才是真实情况，才是人类社会的真实，而不是兽医的统计结果。

问题仅仅在于，女人目前暂时也还没有主动呈现出自己的这一面，因此唯科学主义才得以大行其道。

说到底，社会调查所能够得到的所谓客观真实，只不过是研究者的尺子与被访者的认同之间的一种互动结合而已。

这就是我极力提倡主体建构的研究视角的重要意义。如果研究者缺乏这样的视角，那么别说理解生活，就连统计数据也会误读。

我在这里说的是女人，但是，任何一种社会划分之下的任何一个人，难道不也是如此吗？我是我自己的我，我构建了与你不同的我。如果你不想了解这些，那就别调查我！

2008年起，反思西来理论

西化：随波逐流20年

在20世纪80年代，我们那一代人是张开双臂欢迎西化的。

可是，中西方分别成长起来的人确实非常难以沟通。我与白威廉教授从90年代末就开始合作，他在中国台湾住过六年，中文说得那叫一个溜，阅读也毫无障碍。可是最初我们常常互相听不懂。我觉得他说得太简单，不明白是啥意思，他却觉得我说得太多，也不明白是啥意思。后来他怀疑这可能是民族性格的差异，突然屡屡地甚至莫名其妙地夸奖我，因为他听说中国人喜欢被表扬。我去芝加哥大学路过那天，他居然租了一辆凯迪拉克高级车接送我，也是因为听说中国人喜欢排场。当然在我们成为忘年交之后（他大我整整十岁），这些都成了笑谈。

我对于他的了解则是通过后来在芝加哥大学访学期间旁听他的博士生开题。他的案头高耸着一尺多高的打印纸，似乎在威胁着学生：你别以为我不了解你的题目！学生陈述了半个多小时之后，白威廉教授只问了一句话："你想说明什么？"那学生半晌之后也只回答了一句话："我明年再来。"虽然从那以后我最怕听白威廉教授对我说这句话，但是也明白了他们的思维习惯：言之有物，否则闭嘴。可是这其实害了我，我回国后再遇到那些套话连篇的文章或者会议发言，真的会有生理恶心。

除非长期合作，否则学术交流仍然容易变成聋子的对话。在中国，每次请老外来讲课，我都要事先写好一些提问，偷偷地塞给一些学生，让他们在课后提问。否则，没有提问就等于在骂人家。可是中国学生就算这样搞猫腻，也只有一半的人会真的在课后提问。反之，我去美国的大学访学，人家也不得不命令本系的老师来听讲座，以便"给面子"。好在我与白威廉教授之间，这些误解都不存在了。他屡屡与我们师门的学生聚餐，无话不谈。

在学术上，我1988年主编"世界性学专著"丛书①，1990年开始参加国际会议②，1992年开始发表英文论文，1994年开始承担国际合作研究项目③，多次邀请海外专家举办讲座④。

但是，在国内最具有社会影响力的，还是我编译的《金西报告》。它是美国金西（Alfred Kinsey，1890—1956）教授在1948年和1953年先后出版的社会调查报告，揭示了当时美国人性生活的实况，是里程碑式的名著。从1989年到2013年，我的这本编译之作居然被五个出版社陆续出版了四次⑤，足见其影响之大。但是我并不看重这件事情，不仅因为《金西报告》实在是太古老了，而且金西那个时代不懂随机抽样（等概率），没有电子计算机，他的调查方法和统计方法也没有学习价值。

除了引进和吸收，我也努力向外传播。在2005年我出版了一本英文的专著《中国性文化》⑥。同样我也并不看重这本书。首先这是菲律宾大学的麦克·谭⑦教授组织几位中国留学生翻译为英文的，我自己了无

---

① 光明日报出版社出版，包括《性，不只是性爱》《性别与气质》《历史中的性》《人类性心理》《性与性崇拜》《日本文化中的性角色》《金西报告》。
② 1990年3月，参加罗马大学"性的意义"国际研讨会。至今总共参加27次。
③ "中国夫妻之间在性行为与性关系方面的交换模式研究"（1994），加拿大新布朗斯威克大学合作项目；"对于中国性存在和社会性别的状况与性学研究的发展状况的研究"（1995），菲律宾德拉瑟尔大学的合作项目。此后总计完成17个国际合作项目。
④ 例如《海特报告》作者海特于2005年11月在中国人民大学举办的讲座。
⑤ 《金西报告—人类男性性行为》（1989）、《女性性行为——金西报告续篇》（1990）、《金赛性学报告》（2007）、《金赛性学报告（男人篇&女人篇）》（2013）。
⑥ *Sexuality in China*, The Rockefeller Foundation, 2005, ISBN：974-9930-83-5.
⑦ https://en.wikipedia.org/wiki/MichaelTan.

寸功。其次则是这本书的内容是麦克·谭教授挑选的，基本上是关于夫妻之情的通俗文章，学术价值很有限。

在国际交流中，我引以为豪的是 2007 年 6 月，我在中国人民大学举办的"第一届中国'性研究'国际研讨会"。且不说会议的内容，有意思的是这次会议的工作语言是汉语，大会发言是用普通话，会议论文集也全部是中文。我的理由非常简单：既然是研究中国的"性"，那么就请使用中文。这引起了所有参会外国人的强烈好奇和称赞。其中一位来自芝加哥大学的青年副教授（中文名字：范雅格）回国以后专门写了一篇短文，发表在《亚洲时报》上，说这次会议体现出中国研究者的尊严与自信。这确实是我的真实动机，不过也多少掺杂了我对自己的英语口语太差的愤懑与报复。

反思西方理论：南橘北枳

我开始反思西化的理论，已经说不清是从什么时候开始了。最早大概应该是我在 1996 年第 9 期《国际学术动态》上发表的《多种价值观中的美国性学》一文，它至少开始质疑一个大一统的"西方文化"的存在。然后，我开始努力发现和宣讲中国性文化/性现状与欧美的差异，写了一些论文[1]。

大约到 2008 年以后，我开始比较系统地反思在性研究领域中经常被引用的那些西方理论，得到如下一些见解。

依赖于人际平等的理论

先看看交换论、博弈论、理性选择论，乃至于一切形式的互动论。它们都是建立在人权平等的关系上。只有人跟人之间是平等的关系，才有可能互动，才可能进行交换、博弈或选择。可我们现在说的是性贿

---

[1]《中国性文化的精神禁欲主义趋向》（英文，1998）、《中国的性与全性》（英文，1999）。

赂，面对有权的人，女性只能拿自己的身体去贿赂。碰到这种情况谁也别逗英雄，只好这样。这叫交换？这叫博弈？这是女性的理性选择？根本就不是，就是权力不平衡。

因此，我们如果要运用这些西方理论，首先必须论证清楚：我研究的双方确实是平等的。目前中国唯一有可能运用这些理论的，只有那些自愿的性关系，无论婚姻、同居还是一夜情，也无论是不是异性恋。

依赖于自由社会的理论

这主要是符号论、话语论、传播论、消费主义论等，可以一直扩展到任何一种文化制约论。

福柯这样的理论家都很伟大，但是他们生活在后现代社会。在那里，符号、话语、传播、消费等现象，确实能够影响人的生活，作用比政府大得多。否则，那些理论根本就总结不出来。

可是这些理论在中国要打一个问号。例如，有个人研究了我早期写的通俗文章，说我的符号、话语、传播就是"夫妻性生活"。可是，那是上级规定的用词，不是话语，是权力，跟话语理论半点关系都没有。如果按照话语理论来分析中国传媒上说的代表了什么，那就是假装老外。

性脚本理论与性的社会网络理论

在西方社会学界，最早对性的唯科学主义提出挑战的，主要有盖格农和西蒙的性脚本（sexual script）理论以及劳曼的性的社会网络（sexual network）理论。

性脚本理论所表述的是：性脚本作为基本性观念与具体性行为之间的连接，对于人们与什么样的人发生性关系、做些什么、在什么时间地点以及为什么发生等，发挥了更加主要的作用。性的社会网络理论强调："性"存在于而且活动于人的社会关系网络之中。不仅社会网络会影响人们对性伴侣的选择以及与性伴侣之间的互动，而且性关系会构建出人们的社会网络。

可是，对于中国人来说，性的脚本理论实在是太没有新意了。我们中国曾经有过类似的理论：思想决定行动、改造世界观、灵魂深处闹革命、狠斗私字一闪念等。这些脚本理论在 1966 年到 1976 年之间，曾经近乎百分之百地控制了中国人生活的方方面面，包括推迟了年轻人的首次性生活的年龄，甚至推迟了男青年的首次自慰和遗精的年龄。直到现在，中国主流文化也仍然在坚持着这种脚本理论。也就是说，只有在美国那样一个极度推崇个人自由意志的文化中，盖格农的论述才有意义。

反之，劳曼通过实证提出的性的社会网络理论，对于中国人来说却是石破天惊。

由于我们在历史上一直生活在金字塔式的皇权制度之中，后来几乎所有的民间组织又都消失殆尽，个人的社会交际圈子也被极度地缩小，所以我们很难想到，除了垂直关系之外，我们还可以通过横向关系来组成一个社会；更难以想象，性这样隐秘的私人活动，居然也会受到自己的社会网络的影响。但是改革开放后，中国人的社会网络已经迅速扩大，所以我们现在不但有资格，而且很有必要来讨论性的社会网络了。

正是从本土的意义上来说，性的社会网络理论来得正当其时，尤其是艾滋病时代的性社会学研究，更需要强调网络与关系的作用。因此，这种理论对于现代中国的性研究的意义不但远远超过性的脚本理论，恐怕也超越了其他许多西方理论。

酷儿理论

20 世纪 90 年代主要在北美的同性恋中产生的酷儿理论，对同性/异性、生理/社会、男性/女性这些二分结构与"常态"提出了挑战。它有很多种理解和解释，有时候是指一种边缘的性的自我认同，有时候则主要是为了区别于传统的同性恋研究。但不管是哪种解释，酷儿理论都强调性与社会性别的非确定性和富于弹性的特征。

酷儿理论无疑对于以往的性及其身份认同造成了很大的冲击，也促进了反主流的姿态日益成为性研究中的主流。中国同性恋研究者们当然非常注意引用这个理论。但是，已经有学者指出，酷儿理论并没有走出"伦敦、巴黎和纽约的铁三角"，即仍然突出了以欧美为中心的理论倾向。

具体到中国的历史文化情境，在应用酷儿理论之前，我们至少首先需要探讨下列问题。

第一，中国的社会性别制度在历史上是怎么样的，跟西方有什么异同？它主要针对的是某些阶层，还是所有的社会成员？它对于个人生活的控制，究竟是已经深入到日常实践，还是仅仅落实在重要社会活动之中？它对于违反者的处罚是什么样的？

第二，这种社会性别制度在当今中国是否发生了重大变化？发生了什么样的变化？是否出现了西方社会中那样的同性恋政治、社会性别政治？

第三，即使发生了如上的变化，酷儿理论在中国的论战意义到底有多大？跟它对于西方社会的意义有何异同？

第四，我们是否一定要套用酷儿理论，还是可以有更好的理论来解释中国目前相关的状况？

尽管我还不能完全回答上面的问题，更无法做出具体的选择，但是，根据我的理解，这样一些现象还是必须注意的。

中国历史上的主流文化中当然存在着性别制度，但是儒家并不是严格的宗教，尤其是它强调"礼不下庶民"，所以这种性别制度对于普通人的规训、管束和处罚，很可能不像西方犹太教/基督教传统文化中那么严厉，而是给普通人的日常生活留出相当大的空间。因此，不但对于各种"反性别制度现象"的描述屡见于中国古代文献[①]，而且也没有足

[①] 例如"母老虎""泼妇""吝啬鬼"等。如果说这些都不是真正的"酷儿现象"，那么恰恰证明了"酷儿理论"的巨大局限性使它离我们太远。

够的证据表明中国古代的同性恋行为受到过西方历史上那样的迫害[①]。也就是说，中国很可能并不具备产生同性恋政治和引用酷儿理论的充分历史条件。

即使在当今中国，性别政治与同性恋政治是否已经形成，这本身就是一个待研究的问题，因此我们无法证明酷儿理论在中国具有反叛意义和解构意义。反而是有些西方研究者开始到中国来收集资料，用以反对西方的同性恋认同和同性恋政治，发展"酷儿"的思想。这样的研究可以贡献于西方的理论，可是对于中国相关问题的解释，对于本土理论的发展却缺乏意义。

直接套用酷儿理论，实际上就是把它"正常化"，这恰恰是有悖于它的初衷，是一个"悲伤的结局"。这会压抑中国人自己对于社会性别与性的多重可能性的探索与选择。如是，一个西方的革命，就会在中国变成霸权。

性与权力的理论

彻底的建构主义的研究，通常极端突出社会对于个人的形塑，倾向于忽视性实践本身和性的身体化。这样的研究往往是把性作为一个论说载体，用它来表达研究者对于社会的、历史的、文化的、政治的思考，或者是把性仅仅放在文本中加以分析。结果，性作为建构的结果受到重视，作为生活的存在却又容易遭到忽视。例如福柯用谱系学的方法，对于性进行了分析和解构，但是他研究的很可能并不是性，而是权力。

根据我的理解，福柯所分析和批判的那种"无所不在却又难以察觉"的权力，只有在他所在的社会中，而且只有到了20世纪80年代以后，才有可能发挥主要的作用。可是在我们的现实生活中，在性方面，所谓

---

① 中国明清小说《弁而钗》《宜春香质》《绣榻野史》等，对于同性恋都持有赞赏的态度。尽管有学者认为，明清时候的"男风"其实是牺牲女性，成全男性（吴存存，2000）；尽管有学者断言中国古代"男风"之所以不受压制，就是因为当时是男权社会；但是同性恋在中国历史上没有像在一些其他文化中那样受到迫害，这一点学者们是有共识的。

"权力",是各方面五花八门的禁令,是对个人隐私的公开干涉与管制。

性与社会的关系

吉登斯认为福柯过于强调话语和权力,真实历史及其主体却缺失了。尤其是在福柯那里,性与性别、性与爱的关系是缺席的。吉登斯提出了"可塑之性"的概念,并在此基础上研究现代社会的亲密关系的变革。他把性放在关系的视角下,尤其强调了性的那些重要相关概念,例如性别与爱。因此,他所说的性在某种意义上比福柯的更具有真实感。

吉登斯的著作翻译成中文后,也在中国引起了很大的反响。可是,在我们中国的古代文化中,儒家也有"天地万物,造端乎夫妇"的思想,也是"把性放在关系的视角下"。此外"君子好逑""发乎情,止乎礼"这些古训,也是强调性与爱情的关系。道家房中术里"合阴阳,延天命"的通过性来养生的思想,恐怕也是中国独有的。尤其是,五四以来中国有文化的阶层中的"性爱"与"情爱"之间的冲突及其对于人们的性实践的巨大影响,反映的也恰恰是性与爱情之间的关系。这些,西方学者都不太可能予以体验和解释,反而是我们自己完全可以从中发掘出本土理论。

不被"拿来"的西方性别理论

那就是性别取消论,也叫作男女同一论(androgyny)。

这种理论在中国几乎得不到传播,因为它太不革命,不能激起女人愤怒,也无法发动性别战争,因而无法给鼓吹者带来霸权。

性的男女同一是20世纪80年代以来国际上兴起的一种社会思潮。它说的是,男女在性方面其实并没有本质的区别,男女之间并不是平等不平等的问题,而是传统社会否认了这种男女同一的现实,硬把男女划分成截然对立的两大社会集团。因此信奉男女同一论的人们认为,所谓性方面的男女平等,其实就是在性关系和性活动中,不再按照传统社会所制定的标准把任何个人生硬地划分成男人或者女人。他们最反对的就是传统意义上的所谓"男子汉气概"和"女人味"。它认为,在性方面,男女应该互相吸收对方的优点,共同融合为一个新的社会性别——人,取消性别的人。

男女同一论认为:从生理学角度来看,男女在性方面的生理构造是一一对应的和同质的,只不过具体的表现形态有些不一样的地方。例如男人有阴茎,女人有阴蒂。它们尽管大小不一样,但功能却是一样的。女性的卵巢与男人的睾丸是同质的,也是相似的,只是位置不同。男女在性行为和性功能上也是一样的,并没有高低强弱之分。因此,男女的性本来就是相同的。但是,在社会发展的过程中,男性的社会权势越来越强大,形成对女性的歧视和压迫,需要一种性方面的理论来为自己的做法辩护,才把男女在性方面的差异说成是本质上的区别,并且把它说成是"男尊女卑"在生理上的根据。

此后,男女同一已经不仅仅是一种社会思潮,还出现了相应的实践和一定规模的社会运动,促使男女在很多社会特征方面都出现了逐渐趋同的现象。比如男女的服装、发型、行为举止、做派也逐渐相似。尤其是对年轻人,人们越来越难以仅仅从外观上来区别女人和男人。这种社会实践也日益表现在性方面。例如,根据前述的《芝加哥报告》,口交从20世纪60年代以后日益增加,到1992年,为对方进行口交的男人和女人基本上同样多。

男女同一论后来发展为性别取消论。它认为,人类根本就不应该划分为男人、女人和性少数,只有不同的个体。因此无所谓性别平等,而是应该在衡量任何一个人的时候,可以考虑任何一个方面,唯独不考虑他/她是男人还是女人还是性少数。例如,招收幼儿园老师的时候,不是因为我们要贯彻男女平等才招了一个男老师,而是因为他在其他方面都比别人优秀。这就够了,才不管此人是什么性别。简单一句话就是:没有什么性别平等,只有人人平等。

这种理论反对任何"性别照顾",更反对任何性别战争。但是它在实际生活中却获得了更为广泛的传播与贯彻实行。这突出表现为:几乎所有那些被认为是性别更加平等的法律、政策和道德倾向（例如同性婚姻的合法化），都不是专门地给女性或者性少数增加一些特殊权益，而是消除那些对于这些人的特殊限制。最典型的就是，在军队这个最传统的男人世界里，并不是规定女人可以当兵，而是取消不许女人当兵的规定。表面看来，这两种说法的效果是一样的，但是两者背后的行为逻辑与思维方式却是天差地别。性别平等论是建立在性别确实存在差异的基础之上，性别取消论则是基于否定性别差异。

性别取消论的伟大意义在于：它从根本上否定了"性别"这个社会分类，也就消解了任何形式的二元对立，因此它就能够很顺利地、很完美地走向多元性别的平等，给任何一种性少数人群都赋予天然的平等权利。

在当前的中国情境中其实就是一句话：人，首先是人，其次才分性别。如果错误地把性别摆在第一位，那么就只有针对女性的性侵害才被重视、被处罚。这恐怕仍然是不平等。反之，如果把人放在第一位，那么针对男性的任何性侵害也应该被处罚，虽然这种情况肯定更少，却是真正的人人平等。

本土化：坐井观天还是酸葡萄心理

在这个天大的标题之下，我其实什么也说不出来，只能留给后人评说。

2010，思维方式比理论更重要

我在30年的"性社会学"的讲课中，主要是讲述历史发展的事实和现状分析，也会涉及相关的理论，在课程的最后还会讲讲社会调查的方法论。可是有一次一位本科男生对我说："您讲的那些性现象，对我们来说还比较遥远。我觉得收获最大的就是您的独特视角，是不同的思维方式。"后来，预防艾滋病的工作人员经常邀请我去讲定性研究的方法论，也有医学出身的学员跟我聊："您的这些观点我们恐怕无法采用，但是您的思维很独特，我们觉得很新鲜，以后会有帮助的。"

承蒙学生不弃，我就在这一章里说说思维方式的事情吧。

光谱式思维

大约从2000年开始，这个内容就一直包括在我的"性社会学"课程中。后来，我在支持性少数小组的培训中也讲到它，结果被学员直呼：这就是我们的彩虹旗的意思啊。这样淬炼许久，直到2010年才首次见诸文字[①]：

> 它说的是，人类社会中的任何一种性现象，其实都不是它表面

---
① 《社会学问卷调查的边界与限度——一个对"起点"的追问与反思》(2010)。

看起来的那个样子,而是一种"光谱式的存在"。

在性研究的历史中,是金西1948年首先运用光谱式思维的,是"同志平权运动"[①]加以传播和普及的。它的要点如下。

万事皆为连续的模糊的构成

人类肉眼所能看到的无色透明的"可见光",其实是由各种各样的颜色合成的,而且具有特定的连续的排列组合方式。任何社会现象都是如此。因此我们研究任何性现象都不能停留在其表象,而是要深入分析它的构成因素及构成方式。如果你把研究对象看作大一统的、铁板一块的、内部无差别的,那你还没开始研究就已经走偏了。例如所谓的性行为,难道不是由万紫千红的各种具体的动作方式和千奇百怪的感受与体验所组成的?如果不分析这些具体情况,性行为这个词岂不是莫名其妙?

必须确定现象的边界

在光谱的两端都存在明确的边界,否则光谱就无法确立。因此在性研究中,我们必须说清楚,自己所研究的某个性现象,两个极端的边界究竟是什么、在哪里,两者之间的距离又是什么。这就是研究对象的外延。

承认天外有天

在这两个极端之外,还存在着人类肉眼看不到的红外线与紫外线。它们也是客观存在的,也是光谱的组成部分,也对光谱发挥作用,只不过人类看不到而已。因此,我们在研究某个性现象的时候必须承认和论述:该现象的哪些组成部分或者构成因素,是我们无法观察到因而也就

---

① LGBT 运动。

无法研究的。

这一点必须念念不忘：我们的研究和理解都非常有限，我们只能在我们有可能知道的范围内进行研究。例如，性行为也存在红外线和紫外线，例如兽交、冰恋等罕见的性行为，即使在互联网上有所呈现，但是仍然几乎无法进行实地研究。所以我们的性研究必须说明这一点，而不是假装它们不存在。

任何分类都是主观的

光谱之内的各种色彩之间，其实并不存在截然不同的分类。我们人类所说的"赤橙黄绿青蓝紫"，其实都不是客观存在，而是我们人为、主观地加以分类，仅仅是因为不分类我们就无法进行思考。

这些人为的分类并不等于真实，更不是真理。因此我们在研究中必须详细论述：我们对于某个性现象的分类，究竟使用了什么样的标准，是否尽可能地去贴近客观情况。目前流行的几乎一切性行为的分类，都是人为的主观的分类，并不一定符合客观情况，其中夹杂着很浓厚的道德色彩。

例如，如果我要研究"一夜情"，那么我首先就必须说清楚一系列的判定标准：给了钱算不算？又有了第二次算不算？老熟人之间算不算？如此等等，不一而足。这并不是说"一夜情"就不可能研究了，而是说，我们不要去标榜自己的研究是"客观的"或者"科学的"，而是坦承这是我的主动选择，不可避免地带有我自己的偏见。

再例如性教育，现在的大多数研究都排除了家庭内的性教育，因为它是紫外线和红外线。它不是课堂讲授，而是言传身教、潜移默化，不但每个人长大以后很难回忆起来，就连家长自己也很难描述出来。所以，排除是必要的，但是也必须自己心知肚明而且坦诚相告。

任何分类标准都是裁剪生活

生活就是光谱。虽然我们的研究完全可以做到不去故意歪曲生活，但是我们的分类仍然是把生活给裁剪了，只留下我们认为有用的那些部分。这当然是人类为了思考不得已而为之，但是能不能意识到而且敢于承认这一点，就是研究水平高低的基本判断标准。所谓的研究，不仅首先要搞清楚研究的是什么，还要念念不忘：这个研究实际上排除了些什么？尤其是，我为什么要排除这些？如果缺乏这些思考，就是"瞎子走夜路"。

例如，绝大多数中国人在说到"性"这个字的时候，都指的是异性恋之间的"上床"，既不包括各种性少数，也不包括插入之外的行为。这不能说是错，但是任何研究者都不可以就这样糊里糊涂地使用"性"这个概念，而是必须说清楚，您所研究的"性"，究竟排除了哪些情况，又为什么排除。否则，每个人都可以宣讲自己的性观念，那么研究者的价值何在呢？

任何判定都是权势产物

不同的研究者对于同一个现象会做出不同的分类。这本来是必然的，不足为奇，但是由于研究者都是生活在现实社会中的人，因此会大概率地出现最后由最权威的人说了算的情况。这就是科学里的权势关系，尤其是这种权威所认定的分类很容易被固化，最后就很可能变成一种霸权，不仅仅是"话语"方面的排他垄断，还可能是现实生活中赤裸裸的权力。因此必须讲清楚，我们之所以遵循某个权威，仅仅是因为我们觉得他说得对，绝不是因为他足够权威。

在30年的教学实践中，我对自己学生的要求就是，以上的六个认知原则都必须做到烂熟于心、脱口而出。无论在研究之前还是之后，都必须说清楚这个研究是如何贯彻与体现出这六个原则的，否则就是不可持续的和不可发展的死知识。

不是为了颠覆，而是为了深入

光谱式思维说白了就是一句话：反思我们的局限性，不要无知无畏。例如我过去研究的小姐，其实并不包括高档的、兼职的、曾经的和一次性的。谁是小姐谁不是，也是我自己划定的，并不等于真的如此。我的研究仅仅是裁剪出小姐的一部分而不是全部，由于我是老教授，所以反驳我的人也不多。这些情况当然是无可避免的局限，但是我自己知道不知道，敢不敢说出来，那就是思维方式的高下之别了。

个体差异大于整体区别

这个思维方式是说：同一个整体中不同个体之间的差异，大于不同整体之间的差异。无论是性别、群体、社区，还是文化或者民族，莫不如此。

为此，我在1991年设计了一个心理测验，检验人们是否真的夸大了性别差异。我提出六个人物，让选修我的课程的51名硕士研究生，分别评价一下他们各自的性格刚强程度，按百分制打一个分数。结果，六个人物的平均得分是：

男人典型	得分	女人典型	得分	差数
文天祥	77.2	撒切尔夫人	56.3	20.9
阿Q	56.5	林黛玉	47.0	9.5
男性整体	73.2	女性整体	54.8	18.4

分析这个结果时，如果暂不考虑具体人物究竟应得多少分，而是考察回答者的思维方式，便会发现以下几个情况。

其一，回答者在评价男性整体时，是按照男女两性中的最优秀者，从而也是全社会的精英人物来打分的，因此文天祥与男性整体的得分才会相当一致。

其二，在人们心目中，无论是"铁娘子"撒切尔夫人，还是女性整体，都不过相当于男性里的阿Q，也就是男性整体中的最弱者。

其三，回答者在评价具体人物时，头脑还是清醒的，确认了同一性别中不同个体的较大差距，例如文天祥对比阿Q，撒切尔夫人对比林黛玉。但评价性别整体，衡量男女两大性别整体之间的差距时，人们却忘记或者忽略了同性别的个体差异，似乎男性中不包括阿Q，女性中没有撒切尔夫人。除了早已定型的"男强女弱"观念的影响，除了性别截然割裂的文化模式以外，还能有什么原因呢？

总之，思维方式实在是性别问题研究中第一重要的问题。如果一代精英的硕士研究生尚且未予注意，那么一般人和社会文化就更可想而知了。但是这不是由于人们不可能认识到问题的真正所在，而是由于缺乏新的思维方式，缺乏明晰的理论启发。因此，所谓"社会性别"这个概念，其实只是我们认识社会与分析问题的时候所使用的一种工具。它是不是符合生活的真实，这是一个需要探讨与反思的问题，而不是一个可以强行命定的公理。

四步条件分析法的研究思路

这个分析法是说：一切性的现象，一切我们要研究的性问题，绝对不可能是天生如此、历来如此，而是必然有一个产生和发展的过程。你把这个纵向的过程分析清楚了，就是建构主义的研究，往往也叫作"谱系学研究"。它比传统上那种仅仅针对此时此地此情此景的因果分析要深刻得多，因为所谓的"成因"，其实就隐含在发展过程当中，而且绝不会是一成不变的。

我下面推荐的分析方法，应用得已经非常广泛，其实就是按部就班地分析下列四个条件。

第一步：必要条件

就是客观上的可能性，如果没有这个条件，一切都不可能发生。例如现在出了一个新词叫作"无性"（asexuality）。如果你就事论事，那么什么才能叫作"无性"就说不清楚。如果从必要条件来分析，那么我们说的性，应该基于生理上能够分泌足够的性激素。如果不是这样，那就不是"无性"而是"非性"(non-sexual)。确实有少数人是因为生物学意义上的"非性"才没有任何性活动的，这个必须分清楚。

那么我们中国的"性现状"的必要条件是什么？

第一个就是"饱暖思淫欲"，不是饱暖了就必然思淫欲，而是只有饱暖了以后才可能思淫欲。中国最根本的变化就是人民吃饱饭了，要减肥了。在饿肚子的时代里，性不会带来快乐，只会带来罪恶感。

第二个就是"公权力的隐身在场"。公权力给我们留出了这一小块空间，就是私领域。它时时刻刻都存在着，但是它也隐身了，不再时时刻刻盯着你们过性生活。

第三个是独生子女政策，加上婚姻松散化。这些都在本书的其他章节分析过，不再赘言。

必要条件之所以重要是因为，研究者万万不可把某个现象的必要条件当成自己的调查目标，否则就成了因果倒置。例如调查那些参与一夜情的人之后，结论是他（她）们的性观念都很开放。这就变成"大河无水小河干"那样的逻辑荒谬。

第二步：控制条件

有了必要条件还不够，还要看有什么东西在控制着必要条件，就是客观可能性究竟在什么范围内才能够存在。如果控制条件太苛刻，那么必要条件就名存实亡，发挥不了原有的作用。反之，控制条件越宽松，必要条件就会越扩大越加强。

中国性革命之所以能够成功，就是因为损害它的控制条件极大地减少了，而促进它的控制条件却极大地增加了。这主要表现为：

（一）信息革命给我们带来了移动互联网（手机）生活，包括约炮。

（二）我们走进陌生人社会了。

（三）个人的独处化，既是冷漠，也是宽松。

设置适当的控制条件是一切研究必不可少的环节。例如，我的四次全国调查，虽然最主要的调查目标是人们的"性状况"，但是我还是不吝篇幅，设置了身高/体重（肥胖度）、高血压、糖尿病、心理/情绪状态等12个指标/提问。这是因为，这些身心状况当然会极大地影响每个人的性状况，所以必须排除掉这些影响，才可能总结出"中国人的性现状"。否则就成了把危重病人与奥运冠军放在一起说事，只会误人害己。

第三步：充分条件

必要条件和控制条件仍然仅仅是可能性。即使每个人在这两方面都是一样的，有些事情还是有的人能做，有的人做不到。那些能够做到的人，一定是具有某些充分条件，就是获得了现实的可行性。

性革命的那些领跑者或者叫作越轨者，并不仅仅是"下半身决定上半身"，更不可能随心所欲，而是至少需要有足够的个性魅力、充分的人际交往能力、最佳的时机、可靠的安全保障、强大的支持力量等，这些就都是他/她们的充分条件。反之，那些循规蹈矩的人也不仅仅是出于"洁身自好"的思想，更可能是因为缺乏这些充分条件。

强调充分条件，这是一种更加实事求是的思维方式。它反对单纯的"动机论"，反对把一切结果都推到"动机"上。

第四步：发展条件

一个现象产生了，不可能一定会永恒不变。它产生了什么样的结果，带来了什么样的反馈，招来了什么样的外力，这些都会影响到该现象的发展变化。这就是发展条件。例如在约炮这种情况中，如果被骗了，或感觉并不好，或被别人发现了，那恐怕就没有下一次了。即使还有，也不可能跟上次一模一样。

发展条件的思维方式更加重要，它是建构主义思路的核心内容，就是要发展地看待现状。

最典型的例子就是互联网和手机给陌生人之间的交往提供了极大的便利，成为一种发展条件，各种"性越轨"活动才可能愈演愈烈。

从"公理判定"走向"多维建构"

所谓的公理判定，就是相信某种理论或者观点就是公理，绝对正确、不可改变、放之四海而皆准。例如在研究任何一种性关系的时候，总是有人把权力理论作为公理，似乎一切性现象中都必然存在着以强欺弱的那种权力，根本不愿意考虑任何其他可能性。这种思路其实就是"一维式"的失误，就是攻其一点不及其余。

与此相对照的，就是我所提倡的多维建构的研究视角。简而言之，任何一种性现象必定是由多种多样的因素共同构建出来的，因此可以而且必须从尽可能多的不同角度去考察和研究。

二维思考

下面这张图是郭雅琦的研究成果，就是表明：研究男同性恋问题至少可以有这样八个不同视角。从其中的每一个视角研究都可以做一篇论文甚至写一本书。

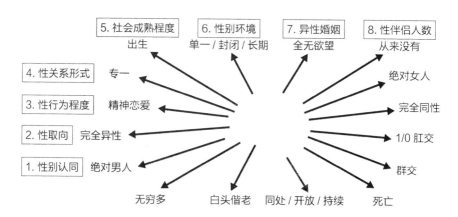

三维视角

我们还需要再加上一个维度——"景深",就是性现象在不同时空中的发展变化的过程。这就是三维的思路了。

例如,早在20世纪80年代就有"婚外恋"这个说法,到1992年北京的基层社会里出现了"傍家儿"的说法,到21世纪之初则变成"小三儿"。如果不去了解和考察这样一个发展过程,仅仅拿目前的情况来说事,那么再精辟的研究也会成为无源之水,也就无法总结出该现象的全貌与性质。

四维考察

这就是在三维之上再追加一个动态变化的视角。

还是使用婚外恋作为例子。究竟是这种现象本身出现了某些变化,还是仅仅是称呼之变?无论是哪种变化,究竟是直线的变化还是曲折的变化?变化究竟是自发的还是外力作用的结果?任何一种解释皆有可能,但是不在于谁分析得对或者不对,而在于研究者是不是从这个第四维出发去研究了,甚至是不是承认还有这种可能性。

五维分析

再增加一个视角就是发展的不确定性和可变性,其要点就是,动态的变化难道就必定是聚合的发展吗?有没有可能反而是解构的、离散的、粉碎的、无序的变化?

六维研究

以上五种维度,无论多么振聋发聩,也仍然没有跳出客观测定的传统思路,仍是从研究者的立场出发去考察某种客观存在的性现象。可是我提倡的是主体建构论,因此研究的第六个维度就是要从主体对于自己的行为/意识的积极主动的构建过程来分析任何一种性现象。

在现实生活中,六维建构的实例其实不胜枚举,关键在于研究者是不是具有这样的自觉性。

例如某位小姐,从一维的公理判定的视角来看,铁定就是一个暗娼而已,再也没有其他任何属性。可是从二维视角来看,她其实是兼职的,同时还是个白领。在三维视角下,她以前并没有过卖淫,将来也不会继续做下去。从四维视角出发,她曾经结婚和离婚,其间多次在婚姻与卖淫之间变来变去,没有什么确定的理由,仅仅是随心所欲。按照五维思路,其实在她至今为止的生活中,既有过婚前性行为,也有过婚外性行为,也有过女同性恋行为,还有一段专一的婚姻,而且都不是与同一个人,甚至不是都与男人,所以根本就无法用传统的概念来分类。最后,从六维的主体建构的视角来看,她从来也没有认同过上述任何一种性关系所带来的社会身份,但是她也并不认为自己很独特,因为她认为:天下所有的女人其实都是这样的,只不过是她们自己是否承认的问题。

这个例子并不极端,因为中国人的日常生活和人生经历,全都极大地复杂化、动态化与莫测化了。如果研究者还是按照只有小农社会里才有的那种"三岁看老,一定终生"的思维方式来考察21世纪的中国人,那还不如不研究,也免得误导读者。

从以上六种维度出发,我们就可能构建出一个"高天行云式"的认知模式。其静态状况是"雾状存在",就是很难分清楚哪里是边界,也很难判断其内部有什么样的分层与结构。其动态状况则是在出现的同时也可能消失(风起云涌 + 雨过天晴),在聚集的同时也可能消散(风云际会 + 烟消云散),在边界变化的同时也可能出现性质的改变(风云变幻 + 阴晴不定)。总之,这就是一种广谱的变化,随时可能出现朝向不同而且属性不同的运行。

更多维度的炫彩与弥散

肯定还有更多的维度可以再加进来,那么,我们所能够加以研究的任何一种性现象就全都变成一种炫彩的存在与呈现。它不但没有统一的颜色，没有色彩的界限，就连个形状都没有了，根本就是一种弥散的状态。

这就是我们的全性，每一个人的全性，中国人的全性。我们目前的一切性知识、性认同、性意识，其实都是我们自己把炫彩的而且弥散的全性给加上了某些条条框框，然后赋予它一个名字和一个定义，最终我们自己迷失在话语的迷宫里不可自拔。

多维视角不仅仅是研究方法，还是一种世界观。它至少可以促使人们打开眼界，不拘一格地去观察人世并且体验自我。唯此，多元平等与人权道德的理想境界才可能最终实现。

当然，究竟有多少种维度，每种维度的具体含义是什么，这些都必然是仁者见仁智者见智，无法统一也不应该统一。但是有没有这种多维思考的视角，却是学术研究与社会运动能不能持续发展的关键所在。

我的愿景

全性至少是六维的、炫彩的、弥散的存在与呈现，可是我们又必须要有概念，要有边界，要有分类，否则人类就没办法思考，就会陷入不可知论，甚至堕入神秘主义。

这不是多维思考本身的错误，而是由于目前的学术研究还没有充分地注意到多维思考的重要性与必要性，因此也就无法拿出相应的概念和表述工具来加以描述和分析，才使得读者如坠雾中。

要解决这个问题只有不断摸索才有前途。好在现在的多媒体技术已经可以给我们提供炫彩而弥散的多维图像，已经在相当大的程度上足以表达研究者的认知。但是这其实也提出了进一步的问题。

为什么研究者一定要沿用传统的文字表达，而不是通过图像来映射出哪怕最高深的学问？

为什么研究者还在固守"概念必须明确"这样的传统准则，而不是使用模糊的图像来让读者体会到研究者想表达的意思？

为什么研究者还是只许读者观看和接受，而不是把他们充分地调动起来,与研究者共同来构建某种认知?

但愿这些都不是奇思怪想也不是异想天开,但愿我在有生之年能够不再写书,而是在多媒体当中与读者共构出对全性的新理解。

整体论之殇:全性之全景

现在,提倡整体主义研究方法的中文论文很多。可是究竟该如何操作呢?可惜,我所检索到的到2018年为止的32篇中文论文里,连一句话都没有提到。

因此我很不忿,就在一个国际合作的课题中试图摸出点什么来。2008年,我带着学生们在广西某市区做"性调查",发现该市区的各种"越轨"性关系和性行为的发生率,都远远高于全国地级市的平均水平,甚至高于东南沿海的地级市。可是我所做的一切统计分析都无法解释怎么会这样,所以,我想到应该采用整体主义的思路:该市区作为一个整体,究竟有哪些和什么样的独特的社会因素,发挥了哪些和什么样的作用,才呈现为这样的生活实体?

可是,该怎么做呢?甚至应该从哪里入手呢?我所熟悉的问卷调查和定性访谈全都高质量地完成了,我和学生们的集思广益也做过多次,我甚至直接在该市找各色人等,让他们来一起猜测原因。就这样折腾了整整一年,仍然是一无所获,直到现在我也是一头雾水,而且已经知趣地放弃所谓整体主义的研究了。

这,无他,就是因为再美好的思想,没有操作方法就只能是一枕黄粱,包括我上面所说的一切。

对于我这样一个半路出家而且抽象能力极差的人来说,谈论思维方式实在是妄自尊大。但是上面所说的一切又都是真实发生过的,所以我一直自认为这仅仅是生活的感悟而已,而且恰恰因此才值得记录于此。

2012，性与社会变迁

社会变，性才变

改革开放，推动性之变

第一，经济改革对于普通人的日常生活的改造。它的实质意义是：国家不再对你具体的生活与命运负责了。

第二，思想文化领域中的"中国不能乱"的共识。它的背后，就是40年来经济高速发展给各阶层带来的实惠，成为社会的压舱石。

第三，私人领域中的"全球化"。至少在城市中，中国人第一次彻底放弃了传统的日常生活方式，开始进入现代生活。

这些思潮，直接涉及性的问题与性文化的走向。

首先，如果告别革命，主要靠经济发展和生活改善来获取国家的合法性，那么远自1919年就萌芽的、1927年在农村社会中开始建立的、1949年之后在全中国推行的"革命道德"与"集体主义生活方式"，也就必然日益丧失存在的必要。因此，再用"革命大目标"来管束个人的"性"也就越来越显得荒谬。

相反，从经济发展和稳定压倒一切的视角来看，性革命在某种程度上是社会张力的释放途径之一。这虽然还远远没有成为主流社会的共识，但是"性是私事"的认知已经相当普遍。这里面，或多或少包含着对于性的管理观念的转变。

正是在这样一个社会变革的环境中，中国的性革命才可能发生，而且几乎是不得不发生。

当然，经济改革的深化，开始触动的不仅是社会中下层而且是社会上层的切身基本利益，"GDP 主义"的副作用日益被社会各个阶层所认识到。结果，博弈正在走向冲突。只有理想主义和民族主义才可能充当强有力的思想武器，所以它成为唯一的选择。

性，是如何被政治斗争利用的

西方有些理论家认为，"性"本身就是政治。这种认识最近也传入了中国。它在当代西方当然是对的，因为他们那里的所谓"政治"，既不是阶级斗争，也不是维稳，而是个人社会生活的全部，性必然首当其冲。可是在中国历史中，在中国人目前的日常语言中，"政治"是另外一个意思，它与中国人自己的"性"，本来就应该是，而且实际上一直是风马牛不相及。

可是某些情况下，政治斗争却非要利用"性"不可。其方法主要有二。

首先是把性当作攻击政敌的法宝。例如，与其说是贪官都通奸，不如说是用通奸来强化贪官之恶。

更加隐秘的第二个方法是，把性捆绑在政治的战车上，让它服从于大目标。

战争时期，军队为什么格外严厉地禁止军人与老百姓的性行为？乃至直到如今，现役士兵仍然不许与驻地的女性谈恋爱，更不用说上床了。这可不是单纯的禁欲主义或者军事需要。在过去的农村待过的人都知道，村里人自己有乱搞的不算什么大事，可是如果"外人"来村里搞女人，那么农民就会群起而攻之。因为农民最后的私产就是自己的女人，再怎么"打土豪分田地"，那也是"外来财"，绝不能用侵犯农民的女人来交换。否则，就算是用枪逼着，也无法调动那么多农民去参加革命，流血牺牲。

换句话说，农民首先是因为你是一个好人，才会相信你跟随你的。性的"正经"，就是好人的最主要标志之一。这其实也是革命成功的重要保障之一。

改革开放之后，主流意识形态发扬了这个传统，越来越依靠道德楷模的形象来维系自己。从"党员是好人"到"好人才能入党"到"入党才能做好人"一路走下来，一个党员的性活动，已是关乎党的正确性与感召力的重大政治问题。因此，在开除贪官党籍的时候，才会突出他们"不正当"的男女关系。

这种灌输，成绩斐然。我在大学教书30年，学生提出的质疑并不多，但是每逢我讲到党员的性也是个人私事，不应该被党纪管束，总是引发一片叽叽喳喳。我只好搬出克林顿绯闻来说明罪不在性，而在欺骗。但是很多学生仍然闭嘴得勉勉强强。看来，即使在下一代人中，也仍然有些人习惯于把别人的性（而不是自己的），牢牢地扣上一顶政治的大帽子。

在对于性革命产生原因的分析中，我突出地强调了"独生子女政策"是性革命的亲娘，舍此，性革命不可能出现。可是，中国为什么要严厉推行独生子女政策，而且直到2015年，当"光棍问题"（出生性别比例失调）已经引起社会关注并且相关负责部门不得不承认的时候，才全面实施一对夫妇可生育两个孩子的政策呢？

这是因为，1980年左右制定与推行这个政策的时候，其实并不仅仅是因为中国的人口太多，而是因为迫切需要一个客观理由来解释"文革"给中国人日常生活所带来的灾难与计划经济所带来的贫穷。

这样的需求，其实自1962年就开始产生了，就是所谓的"三年自然灾害"的说法。它成功地掩盖了"大跃进"的"三分天灾，七分人祸"的执政失误。到了1980年前后，主流社会再次成功地运用了这一策略，结果直到今天，仍然有无数的中国人喋喋不休地说"中国搞不好，都是因为人太多"，而且以为这是自己生活经验的总结。

我唯一不知道的是：这样做，在多大程度上是自觉的选择，又在多大程度上仅仅是一种路径依赖。

操作层面："立法依赖"所带来的性革命

在中国的历史语境之中，法治说的是：主流社会按照自己制定的法律来治理社会。

可是任何法律为了追求执法结果的合法性，也不得不去追求执法程序的合法性。

到20世纪80年代中后期，"建设法治社会"这一任务出现了嬗变：道德不得不开始与法律分离，个人权利开始占有一席之地。

性主要是涉及道德的一种问题，因此，性革命在中国并不表现为与性有关的法律的修改（这是西方人的关注点），而是表现为"性法律"的执行力度越来越小，其中有一些已经近乎形同虚设。最突出的例子就是中国法律严厉禁娼，但是中国被查获的卖淫嫖娼案件的数量，却从2001年以后直线下降，到2015年只有2001年的大约三分之一。[①] 再如，按照中国的现行法规，任何形式的"有偿侍陪"（三陪）[②] 和异性按摩[③] 都是违法的。可是，不但中国普通人，就是年轻一些的中国警察，还有几个人知道存在着这些法律法规呢？

性的"回潮倾向"的由来

在性革命的发展过程中，以"文革"为代表的精神禁欲主义并不是束手就擒，而是主动地融入道德优越的意识形态之中，继续对社会实践施加影响。

[①] 《中国统计年鉴》(2015)。
[②] 1994年6月6日公安部《关于坚决查处娱乐场所"三陪"活动的通知》。2006年国务院颁发的《娱乐场所管理条例》的第十四条第四款明确规定：禁止"提供或者从事以营利为目的的陪侍"。
[③] 1993年4月28日公安部《关于如何对待异性按摩、博彩等问题的批复》中，明确禁止任何形式的异性按摩。1995年的《中央纪委办公厅做出关于党员接受异性按摩应如何处理的答复》中也规定，党员接受异性按摩要受到处分。这些法规性文件并没有被废除。

它在 20 世纪 80 年代中期曾发起过"清除资产阶级精神污染"运动，其中就包含了很多性方面的内容。在 1989 年之后，它摇身一变，开始"建设社会主义精神文明"，也仍然包括了许多性方面的内容。到 21 世纪之初，它已经缩减为一种"讲礼貌运动"了，其社会诉求已经降低到维持起码的人际关系的层次，希望以此来顺应"中国不能乱"的社会需求。

到了 2008 年前后，随着中国经济的持续高速繁荣，尤其是"80后"走上民间舆论的舞台（主要是互联网），一种以爱国主义与民族主义为表象的传统回潮意识开始浮出水面，争取到越来越多的眼球。

主流社会对此是有喜有忧。一方面它符合长期以来用爱国主义来凝聚人心的意识形态发展策略，但是，另一方面它显现出狂热的非理性与聚众效应。对于任何一个既存的性制度来说，性的最主要威胁，并不是所谓的非道德化，甚至也不是其结果（生殖与人口），而是它所代表的难以控制的激情。

时至 21 世纪，性的激情开始回归本身，再次出现了失控的可能，而主流社会却缺乏应对策略。因此我们才能看到最近以来的种种新潮现象，而且绝对不是个人英雄主义的产物。

对于主流社会来说，所谓"性的政治"，其实就是必须千方百计地把性激情（至少也是它的主要部分）转变为对自己有利的其他社会激情。所以说，回潮倾向对于参与其中的各个方面来说，都是一种表面上是最佳的其实是万不得已的选择。它最重要的意义，并不是恢复传统或者民族主义，而是继续维系现行体制。

性，不能再次成为替罪羊

最近几年来，我一直在努力寻找性的传统回潮倾向的蛛丝马迹，一直在试图评价它是否已经可以称为一种"运动"。我把它作为 21 世纪中国"性化时代"的另一面来看待，而且从来不敢否认其合理性与现实性。但是，其中的很多人确实是咄咄逼人，要把"性"再一次绑上阶级斗争的战车；再一次把个人权利范畴之内的性，与天下兴亡这类美妙的大目标硬连在一起；再一次把性当作替罪羊。

这种"拿性来说事"的招数，在中国历史上一直非常有吸引力。例如，在汉代末年的黄巾军大起义中，"合气释罪"①（男女定时集体性交）曾经是起义军强大的吸引力、凝聚力与战斗力的重要来源之一。

正是由于对这种"把性政治化"的痛恨，在20世纪80年代中国开始性革命期间，我虽然写了不少文章，但是从来没有说过"性革命是人性的解放，只有性解放了，社会才能解放"这类的言辞。当时的朋友认为是我不敢说。其实，我这一辈子所得到的教训就是不管你说的那个"政治"多么美好（哪怕是我所赞成的也罢），只要把"性"给套上去，那我就决不附和。

正是从这个角度来看，我认为，任何一种社会运动，不论其政治主张是什么，一旦掀起大浪，首先就会消灭我们来之不易的个人权利、个人自由与个人独立意志，就会消灭我们的多元平等的性。

当然，我对21世纪以来中国的"性化时代"是持分析态度的，指出了它对个人权利与个人独立意志的销蚀。但是，我要不断地说：这绝不意味着我们就应该回到过去。

为什么总有人"与性为敌"

性这个东西很有意思。在日常生活中，性需要朋友，否则就无法结成人际的性关系，但是在社会层面上，性却总是被当作敌人。

在漫漫长夜的中国传统社会中，在人际关系方面，性被婚姻严密地管制着，即使是夫妻性生活，也被作为仪式化的"敦伦"，任何"寻欢作乐"都被当成"正经"的敌人。在社会性别方面，同性恋或者任何其他的性取向都是"变态"，都是"正常"的敌人。因为性代表着激情（含基情），代表着自由，代表着不确定、不服从和不统一，所以传统社

---

① [梁] 僧祐《弘明集》。

会必须"以性为敌",才能维稳。

经过80年代以来的中国性革命,这套"性本身就是敌人"的思想体系已经土崩瓦解,因此传统势力只好不再直接骂"性",而是捡起"因果报应"的腐朽思想武器,把其他的恶与"性"联系起来,迫使"性"与"福"继续处于敌对状态。

这方面最突出的表现就是"性被艾滋病化",尤其是同性恋和性工作。其中的逻辑是:艾滋病是人类的大敌,那么由于同性恋和性工作都具有传播可能性,因此也就理所当然地成为敌人了。这样一来,艾滋病就被变成传统势力整肃性道德的最后武器。

这一招应该说是非常巧妙,相当成功地掩盖了三个基本事实:首先,性,无论发生在什么样的人际关系之中,本身都不会传播艾滋病,只有不安全的性行为才会;其次,无论在什么样的性关系中,发生"高危性行为"的少数人,都不能代表所有人;最后,性,其实不应该去改变,而是必须采取安全措施。

性"被敌人化"的另外一个突出表现是"被恶果化",就是大肆宣传:任何一种非传统和非主流的性,都必然会带来种种恶果。君不见,在某些主流传媒中,千奇百怪的悲剧全都是"不道德的性"带来的,包括失落、痛苦、嫉妒、仇恨、暴虐、毁灭等。尤其是,一旦同性恋和性工作出了麻烦,某些主流舆论恨不得"喜大普奔",就像真的得了赏钱一样。

但是这一招却不够巧妙。从思想上来说,这只不过是"因果报应"的陈旧幻觉,根本无法抵挡求新求异的时代潮流。从现实效果来说,它充其量也只能威慑那些一辈子老老实实的人,根本无法阻挡那些甘愿"自讨苦吃"的新锐者。

价值观:"三国演义"中的我们

我从1985年开始,一路走到2018年,除了学术的艰辛之外,我最困惑的就是在当今中国,我们的价值理念究竟应该如何定位呢?

感谢宁应斌[①]老师的启发，我觉得我们必须从"三国演义"的视角来强化我们的事业心。

所谓"三国演义"，至少包括当今性领域里的下列五个视角。

首先，从社会结构的角度来看，最强大的社会势力是曹操，就是性制度的管控；与之相抗衡的主要是民间的各种争取权利的力量，可以说是孙权；而我们则处于刘备的位置上，既受到曹操的打压也被孙权排斥。因此，我们一方面必须与孙权站在一起，共同从曹操那里争取我们应得的权利，另一方面我们也直言不讳地批评孙权的那些失误。

其次，从全球的角度来看，曹操就是本地的原教旨主义，孙权是希望全盘西化的拿来主义，我们则是既要反对固守传统又要避免南橘北枳。我们力争把本土体验作为多彩世界中不可或缺的一元。

再次，从性关系与性生活的视角来看，国粹回潮就是顽固不化的曹操，争取"性解放"则是奋斗不息的孙权。我们义不容辞地反对曹操，但是也通过倡导"性福"来纠偏孙权。

又次，从认知方法的角度来看，曹操就是那种既无根据又无逻辑的官话，孙权则是方兴未艾的"客观测定"的研究方法。我们则是既要反击曹操，追求"有一分证据说一分话"，也要主张主体建构论，以便纠正定性研究中愈演愈烈的失误，就是那种"文本分析化"的研究者的单向解读。

最后，在性别的问题上，父权制毫无疑问是曹操，主流妇女运动当然是孙权。我们则当仁不让地成为性权利派。虽然在近几年的"me too 运动"中这种性别问题上的"三国演义"被凸显出来，可是我却一点儿也不看重，仅仅把它列为最后一个方面。因为这根本就是一个过气的人造的伪问题：在性别早已多元化必须包括各种性少数的今天，在 sex 早已变为 sexuality 的今天，那种二元对立的男女之争的口号，根本就是一叶障目而已。

[①] 笔名卡维波，台湾中央大学教授，长期从事性/性别研究，著作等身。

上述五个方面总结起来，就是我们必定是两面不讨好，必定是边缘 + 少数 + 异端。我们乐在其中却又不甘寂寞，我们面对现实却又胸怀大志，我们迫不及待却又从长计议。

总之，我们就是要做我们自己，把我们所能进入的小小时空染上自己的颜色。

2013,"性化"理论的建构

1993年,我在《社会学研究》第2期发表了论文《当前中国的性存在》,提出了当时中国正在发生一场性革命的论断。整整20年之后,我在2013年第5期的《社会学评论》上发表《弥散与炫彩:后革命的性化时代》一文,论述了"性化"的理论,以概括21世纪中国性文化历史发展的新阶段——"性化"时代,也是呼应当年的论文。

性化就是性革命的后续发展,英文是 sexualize。我给出的定义是:人们的日常生活越来越多地被与性联系起来,日益成为一种很少遭到反对的社会时尚。

在以往的社会中,性根本就是不可言传的。例如,民间一直存在着各式各样的"酸曲""荤段子""荤谜语"等,把生活中的各种事情与"性"连接在一起。可是社会主流一直认为那都是"下流肮脏"的。其实那就是民间日常生活的"性化"。

"性化"这个词被传媒炒作之后,出现了一个非常有意思的社会现象:一些读者写文章,把它当作对于"性"的贬义词与否定词来使用,似乎"性"根本就不应该"化",而性化现象在他们的文章里变成了新的"社会丑恶现象",似乎是历史的倒退。

这说明,中国社会中反对性革命的力量已经穷途末路了,只好把任何一个新出现的词语都抓过来作为自己的思想武器,而且试图改变其词义。这也并不新鲜,想当初,"性革命"这个词也曾经被一些人解释为

"无法无天，为非作歹"。所以说，"性化"这个词的"被妖魔化使用"，恰恰证明我对它的定义是正确的。

21世纪中国的性化

在21世纪的中国，性化最突出地反映在以下这几个方面（并非全部）。

第一，在20世纪90年代之后，社会对于"性"的主要控制手段，日益从压制走向引导，开始"隐身在场"。

第二，性现象的公开化，例如，卫生巾广告公然在黄金时段播出，隆胸手术、丰臀手术、治疗各种性障碍与性病的广告，越是小地方的电视台，使用的画面与广告词就越直白露骨。同时，这样的广告还几乎贴遍了街头巷尾与公共交通工具。

第三，给更多的事物、现象赋予性的含义，而且被广为接受。一种形式是原来与"性"根本不沾边的现象，现在被与"性"联系在一起，例如"车模"；另外一种形式是，一些原来虽然与性有关却仍然可以明确分开的现象，现在被模糊化了，甚至被直接纳入了"性"的范畴。其中最典型的就是女性乳房在文化意义上，从过去的哺乳器官变成了现在的性器官，需要遮掩了。

第四，更加突出性别差异中性的方面，尤其是"性感"这个词，从最开始的类似骂人的"风骚"，到后来变成了恭维话；从最开始的类似"有女人味"，到现在的"有性的吸引力"。

第五，性的词汇日益增加，已经足以构建话语的迷宫。都市年轻人中，新的"性"的话语犹如雨后春笋，而且这些话语已经开始支配一些人的行为。

第六，"性"开始成为一种社会表达方式，女青年则是以"薄露透"的衣着坦然行走于闹市。在网上，越来越多的女人开始自我曝光，从日记到照片再到视频。她们都不约而同地选择了"性"作为工具，来表达自己的某些意识形态。

第七,"性福"成为社会时尚,而且很少受到反对。

性的消费化

性的消费化,指的并不是性产业或者性服务,而是有下列一些表现。

第一个表现:如果我现在想进行任何一种性活动,已经离不开消费行为了。就算是"一夜情",表面上看来谁也不给对方钱,但是总要有一个睡觉的地方吧?这就需要开房间,需要消费。再例如,最近在中国兴起的"情人节",活生生就是商家促销的大"阳谋"。再加上那些铺天盖地的以美女帅哥为招牌的五花八门的广告,时时刻刻在暗示着:不消费,就没有性。

第二个表现:一些人开始把"性"作为一种消费对象。例如一些男人在社交中必须带上真真假假的"二奶""小蜜"或者"情人",这不仅已经成为一种时尚,甚至已经是一种规则了。

第三个表现:"性感消费"大行其道。例如为了满足"身体想象",为了获得"骨感"、风度、气质,相当多的年轻人不得不超额消费,从"塑身"、美容到"身材管理"等,不一而足。虽然许多人都把这些活动解释为"求美",但是如果没有"性"的基因与色彩,大概这些消费不会如此发达。

第四个表现:制造浪漫情景。现在谈恋爱,到酒吧或者咖啡厅坐一坐并不为过,一起来些娱乐活动也并不为过,因为那里的环境与气氛比较适于培养感情,这就要花钱,就要消费。

第五个表现:弘扬激情崇拜。这方面最突出的就是独生子女的青春期文化在社会上日益彰显。在商业力量的推动之下,激情崇拜已经在很大程度上被消费化了,不仅要花钱去给歌星捧场,还得给网红打赏,可是20世纪90年代还可以看到的自发的街舞却消失了,变成了线上线下的收费表演。这就是消费化了。

第六个表现:"亲密消费"(这是我首创的概念)[①],就是以"三陪"和异性按摩为代表的,把陌生人之间的亲密相处拿来买卖的营业活动。

媒体的话语霸权与眼球聚焦

如果说在 20 世纪 80 年代"性"确实是一个禁区的话,那么 21 世纪以来"性"就已经成为一个闹市了。

这表现为:"性学轰炸+美眉崇拜+性技巧迷信+性方面弄潮儿的被炒作+大众的逃避自由"。也就是说,媒体控制了信息来源,也就形成了话语的霸权。

对于传媒来说,任何与"性"可能有关的内容,当然会成为最佳卖点。对于读者来说,在其他需求越来越受限的环境中,眼球也只能在"性"上面聚焦。二者相加,"性"就不可避免地被放大了,许多时候则被扭曲了。

如果仅仅看表面现象,那么上述情况在西方现代社会中也同样存在。但唯一的区别是:中国的媒体(包括自媒体)与读者都没有其他的选择可能。

符号、仪式的流水线般的生产

在符号方面,最突出的就是,女性服饰的"薄露透"一直"引领着时代的潮流",而且愈演愈烈。

这里面也有一个非常有趣的变化:最初的时候,女性是"不怕露腿,只怕露肩",因此在整个 80 年代里,按照北京老百姓的说法就是"满街玉腿,遍地短裙",甚至可以见到很多的"平头短裤",就是齐大腿根地裸露,但是女人的肩膀却很少裸露。随后,大约在 90 年代中期,女人的"吊带背心"开始堂而皇之地上街了,裸露了整个肩部加上半个

[①] 见《21世纪中国的"亲密消费":国家法理与民间信念的互构》,《云南师范大学学报》2014年1月,第46卷第1期。

前胸。再往后到 21 世纪伊始，"露脐装"也开始上街了，北京老百姓叫作"满街肚脐眼儿，屁股还要露一点儿"。

男性方面的主要符号却并不是服饰，而是发型。大约从 20 世纪 90 年代开始，男人的"板寸"（前沿稍有突出的小平头）开始被认为能够表现男人的彪悍与桀骜不驯，是最流行的；"披肩发"则被认为是具有浪漫气息，也有相当的比例；"光头"代表"匪气"，需要一定的胆量；而传统的"背头"则被认为是"土老冒"，完全过时了。

光有符号还不够，还需要有各种仪式来庆祝和鼓舞性化的社会。

第一是"爱的节期"的确立，也就是西方的"情人节"开始在中国大城市的年轻人里流行。随之而来的则是婚纱与摄影、浪漫旅游等。

第二是"殿堂"的标准化，例如酒吧开始取代卡拉 OK 成为年轻人的时尚去处，其要点一是彻底的"欧化"，二是洋溢着"粉红色气息"，三是不如此就是"没品位"。

第三是"求爱仪式"，最突出的是"送玫瑰花""点亮烛光"与"快闪求爱"，在许多城市里已经屡见不鲜。

第四是"标准情书"，就是年轻人表达爱情的文字甚至是语言，出现了时尚化甚至标准化的趋势。在网上和手机短信里，有许多"写手"在日以继夜地创作着"爱的表白"而且广为散发，大有形成垄断之势。①

这些符号与仪式，虽然并不一定能够代表一个具体的男人或者女人在性关系方面是否开放，但是却一定足以表明该人在整体的性态度上是否"新潮"，也就是西化的程度如何。

尤其重要的是，这些东西其实都是被流水线一般地生产着的，而且以其强大的商业运作力量，迅速地在年轻人中普及，蚕食着他们尚未完全确立的自我，甚至成为年轻人中间的"阶级划分标准"。

---

① 在本书行将出版之际的 2023 年，随着人工智能 ChatGPT 的出现，任何情书都更加可能"假作真时真亦假"。

当然，大多数涉入其中的年轻人并不这样看问题。他们认为，这主要是由于中国的传统文化从来也没有给年轻人提供这样的机会与形式，让他们足以充分地表达自己的爱与性，因此改革开放之后，年轻人必然会这样做。

广泛暗示＋认知简单化

现在，无论我们上网还是上街，看手机还是看电视，五花八门的性化的信息简直就是铺天盖地，让人目不暇接，无处躲藏。只要你不闭目塞听，性化就会死死地包围住你。

可是，我们中国人对于"性"究竟理解多少呢？

在大陆的中文网站上，所谓"性知识""性教育""性健康""性福"的网站不计其数，但是其内容几乎都与社会无关，与文化无关，甚至与社会性别都无关。这样的"禁区变闹市"，对中国人对于"性"的认知水平几乎没有什么正面作用。

凡是性化的商业活动都有一个共同的规律，就是必须不断地推向极端，走向愚蠢，否则就是死亡。西方有一个漫画：20世纪初的时候，女演员只要把拖地长裙提起来一点点，下面的观众就会疯狂鼓掌；过了20年，女演员穿起了"三点式"，观众又疯狂鼓掌；再过20年，女演员什么都不穿了，观众还是疯狂鼓掌；到最后，还有什么新花样呢？时下的中国似乎也已经走上了这条道路，不断加码的"大尺度"成为商业式性化的唯一出路。这其实就是不停地弱智化，直到我们已经不知道如何用性来表达任何其他意义了。

"不反对主义"的盛行与公共权力的"作秀化"

性革命，并不是因为直接参与的人数多，而是因为反对它的人数少，尤其是公权力的不反对，它才得以成功。

在21世纪之初的中国，体制对于"性"的态度已经出现了变化，我把它总结为"四个坚持，两个放弃"。坚持"精神文明建设"，坚持

"教育青少年",坚持"扫黄"(针对各种情色品),坚持禁娼。但是在打击对象方面,已经放弃了对于普通人的各种一般的非婚性行为(婚前性行为、婚外恋、一夜情等)的追究与打击;在打击方式方面,已经放弃了"执法必严",而是开始走向"民不举、官不究"。

即使在"四个坚持"里面,日常生活中我们所能观察到的,也已经是高度的"作秀化"了,就是一定要大讲特讲、不厌其烦、标语口号满天飞,但是有什么实际效果?这个问题已经没有人关心了,变成所谓"作秀高于一切"。因此,虽然《中华人民共和国刑法》里还有"聚众淫乱罪",但是真的去抓的情况已经很少发生了。

这是"性"的一切变化的基础之一。也就是说,虽然我在本书的各处不断地论述了各种社会力量对于性革命的推动,但是至少到目前为止,中国的性革命仍然在相当大的程度上是体制恩赐的产物。

性的话语大发展

这表现为——在性行为方面的话语:中冓—敦伦—房事—性交—上床—做爱,在非婚性关系方面:偷人—通奸—外遇—婚外恋—傍家儿—老铁—情人。

21世纪最新的性话语主要有性感、性福、网恋、一夜情等。

许多论者,都把这些新的话语当作新的社会现象来论说,甚至推导出很重大的结论。我却大不以为然,因为这些社会现象,并不是新出现的,而是被新命名的。我们可以一个一个来看。

性感在历史上就是风骚。

性福这个人为制造出来的新词,其实过去就是幸福,因为"幸"字过去就包括着"被皇上临幸"的意思,而"幸福"的解释之一可以是"只有被皇上临幸了才会有福"。

一夜情其实也是古已有之,叫作"露水夫妻",形容双方"一宿说尽贴心话,各奔东西无牵挂",就像太阳一出,露水散尽。

那么网恋总该是新现象了吧,因为古代不可能有互联网啊。其实这一点儿都不新鲜。古代的"鸿雁传情"说的就是这样的情况。

这些新话语，可能是实践者们自己创造的，但必定是传媒加以定义与扩散的。曾经有学生问我："一夜情的定义到底是什么？"其实这个问题并不重要，每一个参与其中的人、每一个加以评论的人，都会有自己的定义，而且必定是大相径庭的。因此，最重要的是：五花八门的定义究竟是被谁构建出来的，又是如何构建的，以及为什么要如此构建。

大致地、定性地来看，这些新话语在总体上是倾向于支持青年，倾向于赞美爱情，倾向于肯定性革命的。它们主要是在20世纪80年代以来的年轻人之间最先流传，然后通过传媒（其具体工作者大多数也是青年）的放大，才被一般公众所知晓。

因此，每当我看到传媒上有些人在声嘶力竭地批判"一夜情"，却又不得不成百次地使用这个话语的时候，总是觉得看到了上好的黑色幽默。这就是说，新话语的传播已经无法控制，一切愤怒声讨，只是在客观上为新话语的传播推波助澜。

也许，这就是"性的中产阶级"出现的表征。

互联网给性带来了什么

1993年，我在美国访学期间，第一次使用互联网。

当时还是非常简单的即时通讯，只能在DOS系统下敲入纯英文，再无其他功能，但是当时使用的人们都莫名兴奋。几乎每一次使用，我都会收到对方的惊叹。其中一位的评论很经典：啊，真神奇，距离消失了！

但是，我当时却没有如此强烈的感受。我觉得，这跟双方及时互相拍电报差不多，甚至只不过是"隔涧对歌"的更高级形式而已。这种感觉似乎直到如今也没有消失，因此每当年轻人欢欣鼓舞地歌颂"互联网改变了人类"的时候，我总是倚老卖老地酸上一句：一切技术发展，只不过是人类自有功能的拓展而已。

例如，在我研究的性领域中，所谓"网恋"，难道不就是古已有之的鸿雁传书吗？这种活动的基本性质，并不在于使用什么样的手段来传情达意，也不在于传达得有多快和多广，而在于它把日常生活中的促膝谈心和察言观色，转化为文字书写，然后依赖双方的解读，最终建立起某种人际关系。可是，这不就是人类发明文字的初始动力和始终如一的目标吗？所以，说互联网空前便利是可以的，但是如果夸张为"革命"，就很容易陷入"技术决定论"了。

再例如，网上的"裸聊"，难道不是从古至今一直发生在性伴侣之间的吗？与那种一枕横陈、聚首细语的古代生活，除了空间距离的增加，难道真有本质的区别吗？

总而言之，至少在性这个领域中，互联网给我们的生活带来的最根本的变化，其实并不是人们津津乐道的那些表面现象，而仅仅是一个关键点和两个字：隐身！

隐身，不仅仅是匿名，而是在网上性爱中，双方真实的身体，居然可以"不在场"了！性，居然可以脱离身体接触了。

这一变化非同小可。

迄今为止，人类的一切性关系都是发生在两个或者更多的人之间。不论是什么样的性关系，最大的特点就是可以匿名，却无法隐身。你必须用自己的身体去接触别人的身体，哪怕是一见钟情或者暗送秋波，也需要双方真实身体的参与，谁也无法隐藏起来。

可是互联网来了，在网上的一切性的交往中，哪怕是轰轰烈烈的性爱活动，参与的双方或者多方，不但可以隐姓埋名，而且可以身在其外，根本不需要显现和动用任何一方的真实身体。而且，一切发生在网上的性爱，虽然双方都是身体隔绝，却仍然可以引发任何一方真实身体的各种性反应。

也就是说，隐身给性带来的，不仅仅是私密，更是在互联网空间中的随心所欲，甚至可以是为所欲为，破除了几乎一切现存的对于性关系的社会控制。

这像是什么？不就是独自的性幻想吗？网络语言叫作"YY""意

淫",非常传神。这就是说,在任何一种网上性爱中,由于是隐身进行的,因此双方的性关系已经被改造为单方面的性幻想了,两个真实的社会人之间的人际关系,已经被切断了,至少也是不再必要了。

许多论者喜欢把这种"隐身"称为"虚拟",而且很喜欢歌颂之。我可能是足够老了,所以宁可称之为"独处",就是在现实生活中自我隔绝,主要凭借互联网来与人类联系。

虽然我很不愿意对此做出任何价值判断,虽然我自己在日常生活中也有这种倾向,但是这种动态现实却真的给人类社会带来一个危机——既是危险,也是机会。

比尔·盖茨早就预言:在电脑技术造成的虚拟现实中,做爱已经不再需要一个真实的对方了。现在已经可以用电脑创造出一个视觉上和听觉上的性的"虚拟现实",就是利用多媒体技术,不仅使人看到和听到栩栩如生的性生活场面,而且可以由观听者自己来指挥屏幕上的"性演员",你让她/他怎样,她/他就会怎样,即所谓"互动表演"。这会使人一如身临其境。如果再给人穿上特制的紧身衣,通过它,使电流适当地刺激到人体表面的大约100万个感觉神经的神经元,那么,人就会产生相应的触觉。在这样一个虚拟现实里,人不仅会如入其境,而且会感觉更加美妙。这是因为,多媒体表演以及电流的适当刺激,在强度、可调节度和持续时间上,都远远超过真人。

这一切,不仅在技术上是可行的,在经济上也越来越可行了,再加上互联网技术,做爱是不是已经可以不需要真实的空间和时间了呢?① 将来,是不是连真实的身体也不需要了,仅凭脑电波互通就可以做爱了呢?

总之,性,还需要人际关系吗?还需要身体接触吗?甚至,还需要生物基础吗?放眼看去,在现实生活中,变性、易装、性别流动等现象纷纷"出柜",万紫千红,弥散而炫彩。它们可能与互联网无关,但是

---

① 到2023年年初,据天眼查网站,中国已经有人申请"远程接吻装置"的专利。

却像互联网一样，无时无刻不挑战着中国人以往的刻板印象，预示着人类发展的无限前景。

我以为，这才是最根本的性革命。

与那些有目共睹的社会现象，例如情色作品、婚外恋、特殊性活动等相比，"互联网之性"带来的隐身和独处，对于我们每个人的生活，具有更加深远的意义。例如，现在有些人声色俱厉地声讨"小三儿"，可是，如果我仅仅是在网上从事各种"虚拟性爱"，那么算不算出轨呢？谁能够惩罚和禁止那个隐身的小三儿呢？

反过来，谁又能惩罚出轨者呢？自从移动互联网（手机）发展起来以后，一个新词也随之出现：精神出轨，说的就是，有些已婚者跟婚外的异性"谈感情"，虽然他们没有任何真实的人际接触，却乐此不疲，乃至婚内的另外一方觉得自己被抛弃了，到处喊冤叫屈。可是，就算没有互联网，也总是有些已婚者在性梦里或者性生活里想着婚外的人。那这算不算精神出轨？我主持的全国调查显示，早在2000年的时候，在性生活中幻想着与别人性交，这种情况在男人中已经有18%，在女人中也有7%；到2015年则增加到40%和20%。可见我前面说的并非谬论：这种情况古已有之，只不过现在利用新的技术手段加以扩展了。

尤其是，这种现象被人们重新解读了。以前怎么没人关注这个问题呢？因为那时候的婚姻仅仅是夫妻恩爱，日子过得好就一切OK，没人去管什么精神上的事情。可是现在人们都日益相信"爱情是婚姻的灵魂"，结果就从"小三儿恐惧"发展到不但要占有对方的肉身，还要独霸对方的整个精神世界。这，究竟是理所当然，还是走火入魔？

正是在这种社会实践中，互联网才能够成为性革命的手段之一。传统性道德必将堕落为仅仅镇压身体的"紧身衣"，再也无法成为控制精神的"紧箍咒"。

这让我不由得想起一个著名论断：历史上斗得你死我活的双方，其实最后都同归于尽,让位于一个前所未闻的新兴力量。①

性化与社会性别

女性形象的商业化

就我所看到的文献而言,自从清朝末年以来,女性的形象就开始被商业化了。窈窕淑女登上了各式各样的广告画,甚至香烟盒。当时的人们也曾经群情激昂、义愤填膺,但是"文革"结束以来,这种大潮又一次席卷中国,只不过反对的人已经很少了。新世纪以来,帅哥的形象也被商业化了。

问题并不在于女性的形象应不应该商业化,而在于批评与反对这种商业化的声音,在中国太少、太微弱。

女性身体的性化

在被西化与被现代化的过程中,女性的身体越来越被与"性"紧密联系起来,只不过以往的社会还是遮遮掩掩、羞羞答答,而 21 世纪以来则是明目张胆、甚嚣尘上。

身体被越来越多地赋予了"性"的意义与作用。例如,无论从保暖的角度还是防身的角度,女性的肚脐眼都是应该刻意加以保护的。中国古代也一直是这样做的,证据就是"肚兜"。可是现在,肚脐眼却被显露在大街上、拥挤的公共汽车里,甚至是一些非常庄严的场合里。穿这种"露脐装"的主体,究竟是把它与个性联系在一起,还是与"性"联系在一起?那些观看"露脐装"的客体,把它与什么联系在一起?根本的问题是:这是给自己看还是给别人看?

"性感的身体"开始独立于"美的身体",充分表现为一些都市年轻女性自觉地使用身体与服饰来表达自我。"美的身体"在中国出现也就

---

① 参见《共产党宣言》。

是几十年的历史，唯一的思想武器就是"人体最美"。这就刻意地回避了一个根本的问题：女性的裸体真的与"性"无关吗？现在，人们终于把性感摆在了美丽的前面。我们可以看看那些"人体艺术"的画面，还有多少是唯美而不性感的呢？其中最重要的是一些女性自己站出来，主动地定义与表现自己身体的性感。

"性的身体"得到越来越多的女性的正面评价。这不但是女性自己的一种革命，就连中国男人也并不是从来就把女人的身体与"性"等同起来。中国古代有很多的"春宫图""秘戏图"，基本上是给男人看的。但是如果你看到真迹，一定会大失所望，因为那里面的女性的身体实在是丑陋极了，甚至完全不合比例。这并不完全是绘画技巧不发达的问题，而是因为古代中国男人确实没有古希腊、古罗马的那种女性身体审美观，更不知道什么"三围"之类的标准。可是当下的中国，一些女性已经在互联网上发布自己的裸体照片，而且越来越多地与"性"联系起来。

所以，现在需要讨论的，并不是价值意义上的女性的身体究竟是美的、性感的，还是"性"的，而是事实意义上的问题：在谁的眼里，它才是这样的？是谁，怎样构建出来的？只有深入到这样的层次上，我们才有可能去讨论由此产生的一系列问题，例如身体语言、身体的表达、身体写作等。

女性在性化中被阶层分化

21 世纪以来，阶层分化加速，阶层差别加大，成为一个显著的社会发展特征。这个过程与性化相结合，就形成了"性化程度＝地位的象征"这样一种社会现象。

对此发挥了很重要作用的是，权贵阶层的种种特权消费，成为性化的表率与示范。例如数位美女服务员给一个"成功男士"喂酒喂饭等。

因此，在很大程度上，性化也就是阶层化。它既是贫富差距日益扩大的标识之一，也是整个社会日益分化的推动力之一。在日常生活中，中国人不难观察到：一个人的性化的程度其实就是他（她）的社会地位的象征，例如一个"土里土气"的妇女为一个"新潮少女"服务，也许是因为"新潮少女"的性化程度高，她才能获得更高的社会地位；也可能是因为她的社会地位高，才不得不更加性化起来。反之，对那个"土里土气"的妇女也是一样的。

性化的意义与理论分析

性化是多元化的开端

对于刚刚从"文革"的"无性文化"中走出来的中国人，性化无疑是一个伟大的进步。它是性革命已经成功的产物。

在性化的时代中，最主要的矛盾已经不再是"解放"与"禁锢"的争斗，而是日益甚嚣尘上的"时尚"与"个性"之间的冲突。

性化的主要发展方向，已经不再是冲击传统的社会刚性结构，而是嵌入普通人的生活，解构甚至是消解中国人近百年来所形成的"情爱—性爱文化"。

性化也不再由传统的政治控制力量来主导，而是被各种商业化的社会力量所操纵，例如资本、传媒、官化的知识精英等。

性化是一个无法停下来的过程，它总会发展下去。它也总会带来它的对立面——个体主义与本土化运动的抗争。这是好事，是对于中国社会的一种促进。在"性"这个最容易调动人们情感的方面进行民间的争论，实际上就是言论自由的一种预演。它终会使中国人逐渐明白：我们所提倡的多元平等不是一方胜利，另一方失败，而是人人都有平等的发言权而且在博弈中形成社会发展的合力。

性化所带来的认同焦虑

性走出了禁区，也走下了神坛。于是生活在21世纪之初的中国人，尤其是年轻人，不得不思考这样一些基本的问题：

在性的消费化中，我哪儿去了？

没有"性福"＝不健康，不是人？

性别之性：同质？差异？对立？

性，能承载什么、多少？

总而言之，"我正常吗？"这样的自我怀疑，在性化的时代只会增加不会减少。其中有如下几个最显著的现象。

美女帅哥崇拜压抑了普通人彼此之间的欲望，例如城市白领阶层的结婚率（甚至可能是性交率）在逐步下降，其中一个重要原因就是在性化的笼罩之下，无论男女都更加可能不是好高骛远，就是自惭形秽。

我从 2000 年到 2015 年的四次全国性调查发现：无论男女，无论年龄，中国人对自己的魅力程度的自我评价，都大幅度地下降了。

性技巧崇拜降低了爱的感受，带来了对于"杂技动作"的需求，例如在性产业的一些场所里，已经出现了"28 种玩法"。

同性恋浮出水面，使得一些年轻人对于自己的性取向开始没把握了。至少在大学校园里，已经出现了一句时髦话："我的性取向还没决定呢！"

这些自我怀疑，在以往的时代中也不是没有，但是那时候第一规模小；第二因为怕招人耻笑，很少有人敢于表达出这样的疑问；第三其他人根本不加理睬，置若罔闻。然而，在性化的时代里，别说大多数年轻人，就连一些中老年人也开始被搞糊涂了。

如果说 20 世纪 80 年代开始的性革命还主要是冲击社会意识形态，那么 21 世纪以来的性化就是切实地改变了中国人的日常生活，尤其是改变了人们的内心结构。

既有的解释均已失效

在社会舆论中，对于中国性文化的既有各派观点都是建立在它们自己的基本假设之上的。

首先来看各种主张坚持传统的观点。它们都是从堕落的假设出发来反对"性混乱"的。那么为什么会堕落？最流行的三种假设：其一是经济发展假设，也就是"饱暖思淫欲"；其二是对外开放假设，也就是"飞进几只苍蝇"；其三则是代际差异假设，也就是"一代不如一代"和"救救孩子"。

这些主张坚持传统的观点貌似足以自圆其说，却有违逻辑。如果说经济发展、对外开放和代际差异这三个被假设的原因都是历史的必然并且给中国人民带来了巨大的福祉，那么岂不是恰恰证明了随之而来的性的变化也是必然的和带来福祉的？怎么就能够推论出是堕落？正是由于这些观点的这种逻辑缺陷，它们对于中国社会实际生活的影响力日渐衰微。我也就不再多加讨论。

再来看各式各样的主张自由的观点。它们的基本判断都是此前的中国存在着性压迫（性禁锢、性压抑），因此它们都主张要争取性权利（性人权）。那么究竟有哪些性压迫呢？最主要的假设也有三种：其一是封建传统假设，就是认为传统对于性与性取向进行禁锢；其二是公权力假设，就是认为政府在控制和干涉私人的性活动；其三是男权假设，认为父权制就是对于女性之性的压制。

但是从逻辑上来看，这种思维遵循的仍然是二元对立的斗争路线，主张的仍然是推翻与打倒的"改天换地"。这当然有其历史依据，因为在"文革"中，性的精神禁欲主义被发展到了极致，基本覆盖了当时的所有中国人。作为一种反动，80年代出现这样的思潮不足为奇。

可是时至今日，中国的社会生活已发生了如此巨大的变化，使得这一新的传统也遭到了严重的挑战。

首先，经过40余年的改革开放，"文革"的那种精神禁欲主义已经土崩瓦解，性革命已经完成了其任务而且失去了它的敌人。现在我们面对的是多元化和多样化的"乱世英雄起四方"，性领域中的各种新事物层出不穷，百花齐放。它们之间已经不再是也不可能是一对一不共戴天的关系，也没有出现任何协调一致的可能性。这种状况下，谁来革谁的命？革得动吗？

其次，当今的中国人尤其是年轻人，受到的最大影响既不是来自社会设置，也不是来自任何一种具体的、完整的思潮，而是来自"性方面的时尚"，也就是在日常生活中铺天盖地却又潜移默化的那些对于性方面的各种流行文化与时髦表现的描述、推崇与引导。它的作用力随着互联网、自媒体和消费文化的发达而倍增，足以制约个人选择，常人很难抵御，已经造成了普遍的"逃避性自由"的社会倾向。

最后，现在中国已经不存在任何一种社会力量在主动地推动或者阻击性文化的发展。任何关于性的争论与冲突，正在日益非组织化和非意识形态化，日益变成个人与个人之间的、生活的而非政治的、肉欲的而非道德的争执。

因此说，既有的任何一种观点或思想流派，都无法解释当前中国性文化的现状，更无法分析其来源与演变机制。从思维方式来看，既有的各种观点都囿于归因法，缺乏建构主义的视角。由此，我展开以下分析，试图论述性文化现状的运行及其机制。

源于弥散，走向炫彩

上面所描述的一切，都是当今中国人的主体建构、自由选择和文化创造。这是八九十年代中国性革命的持续发展，但是在其运行机制上却发生了质的变化。

近年来中国的性文化即使被解构了，也并没有形成新的结构，没有与原来的结构形成对立，甚至就连与原结构的关系也在日渐弱化。这一结果应该被更加确切地描述为"雾状的弥散"。

例如据我 2015 年的调查结果，在人们通常认为应该是发生在陌生人之间的"一夜情"里，实际上有 40.9% 是发生在原来就认识的两个人之间。这种情况已经远远脱离了原有的"性、爱、婚"结构却又并不与之对立，变成了"熟人之性"这样一种崭新而又模糊的性关系形态。

再例如，在 2010 年和 2015 年 18—61 岁的总人口中，14 岁之前就被迫有过性接触的女性分别占 4.9% 和 3.1%，可是有过同样遭遇的男性却多于女性，占到 6.3% 和 5.3%，而且性接触主要是来自同性。这就是说，以往那种"只有女童才会被欺辱"的社会形态崩溃了，可是又没有构成"女人欺辱男童"的相反模式，反而是凸显出男男性接触之存在。因此，这就不是简单的解构，而是性的弥散。

弥散的结果就是"全性的炫彩呈现"，在历史分期上则可以视为性化时代。炫彩，就是五彩缤纷汇聚而成的绚丽。它没有确切的完形与边界，也没有确定的分布与构成，呈现为非结构化与非系统化，无法被类别化，也无法被定量地拆解分析。它就像是雾，既是整体的又是弥散的。虽然可以从外部和内部来观察、确认与定性，却无法再用经典的认知方法来加以描绘。

当今"全性的炫彩"的运行机制主要包括以下三点。

首先，它的主体已经不再是整体化的人民，也不仅仅是阶层或群体，而是个体，是主体化的个体。这是因为"全性"的至少十个考察维度[①]可以出现天文数字的排列组合形态，而任何一种形态的载体已经不再可能是规模较大的人群，只能是个体。

其次，即使是十个维度的任意排列组合，其构成已经不再是清晰明确的各个"因素"，也不再是轮廓分明的各个"域"，而是斑斓的"色彩"。这是因为在任何一个维度下，性的形态都是一种光谱式的呈现，维度的排列组合则更是必然如此。

最后，在色彩与色彩之间，以往那种直接的、明确的、线性的相互关系已经极大地弱化，而是呈现为或重叠、或融合、或游离、或辉映的千姿百态的整合，就像一幅无边界的印象派图画。

总之，上述"全性的炫彩"的生活实例，如果按照至少十个考察维度来看，就是这样的一位中国人：1. 正值壮年，2. 但"性趣"不那么强，3. 很重视性生活，4. 但又心虚，5. 异性之性多于同性之性，6. 魅力十足，7. 社交频繁却又谨小慎微，8. 已分居未离婚，9. 其他性伴侣和非

---

① 具体包括生物基础、社会寿命、价值观、心理、取向、权利、交往、关系、行为、感受。

主流性行为较多，10.性技巧贫乏却自得其乐。那么，我们应该把这个人定义为什么样的人呢？应该归类到什么阶层或群体呢？这个人的任何一种具体状况还具有确定性吗？还可以进行经典式的因素分析或者还原归因吗？

正因如此，我们对于性文化的运行机制的认识，也就不应该继续纠缠于先天论（本质主义）和后天论（建构主义）的争斗，不应该再局限于男女二元对立的分析框架，更不应该保留任何"唯道德主义"的残余。我们进行研究的理论假设也应该从事物的同一性，发展到"光谱式存在"，再走向"雾状弥散"。研究的视角则应该从二元对立走向多元互动，走向系统作用，再走向混沌运动。这既不是理论的逃匿，也不是不可知论，而是试图给出一种描绘社会现实的新途径，只不过我目前还缺乏足够的可用概念体系与操作方法而已。

当然，性文化的这种弥散，与中国社会的整体变化密不可分。多位学者已经从社会分层的角度论证了它正在从金字塔结构到"倒T形"到"原子化"到溃败，就不再引述。我与他们的不同之处仅仅在于更加乐观：全性是具有生物基础的，无论社会如何风云变幻，全性还是会存在与发展的。我们所需要的，只是性文化的推动者们应该把自己的奋斗目标从阶级斗争或救国救民式的性革命，尽快地转向争取个人"性福"的公民日常活动。

2014，阴阳：本土性别之构建

1997年2月，一个当时在欧洲留学的朋友介绍我去参加一个国际会议，题目居然是"阴阳思想与人类进步国际研讨会"，组织者居然是欧洲最著名的那个女权主义组织，地点居然在新德里！那时候我对西方女性理论的不同流派知之甚少，只顾跟着那种唯男女的、二元对立的社会性别理论走，所以就沾沾自喜地宣读了自己的英文论文《中国阴阳思想的含义与它对当今世界的意义》。

没想到，包括非洲在内的12个国家的男女们其实对于阴阳思想早已烂熟于胸，集中讨论的是如何把阴阳思想运用到当代全球的男女平等思潮与社会运动中去。这对我来说不啻醍醐灌顶，但是由于英语口语太差，我与别人的交流如云似雾；更由于理论基础太差，我很长时间内都没有真的理解这次经历究竟意味着什么，只是写了一篇介绍《阴阳思想对女权主义的挑战》。

直到我退休之后，终于才把长期以来的思索归拢起来，写成本章的内容，呈现在这里。我不是试图提出什么新理论，仅仅是希望把自己的想法留下来。

阴阳与性别：中西方的差异

在西方历史上，sex这个词来自罗马时期的拉丁文中"分开"这个词根（sexus）。它从一开始就是强调男女的"分"。可是在中国古代汉语里，阴阳却从一开始就是"合"在一起的。我认为，这也是中国古人对于性别这个现象的最基本的理解，而且很可能是中国性文化与西方的最根本区别。

中国的阴阳思想产生得非常早，但是至汉代的时候才开始明晰，到宋明理学才被确立起来，成为儒家与道家实际上共同信奉的一种基本哲学。它的具体表达就是朱熹的"太极图"①。

可是在 1950 年之后的中国现实生活中，阴阳哲学的实际影响力却被极大地削弱了。这使得 20 世纪 90 年代以来的中国出现了这样一种奇怪的现象：几乎所有讨论社会性别问题的人，都在拼命地引用各种各样的西方理论，却忘记了（甚至根本就不知道）在中国古老的阴阳哲学中实际上渗透了一整套关于社会性别的思想。尤其是，某些人在凶狠地责骂中国的父权制社会，却没有注意到（也许根本不知道），在阴阳哲学的指导下，中国的历史与西方究竟有什么不一样的地方。更没有人意识到，中国古代的阴阳哲学其实并不是西方传来的社会性别理论的思想敌人，反而是殊途同归，更应该是促进后者不断进步的思想源泉。

当然，在中国古代，阴阳绝不等于男女，而是比性别大得多的一种概念。阴阳哲学也绝不是关于社会性别的专门认识，但是依据儒家的"天人合一"的思想②，阴阳包括男女③。因此，本章试图对阴阳哲学做出解释，而不是去考证历史上的人们是怎么说的，不是讲述思想发展史，仅仅是为了在社会性别研究中提供一个新的视角，哪怕是引来责骂，也比浪费掉这个宝贵的资源要好。

下面论述的阴阳哲学是主要方面，每一个都是最古老的中国特色，都不同于西方唯科学主义的思维传统，也不同于西方的各种激进主义。

---

① [清] 杭辛斋《周易杭氏学》：《易》注自宋以前未尝有图也。……至朱子《本义》，取邵子河洛、先后天八卦、大小方圆各图，与其改订之卦变图，弁诸经首，历代宗之。
② [汉] 董仲舒《春秋繁露》：天有阴阳，人亦有阴阳。
③《黄帝内经·素问》：阴阳者，血气之男女也。

请读者参照这个"太极图"的现代表达,细细看来。

第一,阴阳有别,却是相依共存

阴阳虽然有别,但是相互依存,不可分割,共同存在于同一个更大的整体之中,并不是相互分离的,而是"阴阳相依"①。尤其是,阴与阳必须相互结合,必须要放在一起,才能够形成一个整体,就是那个太极图,民间叫作"阴阳鱼",没有只画一个阴或者一个阳的。

也就是说,阴与阳并不是首先各自独立地存在,然后才结合在一起,而是从一开始就是一个整体的两个不可分开的组成部分。

但是西方的 sex 就是分开、分离的意思,从亚里士多德就开始说,到罗马时代的拉丁文里就定型了,一切拉丁语系的现代概念都来源于此。至于"床上事"的这层意思,是后来才加进 sex 的。

阴阳哲学认为,不是男人与女人组成了社会,而是一个社会如果缺少了任何一个性别,就根本无法存在。因此,在阴阳哲学看来,社会性别之间的斗争,就像手与脚互相打架一样荒谬。

第二,阴阳有界,却也模糊无定

阴阳在太极图中虽然有黑白两种颜色,但是黑色部分与白色部分之间的分界线,并不是一条直线,而是一条曲线。这条曲线的意思是绝对不可以把一个圆形从中间平均地一分两半,然后说这一半是阴,那一半是阳。阴与阳并不是各占整体的 50%,任何一个组成部分都可能超过

---

① [清]胡煦《周易函书约存》:无着之际但其中有阴阳相依之理。

或者少于另外一个组成部分。有的时候会出现阴少阳多（阴虚），或者反过来出现阳少阴多（阳虚）。虽然这种情况是不好的，但却并不是不可能的，更不是荒谬的。也就是说，阴阳哲学认为：阴与阳的区别，仅仅是一种定性的划分，并不存在一种固定不变的定量的关系。阴阳相合，就成为同而不分。①

可是西方的 sex 是截然割裂的，男就是男，女就是女，壁垒森严，不承认任何一种变形，更不承认中间状态。因此犹太教——基督教才更加残酷地镇压一切性少数。

其实，按照阴阳哲学来看，恰恰是西方人走错了路，错误地把男与女绝对割裂了。可笑的是，现在中国的一些被西化的学者也跟着西方人跑，一方面批评中国古代的"性别模糊"，另一方面又批评"男权社会"，却根本没想过，这两个概念其实是相互矛盾的，不能同时批评。

第三，阴中有阳，阳中有阴

在太极图中，黑色的部分中有一个白块，白色的部分中有一个黑块。这表达着这样一种思想：阴中有阳，阳中有阴，阴与阳是你中有我，我中有你②，不是黑白分明。儒家主要从"大宇宙"的角度来论述，道家则从"小宇宙"的角度相信"男兼女体"③是可能的。可是西方现代思想恰恰是建立在定义必须明确、排他的基础之上。你中有我，我中有你，这种说法被认为是概念混乱、不合逻辑，根本就是胡说八道。

其实，在 20 世纪 70 年代笔者找对象的时候，老人就告诉我，应该找"男人女相、女人男相"的对象。也就是说，男人应该有一些女人的特质，这样才能更加温柔地对待自己的妻子；女人则需要有一些男人的特质，以便在危难来临之际也能多少抵抗一下。后来我结婚的时候，也

---

① ［清］尚秉和《周易尚氏学》：盖阴阳未合。有阴阳之分。阴阳既合。则和同混一而不分矣。故曰同。同则通。
② ［清］王夫之《张子正蒙注》：如男阳也而非无阴，女阴也而亦非无阳，敬按：如气血魂魄之属，男女毕具，是阳必具阴，阴必具阳也。
③ ［宋］翁葆光《紫阳真人悟真直指详说三乘秘要》：素练郎君，白头老子，男兼女体。

有老人称赞我们夫妻就是"夫有妻气，妻有夫气"。

与此相反，那些极端"男人气"或者极端"女人气"的人物，在中国古代文艺作品中往往是遭到贬低的，例如，凶猛无比的武将张飞，就不像温文尔雅的另外一个将军关羽那样受到褒扬。同样，那些弱不禁风的女子也往往受到贬低①，人们更加喜欢的是那些能够与丈夫共患难的妻子②。

可是在西方历史上，你只能说这个男人有点儿"像"女人，绝不能说他有一部分"是"女人。因为这不合西方的逻辑。

第四，承认中性，不拘两极

道家思想承认"中性"的存在③。因此，中国古代不但有"兼男女体"的历史记载和中医论述，也有阴阳人的传说④，甚至有喜欢阴阳人的说法⑤。可是自从五四以来，这些都被粗暴地作为"封建迷信的糟粕"一扫而空，却没有从思维方式的层次上来发掘与发扬。

第五，阴阳互变，确有可能

阴阳哲学认为，黑与白、阴与阳是可以互相转变的。在太极图中，大白色中间的那个小黑色是可以逐渐长大的，直至把所有的白色都变成黑色。同样，大黑色之中的那个小白色也可以逐渐长大，把黑色全部变成白色。

中医认为，这两种情况都是生病⑥。虽然从价值观来看这是坏事，但是从认识论来看，这并不是不可能的。还有许多男人变成女人或者女

---

① [清] 钟毓龙《上古秘史》：这些女子，从此都是弱不禁风成为废物。
② [清] 省三子编辑《跻春台》：一心要赎小女百年偕老，同生死共患难两不分抛。
③ [宋] 彭耜《道德真经集注释文》：道兼阴阳，有阴有阳，有阴阳之中，此三物者，始应一二三之数。
④ [清]《全唐文》故有男兼女体，则铅内产砂。女混男形，则砂中生汞。
⑤ [明] 秀水沈德符景倩《敝帚斋余谈·人疴》：人生具两形者，古好有之。
⑥ [清] 顾世澄《疡医大全》：辨其阴阳。有先阴变阳者，有先阳变阴者，有前后俱阳者，有前后俱阴者。

人变成男人的故事,其中最著名的就是"蓝道婆"的故事①。此外,中国的佛家经典认为女人可以转化为男人②。但是这种思想是否是原始佛教的本意,是否渗入阴阳哲学,都没有定论,因此略过不论。

最典型的例子就是男女同性恋被解释为阴阳交合的一种变异形式,也就是"把男人当作女人来用"或者"把女人当作男人来用"。这就是因为阴阳哲学承认它的客观上的可能性,所以社会才会相对地宽容它。同样,20世纪80年代以后在中国出现的变性手术与变性人(例如演员金星),都没有受到很大的社会压力,也是因为在阴阳哲学中已经包含了这种可能性。

反之,西方历史上的sex,男人和女人别说互变,就连穿异性的衣服也被判定为"异装癖",是性变态,甚至是犯罪。

第六,阴阳协调,本是正道

阴阳哲学认为,整体的最理想的状态是"阴阳协调",而不是相互冲突,更不是自相残杀。不但主流的儒家这样认为③,道家也这样认为④,就连佛家也有这种思想⑤。中医可以算是最好的典型,凡是阴阳不协调的情况,都会被认为是生病;反之,几乎一切疾病也都被归结为阴阳不协调⑥。

当然,阴阳协调并不等于双方平等,更不是在数量上的双方相等。例如,中国古代最突出的男女不平等的口号就是"男尊女卑"。可是当时的社会认为,恰恰是只有这种不平等才能形成与保持阴阳协调。

---

① [清] 褚人获《坚瓠集》:载嘉靖中瑞州蓝道婆。皆身具男女二形。假女红奸人妇女。事露刑死。
② [清]《乾隆大藏经·大乘五大部外重译经·第0233部·佛说转女身经》:修何善行。得离女身速成男子。能发无上菩提之心。
③《礼记正义》。
④ [汉] 阴长生《周易参同契注》。
⑤ [南北朝]《佛说长阿含经》。
⑥ [明] 张景岳《类经》:节阴阳而调刚柔。

第七，阴阳运行，动态过程

太极图里还有一个思想：阴阳之间的关系是一个不停地互动的动态过程，而不是静态的模式①。只不过由于古代的绘画技巧不发达，所以无法表现出来。在现在的互联网上，许多道教的网站就把太极图设计成不停旋转的，因为这样才更加准确地表达了阴阳哲学的精华。

这就是说，阴阳运行其实是一个生生死死的过程②，对于一个人的健康来说，一生中的任何时候都可能出现阴阳不协调，因此生命是一种不断的追求，而且只能存在于这种追求之中。一旦停止追求，阴阳停止运行，生命也就不存在了。

可是在西方的sex的概念体系中，不仅没有这样的思想，而且在现代医学出现之后，干脆认为这就是胡说八道。

第八，合阴阳，即为"纯性"

合阴阳的思想，儒家就有，但是没有明确地指向男女之间的性交③。可是道家，尤其是房中术，却一直紧紧围绕着合阴阳而论述④。李零教授⑤研究中国古代方术之后，总结出"房中术"的第一要义就是"合阴阳"。尤其重要的是，它不涉及怀孕与生殖的事情，而是一种"延天命，通神明"的手段。这就是一种"纯粹的性"，或者说，全世界的农业社会都曾经对"性的唯生殖目的论"坚信不疑，唯有中国的道家除外。当然，反过来也可能是因为，中国的道家一直不知道性交可能导致怀孕这个生殖机制。所以儒家是言必称夫妇，而道家则是言必称男女。

但是无论如何，西方历史的主流中从来没有这种思想。

---

① [宋] 曾慥编集《道枢》：夫日为阳、月为阴，阴阳运行，故有生死焉。若夫阴阳不交、日月不错、四时无度，万物不生则安复有生死哉？定息者何也？
② [南朝梁] 萧统编《文选》：家语，孔子曰：化于阴阳，象形而发，谓之生；化穷数尽，谓之死。
③ [清] 廉方俊《全唐文》：有以通天地而为化，有以合阴阳之至神，与道兴灭，随时屈申。
④ 在最古老的汉代出土文物马王堆简帛中，合阴阳的论述随处可见。
⑤ 我的朋友，北京大学古文字和古文化著名专家。

第九，阴阳互补，生生不息

道家体系中的房中术就是专门论述"采阴补阳，采阳补阴"的。虽然儒家和佛家都对其嗤之以鼻，甚至口诛笔伐，但这种思想却是阴阳哲学的产物之一，也是在世界历史上很罕见的。它当然与西方的 sex 概念体系南辕北辙。

第十，和为贵，必行中庸

"阴阳和合"①的哲学思想主要来自道家②。为了实现它，就必然实行"中庸之道"③，就是主张"适可而止④、过犹不及⑤"。某些激进主义者当然可以轻飘飘地批判这是"和稀泥"。可是汉族历史上，那些十室九空、赤地千里的大灾大难，究竟是人们"和稀泥"造成的，还是"斗"出来的？

由于实行中庸之道，中国古代对于女性的歧视和压迫都是有一定限度的。最著名的例子就是"七出"，就是丈夫有七个理由可以"休妻"，但是还有"三不去"，就是在三种情况下，丈夫不可以休妻。⑥这就是有限度。

反过来看，西方历史上直到公元前 1 世纪末，古罗马的法律仍然规定，丈夫杀死通奸的妻子不为罪。后来到了基督教时期，圣·奥古斯丁首先发难。他认为，既然上帝只创造了亚当，夏娃只不过是亚当的一根肋骨，那么上帝是否赐给女人灵魂就很成问题了。585 年，这个问题严重到必须提交到在法国马孔召开的各省宗教会议上去讨论解决。最后经过表决，女性仅以一票之多被承认拥有灵魂。在他们的宗教语言中，没有

---

① [唐]《太上老君说安宅八阳经》。
② [金] 张从正编撰《儒门事亲》：岂知妇人之孕，如天地之孕物也。物以阴阳和合而后生，人亦以阴阳和合而后孕。[南朝梁] 陶弘景集, [唐] 李淳风注《太上赤文洞神三箓》：阴阳和合，万事皆从。
③ [汉] 郑玄注《礼记注疏》。
④ [宋] 朱熹《四书章句集注》。
⑤ [魏] 何晏《论语注疏》：子曰过犹不及。
⑥ [唐]《毛诗正义》：妇有七出：不顺父母出，为逆；无子出，为绝人世；淫佚出，为其乱族；疾妒出，为其乱家；有恶疾出，为其不可供粢盛；多口出，为其离亲；盗窃出，为其反义。有三不去：有所取，无所归，不去；与更三年丧，不去；前贫贱后富贵，不去。

灵魂就不是人，女性就靠这一票，才危乎其危地进入了人类的行列。但是中世纪教会法律中公然申明："唯有男人才是按上帝的形象创造的，女人不是。因此女人应该为男人服务并做男人的女仆。"① 中国历朝历代可没有这样的文字。也是由于中庸之道，中国古代对于同性恋的歧视也是有限度的。在西方中世纪，同性恋是要处以火刑的。中国完全没有这么残忍的事情。

当然，有限的压迫也仍然是压迫，可是总比无限的压迫好一些吧？如果咱们的研究连不同程度都不讲，那这种研究就没有存在的价值了。

当然，中西方历史的不同，绝不表明孰优孰劣，根本原因是双方的基本哲学不一样。阴阳哲学只能产生中庸，而二元对立的 sex 哲学就只能产生斗争。

不同的历史造就不同的认知

阴阳的本意，其实就是共生 + 依存 + 和合。这不是什么伟大天才独自发明的，而是来源于中国古代数千年艰苦的、分散的小农生活。在农业社会中，男女的性别分工很不明显，所谓"男耕女织"其实就是共同解决吃穿二欲，缺一不可，无分贵贱。因此只有共生 + 依存 + 和合的生活方式才可能共同抵御天灾人祸。反之，任何形式的割裂与互斗都不利于整体社会的运行和个人日常生活的维持。

西方现代文化来源于古希腊古罗马文化，从一开始就渗透着外贸与商业的气息，性别分工明显而且固化，当然必须用 sex 来强调两大性别的分开、相对独立与互相博弈，才能维持社会与文化的延续，而且这也不是什么人独自发明的。

性别形象的中庸

在阴阳哲学和中庸之道的指导下，我们中国从来没有古希腊古罗马

---

① O. A. Wall, *Sex and Sex Worship*, St. Louis, 1922.

文化中那种阳刚男性，就连岳飞这样的战将勇将也被称为"儒将"。中国古代主流的和正面的男人的社会形象是"谦谦君子"①，是"和柔为君子之道"②。相反，古罗马战士那样的中国男人被称为"赳赳武夫"③，是被贬低的。宋明理学之后，三教合流，直到现在在佛教寺院里，威武雄壮的男人只是门神，就是一种工具而且寄人篱下。菩萨们都是温香软玉、慈眉善目，怎么看怎么像女的。可是菩萨实际上君临天下统领万物，包括统领男子汉气质十足的四大金刚。

自从五四以后，学术界普遍认为，中国男人是以"阴柔"为主。这当然也是历史的客观产物。在中国的皇权制度之中，古希腊古罗马那种独立自主、威武不屈的男子汉形象，根本存活不到今天。

同样，中国历史上没有维纳斯，也没有那样的女性身体的审美观。过去描写中国女性之美，全都是"沉鱼落雁④之容，闭月羞花⑤之貌"，全都集中在脸上。对于女性的乳房，几乎全都是论述其病症，没有检索到任何具有审美意义的词句，即使在诗词里也没有。对于女性整个身体的审美更是罕见，例如著名的"楚王好细腰"⑥的典故，其实说的是男人的细腰，用于女人的很少⑦，无法形成对于女性身体的整体形象。

这是因为，传统文化对女性强调的是"三从四德"，"妇容"仅仅是四德之中的一个⑧。虽然在汉代的时候还说"妇容婉娩"⑨，多少有一些面

---

① 《周易》。
② [汉]郑玄注《礼记正义》。
③ [唐]《毛诗正义》。
④ 《永乐大典残卷》。
⑤ 《御定曲谱·钦定四库全书·集部十》。
⑥ 《墨子·兼爱中》。
⑦ 例如[唐]温庭筠《陈宫词》有：妓语细腰转，直到[清]虫天子《香艳丛书》中才出现较为细致的描写：玉熙宫女细腰肢，舞态能含灯影随。
⑧ 侯灿《解放后新出土吐鲁番墓志录》中收录的No永徽025，表彰唐朝的贵妇人是这样说的：刺史夫人刘氏，郎将夫人陈氏，并质生贞洁，体貌温恭。四德不亏，六行无失。而年甫初笄，爱归王氏。道穆帷房，德谐琴瑟。捧口中则，举动合仪。
⑨ [汉]郑玄《礼记正义》：婉娩合为妇容。此分婉为言语，娩为容貌者，其意以此上下备其四德，以婉为妇言，娩为妇容，听从为妇顺，执麻枲以下为妇功。

部审美的意思,但是后世却明确地说:"妇容者,不必颜色美丽。"① 因此女性美的外在表现不是身体的呈现,而是行为仪表的"端庄"②,哪怕长得丑也无妨③。这才是一种很重要的性别压迫。女性的身体都给搞没了,灵魂何在?又何谈平等?

当然,现在高度西化了,咱们中国人不但搞出来一个所谓"中性化"的概念,还出现了一堆新的贬义词,例如"女汉子""伪娘"等。这不仅在生活实践中形成了对于那些不符合社会性别形象的人的贬低与歧视,而且在文化上推动了中国人的思维简单化与固态化,走向黑白对立的愚蠢。

其实,阴阳中庸很可能才是最接近性别多元化思想的本土文化传统,唯一的问题是你愿不愿意承认,想不想反思自己。

中国男人的"君子人格"

中国大多数男人直到现在还追求一种君子人格,就是正人君子④。早在春秋末年,卜子夏的《子夏易传》中就明确提出:"否者,小人之道也。泰者,君子之道也。反其类不可以相从也。"君子人格必须要有一套恰当的举止做派,比如:雅致、从容不迫、文质彬彬、温良恭俭让。⑤

在中国古代的这种男性气质里,包含着浓厚的性的精神禁欲主义,佛家思想自有其宗教根源,暂且不论。就儒家思想而言,这就是"君子不好色"⑥。唐代的《毛诗正义》中就开始提倡:"经(《诗经》)之所

---

① [元] 范立本《明心宝鉴》。[明] 邵经邦《弘道录》。
② [清] 省三子编辑《跻春台》:服满娶妻冯氏,系幼时所聘,乃大家女,性情贤淑,端庄稳重,女工娴熟,容貌秀美,不好艳妆,不喜谑笑。还有:郭娶贺家人女,容貌秀美,性情温和,女工娴熟,言语精伶,勤而且俭,贤而又顺,夫妻最相亲爱。
③ [汉] 刘珍等《东观汉记》:梁鸿乡皇孟氏女,容貌丑而有节操,多求之,不肯。
④ [宋] 刘熵《云庄集》:雄浑简重如正人君子服古衣冠端坐拱手致人肃敬喜仰不厌。
⑤ 毛泽东在《湖南农民运动考察报告》中是痛斥君子人格的:"革命不是请客吃饭,不是做文章,不是绘画绣花,不能那样雅致,那样从容不迫,文质彬彬,那样温良恭俭让。"
⑥ [清] 严可均《全上古三代秦汉三国六朝文·卷二十二》:王问相如曰:"子好色乎?"相如曰:"臣不好色也。"王曰:"子不好色,何若孔墨乎?"相如曰:"古之避色,孔墨之徒,闻齐馈女而遐逝,望朝歌而回车,譬犹防火水中,避溺山隅,此乃未见其可欲,何以明不好色乎!"

陈，皆是古士之义，好德不好色之事。"这种思想后来在民间通过戏剧与小说，被普及到人尽皆知的地步，成为中国男人学习和仿效的社会偶像。

民间传统中的中国男人都有两个英雄榜样。第一个是关公——关云长。在民间社会里，他之所以被捧进了无处不在的关帝庙，很重要的一个方面就是他的"义"，就是因为他千里走单骑，带着两个皇嫂，荒郊野地的谁也看不见，可是人家关云长每天晚上秉刀肃立，站在皇嫂的帐篷外面放哨，绝无非分之想，连偷窥都没有，所以才被尊为"忠义昭日月"的大神，被人世代供奉①。

第二个是孙悟空。取经路上无论遇到什么白骨精还是蜘蛛精，再风情万种的女妖精，老孙就是目不斜视！相反，八戒虽然也是辛辛苦苦的，可就是因为老想着娶媳妇，就被贬低为一只猪。

这种君子人格的传统非常普及，非常强大。

性欲较强的人在男人里面更多，那么究竟是什么东西在控制着那些性欲强的男人不去随意地进行性活动呢？除了法律与道德之外，就没有一丁点儿内在的、主动的自律？为什么在如今的监狱里，最被看不起和最受欺负的是强奸犯？

君子人格就是这种男性自律的重要组成部分。我们需要去探讨：那些明明有机会却不去性骚扰，不去性侵害的男人，是不是君子之道发挥了作用呢？或者说，反对性骚扰或性侵害，难道只有严加惩处这一条路？为什么不可以调动君子人格的强大内驱力？

当然，某些人可以从一千种角度来批判这种君子人格，可是如果连它的存在都不知道，甚至要否认，那么，我只能怀疑他们另有所图。

男同性恋的本土认知：将男作女

《康熙字典》里是这样记载的："律有娈奸罪条，将男作女。"这个

---

① 鲁迅《中国小说史略》：惟于关羽，特多好语，义勇之概，时时如见矣。

象形文字表达的就是这个意思，就是把男人的下半身换成了女人。请大家绝对不要再写作"鸡奸"了①。

中国历史上一直存在男同性恋，但是没有这样的词儿。历朝历代不断变化过很多种称呼，但是一直没有一个统一的、传承下来的抽象概念。历史上有此罪，但是没有"男男性行为"这样的定义。不是因为你跟男人过性生活就是犯罪，而是因为你把男人当作女人，才是罪。将男作女，这才是清朝对男同性恋的认识。当然你可以说它错误，批判它，但你先得知道这个事实。可是在犹太教—基督教的历史上，他们认为这不是性问题，也不是道德问题，是"反上帝罪"，是死刑，杀无赦。如果没有西方传进来的这个词，中国哪里有什么同性恋？

更加重要的是，中国社会从来也没有因此就把人分为异性恋和同性恋两类。

明清色情小说里描写过两男两女在一起过性生活，无论谁跟谁做都没问题、没差别。这就是我一直强调的：性本无别，社会强分。也就是说，性行为的实质是摩擦，至于应该怎么摩擦，跟什么性别的人摩擦，在什么样的关系里摩擦，那都是社会强制规定和生产出来的。因此，社会一变，性也必变。

我们当然必须提倡多元性别。可是我们也不得不来解答一下：男同女同（或者任何一种性少数），他/她们还是男人或者女人吗？如果说男同性恋仍然是男性，那不就是本质主义？那不就是根据染色体来判定性别？那岂不是彻底推翻了社会性别理论？可是按照阴阳哲学来解释就通顺了：男同性恋者只不过是"阳里面的那块阴"更大一些而已，所以他们才有可能与男人过性生活。反之，异性恋男人也没有道理去歧视男同性恋，因为你是同质的，也有"那块阴"，只不过相对小一些而已。女同性恋以及一切性少数都可以按照这个思路来解释。

---

① 在1998年出版的《中国性科学百科全书》里面，由于词条错写为"鸡奸"，所以该作者只好解释说：鸡的生殖道与排泄道是同一个，因此用来指称男同性恋。这不但滑天下之大稽，而且遗臭万年。

此外，中国古代对于女同性恋也有一些描述，例如相信她们也可以生殖[①] 等。这里不再展开，只是希望说明：阴阳哲学既然需要解释男男性行为，那么也就需要解释女女性行为，并非一无所知，也不是视而不见。

所谓"异装"问题

我们现在研究的某些"问题"，真的是一个"中国的问题"吗？

清代以来的中国戏曲中的很多旦角都是男人扮演的。往早说，梅兰芳，国宝级的大师；往近说，李玉刚，非常火爆。虽然很可能有女性不能抛头露面，不能演戏，所以只好男扮女装的历史因素，可是，社会既然容许一些男子汉大丈夫去扮女性，那么他们算不算"异装"？社会会因此歧视他们吗？他们自己又是怎么看待自己男扮女装的呢？他们跟现在的"跨性别表演"有什么异同？这些都刚刚开始被研究[②]。

更进一步说，这种"旦角男饰"是一个性别现象？是男权主义？还是一种好奇？还是社会认为性别实际上是可以互换的？为什么中国文化中从来都承认它的存在，却一直不去讨论？

反过来，女扮男装的花木兰受到赞扬，也是因为她替父从军，从来没有人关心她是不是"异装"。也就是说，中国古代虽然一直强调男女有别，但是从来没有把装束作为划分男女的一种标志，更没有成为戒律。因此不但没有"异装癖"这个词，也没有这种意识。

"异装"的概念与实践，其实完全是欧洲特殊历史的产物。因为自从资本主义产生之后，需要越来越精细、越来越严格的生产分工，才开始要求必须把男人和女人首先从装束上截然割裂，以维持社会大生产的必需秩序。所以，凡是违反这个戒律的，就被视为性变态。

现在，西方的性别理论一来，"异装"就变成一个中国的"问题"

---

① ［清］吴迁《新民公案》：……饶氏与嫂同睡而孕……
② 张泉：《掩饰与暴露，越界与回归：〈闽都别记〉中的性别反扮现象试探》，《积淀与反思，2016—2017 中国"性"研究》，香港：1908 公司，2018 年。

了,有人甚至把"异装者"作为性少数的一种。我不知道当事人是不是反对这种说法,但是研究者必须分析清楚,为什么以前的中国人并不这样看待"异装"这种现象,现在又为什么改变看法了。

男尊女卑之基:女性被五种身份封死

中国过去没有"男女不平等"这个词,也没有"父权制"这个概念,实行的就是"男尊女卑"[①],而且历来光明正大地讲,某些家族的祠堂里就挂着这样的牌匾。但是,它有双重含义,不可偏废:第一,当然是男女不平等;第二,女性只是低于男人,但不是奴隶,不是动物。

这来源于中国的婚姻制,既不是一夫一妻也不是一夫多妻,而是普天下的女性,无论大家闺秀还是贫寒女儿,一辈子只能获得五种不同的身份:正妻、小妾、婢女、妓女、尼姑。[②]

这样的性别制度,不但压迫了全体妇女,还挑起了女性内部的利益之争。由于女性的身份只有这五种,所以历朝历代女性最大的幸福就是"明媒正娶,八抬大轿抬回来的",甭管多穷,只要是明媒正娶的正妻,她的人生目标就实现了,她的"地位"就远远高于后面的那四种女人,而且很早就得到法律的保护[③]。

结果,性别矛盾就被转化为女人与女人之间的矛盾。直到今天也是这样。大多数老婆都在骂"小三儿"、防备保姆,大多数良家妇女都在骂"小姐",几乎所有女人都相信"假尼姑,真婊子"。她们怎么会那么理直气壮?就是因为她们站在了女性内部食物链的顶端。

---

① [宋]冯椅《钦定四库全书·厚斋易学卷十八》:恒长男在长女之上男尊女卑夫妇居室之常道也。[清]李光地《御纂周易折中》:恒二长相承者,夫妇之终也,所以论处家之道。故以男尊女卑为象,女下于男,居室之伦正矣。
② 这一节原为1999年我的《存在与荒谬——中国地下"性产业"考察》一书之开篇,其论述为国内仅见,特此收录。
③ 齐国法禁:无以妾为妻。见《孟子》。

《金瓶梅》：女性的性竞争

许多人都知道，这个书名是从书中三个女子的名字里各取一字组成的。金，是潘金莲；瓶，是李瓶儿；梅则是春梅。但是不知人们想过没有，这本书的男主人公是西门庆，为什么不用他的名字？如果非用女人的名字不可，那么西门庆有五个妻妾，一辈子跟 19 个女人有过性关系，作者为什么单单挑出这三个女子的名字来做书名？[①] 我认为，这三个女子是当时三种女性的典型代表。潘金莲代表着一种把爱情、激情和风情集于一身、不守封建妇道的女性。李瓶儿代表着夫唱妇随、传宗接代的贤妻良母。春梅则代表着对主人和主人的后代无限愚忠、鞠躬尽瘁的丫头和女奴。她们都生活在西门庆的身边，尽心尽力地扮演着自己的角色。

如果仅仅如此，作者用她们三人的名字作为书名也不见得有什么高明之处。《金瓶梅》之所以能成为世界文学的高峰，关键在于作者详尽、栩栩如生地描绘了这三个女子之间，尤其是潘金莲与其他女性之间，为争夺西门庆的爱情而展开的连绵不绝的明争暗斗。

从全书来看，潘金莲是先胜后败。西门庆虽然不断地拈花惹草，但终究还是在潘金莲的怀里纵欲而亡。但是在西门庆身后，李瓶儿却由于生了儿子而名正言顺地执掌了家政大权。不过，随着家境的衰微，真正支撑着这个残窝的却是身为丫头的春梅。所以从全书的情节发展来看，它的名字确实应该是金、瓶、梅，而不应该是封建正统所排定的瓶（实际上的正妻）、金（妾）、梅（丫头）。

那么，这三个女子究竟是如何互相竞争的呢？这就谈到主题了——性。

潘金莲认识到西门庆的性能力强，又对孔孟之道不屑一顾，四处风

---

① 参见《〈金瓶梅〉为什么不是"淫书"》，载于《街道》杂志（深圳），1997 年第 1 期。其论述为国内仅见，特此收录。

流,因此要拴住他的心,唯有用更多、更奇、更激情化的性技巧来击败别的女人。潘金莲真的这样做了,而且她自己也是很懂性爱享受的人,使用起性技巧也就格外自然流畅。

后来,潘金莲被娶进西门庆的家,马上暗自打量其他四个老婆,准备性方面的竞争。果然,由于别人"风月多不及金莲",所以她和西门庆"凡事如胶似漆,百依百随。淫欲之事,无日无之"。

谁知时隔不久,西门庆把春梅也"收房"了,而且"甚是宠她"。但更严重的是,西门庆又与李瓶儿(当时是别人的老婆)偷情。潘金莲敏锐地察觉到了威胁,于是跟西门庆约法三章。她并没有傻到要限制或者改造西门庆,她的第三条规定:"你过去和她睡了来家,就要告我说,一字不许你瞒我。"

这可真是天下第一妙计!一来可以表现出自己的宽宏大量,二来可以迎合西门庆爱讲床上事的癖好,三来可以窃取对方的"军事机密"。果然,西门庆中计了。他把和李瓶儿一起看的 24 幅春宫画册带回家来,潘金莲一把抢过去,死也不肯还给他。等到"晚夕,金莲在房中……,与西门庆展开手卷(春宫画),在锦帐之中,效于飞之乐(模仿行事)"。结果"不上几时,就生出许多枝节,使西门庆变嗔怒而为宠爱,化幽辱而为欢娱,再不敢制她,岂能不信哉。正是:饶你奸似鬼,也吃洗脚水"。于是他们俩"颠鸾倒凤无穷乐,从此双双永不离"。显然,潘金莲在与李瓶儿的第一回合竞争中大获全胜。

一旦打响第一枪,战争就连绵无期了。

金莲和瓶儿鏖战正酣,半路又杀出个"程咬金",大老婆月娘原本风情稍逊,此时也加入战阵。潘金莲认定,非打一场大战役不可了。于是她断然策划了"醉闹葡萄架"一场戏。这是全书中最长、最甚的一段性描写。后来的各种"洁本"无不悉数删去,害得我也不能详述。

经此一役,金莲还不放心,书中写道:"(金莲)因前日西门庆在翡翠轩夸奖李瓶儿身上白净,就暗暗将茉莉花蕊儿搅酥油淀粉,把身上都搽遍了。搽得白腻光滑,异香可掬;使西门庆见了爱她,以夺其宠。"

西门庆果然又中计了。

谁料到,家里尚且未见输赢,外面又来了王六儿、爱月、林太太、如意儿、叶五儿、章四儿等一大队人马,都把个西门庆迷得够呛。他不但把自己的七件性工具一股脑全都用在她们身上,还专门找胡僧讨来性药,跟她们性交时用,甚至跟她们信誓旦旦,大有离潘金莲而去之势。

潘金莲原来还在和李瓶儿争,发现新情况以后,接连发起了几次大的反击。终于,金莲彻底胜利了,因为西门庆在和她性交时,服用了过多的性药,一命呜呼,再也不可能被别的女人夺走了。

这些女人,主要是通过性技巧的竞赛来进行争宠之战。这就是《金瓶梅》中性描写的最主要内容。不了解这些内容,我们就不可能明白:西门庆这样一个淫乱之人,为什么总是恋着潘金莲不忍长期离去,以致做了她的花下鬼,别的女人又为什么能屡次从潘金莲的怀里暂时把西门庆夺走。作者把金莲、瓶儿、春梅做出反差极大的对比,甚至定为书名,究竟又是为了表达什么。

尤其重要的是,如果没有这些性描写,我们就很可能忽略了作者的一大功绩:在世界文学史上,作者第一次完整而又深刻地描绘出,男女之间基于性技巧和性生活的高度完美而产生的那种感情。

西门庆对潘金莲的态度,当然不可能脱出当时"男尊女卑"的社会框子。但是我们无法否认,西门庆虽然有过众多的性伴侣,虽然似乎根本不讲恩义,但是他一辈子真正爱的(在他的水平上),还是只有潘金莲一个人。

同样,潘金莲当然也不可能是一个具有现代平等思想和爱情意识的新女性。她的"性竞争"还是为了争宠。但是我们也同样无法否认,她对待西门庆的态度,就是她所能达到的最高水平的爱(就那个时代而言)。

反过来说,他们两个互不理睬才叫爱情吗?我们总不能说,西门庆跟那些过眼烟云般的女性之间才是真爱吧?也总不能说,潘金莲必须是个冷血动物,才可能产生和实现真爱吧?说到底,如果我们要求西门庆遵守《婚姻法》，那肯定是我们自己错了，与《金瓶梅》这本书的好坏无关。

《金瓶梅》所描写的，是一种在双方不断的争斗之中，在与别的女人不停的竞争之中，一步步发展起来的真正意义上的性之爱。而且，这种以性为主线、以性为载体、情与性交融合一的爱情，恰恰是在文学史上空前绝后的。

往后说，《红楼梦》虽然也写爱情，但那完全是另外一种，像诗词，像琴棋书画，甚至有些像是贵族们的矫情。大概这就是历代文人捧《红》而贬《金》的主要原因吧。

即使到了现在，仍然没有什么人能够做到同时审视两大性别（而不是把女人简单化为性机器）、专心塑造个性人物（而不是添加性作料）、如此深刻、如此精妙地描绘出这种性之爱。不管我们能不能认同它所描绘的这种性之爱，我们都无法否认它的巨大价值。

殊途同归：社会性别理论与阴阳哲学

最近30年来，中国引进了现代西方的社会性别（gender）理论，是一大历史进步。中国人民近年来在社会性别方面所取得的一切伟大进步，与其说是社会性别理论引进的成果，还不如说是在古代仅仅被作为一种理想的阴阳哲学，在当今社会的各种新条件中，真的被逐渐落实了。

第一，从性别的分野来看，社会性别理论为了反对sex那种截然割裂的划分，提出性少数的称谓而且可以无限扩展。可是阴阳哲学从来就是这样认为的，阴与阳之间的划分是曲线，不是直线。曲线就意味着模糊，意味着存在多种可能性。

第二，从性别的内部结构来看，阴中有阳，阳中有阴，男人女气，女人男气，这不就是在反对"性别刻板印象"吗？

第三，从阴阳之间的互动来看，阴与阳是可以相互转化的。只是因为我们没有很好地挖掘这个遗产，才会对刚刚引进的"性别流动"的思想顶礼膜拜。

第四，阴阳哲学还主张和谐相处。这恰恰是欧洲那种"生态女权主义"的理想。

第五，阴阳哲学所主张的中庸之道，恰恰最符合刚刚引进的性权利的概念。它包括两个方面：你必须坚持和伸张你自己的性权利，但是你不可以损害别人的同等的性权利。这不就是孔子的理想吗？《论语》的原文是："子贡问曰：有一言而可以终生行之者乎？子曰：其恕乎。己所不欲勿施于人。"其中的第一句就是提倡你坚持自己的权利，第二句则是给你的权利划定边界，不可以损人利己。

从认识论层次上来看：自然科学的发展是阶梯式的上升，是"长江后浪推前浪，一浪更比一浪强"，是新的必然否定旧的。可是人文社会研究却是多元启发式的发展，是"条条大路通罗马"，可以从任何一种理论的源头重新开始。

互斗的性别理论无法普及

首先，任何一种立足于阶级斗争视角的理论，都无法帮助我们在具体的日常生活中解决矛盾。因为按照这种思路，阶级斗争只是手段，最终是要建立无产阶级专政。可是绝大多数普通的中国人，只想解决矛盾，并不想毁灭性关系，更不想专政对方。结果，驴唇不对马嘴，害得主张阶级斗争的人只好大骂中国人"不觉悟，没素质"。

其次，"宣讲仇恨"会扭曲人性。性到底包括些什么？不是光有性骚扰、性侵害、强奸或性剥削，还有性福，还包括一切让我们欣慰，使我们快乐，促我们升华，帮我们建设精神家园的那些内容。可是，宣讲仇恨就是要把我们的生活描绘成暗无天日、悲悲戚戚，才能制造出我们对他人的仇恨，进而帮助一些人去统治另外一些人。

性，当然可能带来烦恼甚至悲剧，但不是每人每时都这样，更不是面对任何一个人都这样。否则，性就会被人民主动抛弃。因此我主张，必须首先研究和宣扬我们天赋的人权，那就是性快乐。然后的问题仅仅是如何使得性快乐更多，以便避免悲剧，而不是反性甚至灭性。

男女日益平等，归功于谁

最近 40 年来，恰恰在被宏大理论所忽视的那些领域中，在西化理论很少讨论的那些细枝末节上，在低俗的日常生活中，我们却看到——夫妻关系越来越平等，性爱婚的完美结合越来越多，青少年的性自主与性创新越来越蓬勃，性少数的呈现与发声越来越得到支持。

这就是说，在中国从经典的男女平等不断走向多元性别之协调的进程中，真正取得进展的并不是在宏大层次上的社会参与，而是在日常生活实践中的点滴积累。尤其是，实现性别平等的最伟大的一块实验田，恰恰是在婚姻之内，恰恰是"合阴阳"思想的产物而不是阶级斗争的结果。这也是一种非常重要的中国情境。

中国的阴阳，始终是在互动之中达到协调的状态，就是所谓的和谐，否则就是灾难。因此，谁都不得不适当让步，不可能一直针锋相对、寸土必争。结果，绝大多数中国人一旦结婚有了孩子，就不得不相信阴阳哲学，力求和谐。

从阴阳和合的视角出发，还有另外一种理论，而且是日常生活的理论。

感谢我的一位已婚女博士，她指出，在 21 世纪中国的中产阶级的夫妻关系中，"男人在女性的生活中没有大用处了，除了精神慰藉和生理需要，别的都可以用钱解决。我的日常生活都和我的男人无关，钱都是我自己赚的。那还让我爱他什么？让我怎么对他依依不舍，爱他一万年？但我依然感激老公，当别人说我是'男人婆'，说我难看的时候，我想着还是有人要我的，我还有老公，然后就释然了。老公这种东西，更多的是女人的面子"。

反过来，她对于男人是这样解读的："我老公跟不上我的思想和精神。他经常无意识地学习他爹的大男子主义，可惜他只学会了皮毛。他爹赚钱养全家,养丈母娘家,养小舅子家,这些他都没学会。我也不好意思指出他的问题所在,就看着他在一条糊涂的男人之路上走得跌跌撞撞。怎么做一个中产阶级的男人,他显然没时间也没足够觉悟去研究。他需要重新调整和思考。"

我觉得,这就是在私领域中男权崩溃的基本原因,与什么什么主义没有任何关系,日常女性的日常逻辑比一万本理论著作更加珍贵和切实。

对于现实问题,我的主张其实就是如下两个。

第一步是需要把现今的一切认知都进行剖析,看看其中哪些是西来的,哪些是本土的。否则我们的学问就没有了内部差异性这个自我发展的根本动力,就会僵死在春天里。

第二步,梳理清楚内部差异性,绝对不是要再搞阶级斗争,而是要探讨一下,双方实际上是相互隔绝的吗?有没有对话与交流的可能性?应该自说自话还是和而不同,是求同存异,还是不同层次的整合?

2014，阴阳哲学中的"全性"

在阴阳哲学之下，我们中国的全性，一定具有与西方不同的特征与特质。

儒道佛的性哲学

在五四运动之前，中国性文化的发展，离不开中国传统中的三种意识形态。

儒家不但不禁止，反而大力提倡夫妻性生活，不但有"饮食男女，人之大欲存焉"[1]的哲学，还有"妇人五日一御"[2]的具体规定。因为儒家认为，性是这样一种东西：从本质上来说，它是不可否认的、不可禁止的，即"食色性也"[3]。

但是儒家同时也认为：性，仅仅是生殖之前的一个必要阶段[4]，而且侧重于把性加以伦理化，成为"天地万物之本，夫妇人伦之始"[5]。尤

---

[1]《周礼注疏》。
[2]《诗经·采绿》：终朝采蓝，不盈一襜。五日为期，六日不詹。《毛诗正义》：五日为期，六日不詹。詹，至也。妇人五日一御。笺云：妇人过于时乃怨旷。
[3]［宋］《四书纂疏》：告子曰，食色性也。
[4]［金］张从正编撰《儒门事亲》：岂知妇人之孕，如天地之孕物也。物以阴阳和合而后生，人亦以阴阳和合而后孕。
[5]《周易本义集成》。

其是，它只能在一个固定的社会范围之内存在，而且是一个好人（君子）为了实现自己的社会使命所必须加以管理的对象①。也就是说，儒家从一开始就很含糊地主张"性的唯生殖目的论"与"性的社会责任论"。

道家则把性单独地突出出来，认为，"夫天生万物，唯人最贵。人之所上，莫过房欲"②。它重视"动而不施"③，认为这是"还精补益，生道乃著"④。

然而，道家只在抽象意义上肯定性交，在具体实施中却把女性视为敌人，把性交当作战斗，认为性有三大使命：作为阴阳相结合的通道与手段（"合阴阳"），作为延长自己生命的手段（"延天命"），作为自己最终成为神仙的手段（"通神明"）。⑤也就是说，道家的房中术虽然写了许多令人眼花缭乱的性技巧，但其实是把性彻底地工具化了，只能作为个人修炼与超越生命的手段之一。因此，房中术里的种种性技巧，没有一个是为了获得性快乐，无论对于男人还是对于女人。

佛教传入中国以后，形成了一套自己的规则。中国佛教把性的肉体禁欲作为个人洗刷罪恶、追求最高道德境界（灵魂超度）的手段之一。

可是在社会实践中，中国佛教的各个宗派，也并不是绝对的肉体禁欲主义。它虽然确实奉行教士（和尚与尼姑）独身，用因果报应的紧箍咒来钳制一般信徒的性活动，但毕竟对抗不过中国本土的性观念，不得不容忍"居士"（不出家的信徒）的婚姻甚至纳妾和狎妓。因此，自从佛教在中国兴起，民间也就总流传着和尚偷情、尼姑思春的故事和笑话。其实，并非佛门孽障真的如此之多，只是凡夫俗子死也不信人能禁欲。

---

① 《四书纂疏》：君子之道，造端乎夫妇，及其至也，察乎天地。
② 《洞玄子》。
③ 《玉房秘诀》。
④ 《素女经》。
⑤ 李零：《中国方术正考》《中国方术续考》，中华书局，2006年。

总而言之，中国古代的任何一种意识形态，都从来没有仅仅把性看作是一种快乐的来源。也就是说，中国古代其实不存在单纯的性，只有经过社会建构与文化解释的"性"。

初期儒家：性的自然主义

初期儒家成功地建立了"性的唯生殖目的论"。

儒家的一个最重要的原则就是"不孝有三，无后为大"①。为了生娃娃，性行为当然合情合理。皇帝的三宫六院，百姓的娶妻纳妾，都不是为了性的快乐，而是为了生殖，为了传宗接代。

唯生殖目的论甚至认为生育可以冲破婚姻的戒律。例如，在《聊斋志异》里，就把一个替恩人生子的未婚女性宣扬为"侠女"。同样，在民间，至今也不认为"借种"与"借腹怀胎"（代孕）有多大罪过。

实际上，唯生殖目的论贬斥（如果不是禁止的话）了一切与感官快乐或精神融合有关的性活动。从接吻、性爱抚、口对生殖器的行为直到显露和观看裸体，都被视为"不像话"或者"不正常"，哪怕是夫妻之间也不行，因为这些都与生孩子无关或者不可能生孩子。

但是，另一方面，就社会管理而言，在这个阶段中，儒家主要是进行性方面的道德"教化"（熏陶的意思，不是教育），而不是直接的行政管理。这种教化有三个主要特点。

第一，儒家并不否认性的必然发生，只是要求性存在于一定的社会规则（方圆）之内，最主要的是反对一切非婚性行为。这就是把治国方略的"发乎情，止乎礼义"②运用于性道德方面，被后世人所沿用③。

第二，对于性方面的具体事情，儒家强调，必须通过个人的自我道德内化（修身养性）来解决，也就是为了实现社会使命而不断地自我反省、自我批评（克己复礼）。

---

① 《孟子》。
② [唐]《毛诗正义》：故变风发乎情，止乎礼义。发乎情，民之性也；止乎礼义，先王之泽也。
③ 刘鹗的《老残游记》：以少女中男，深夜对坐，不及乱言，止乎礼义矣。此正合圣人之道。

第三，儒家认为，每个人都是可以通过被教化而变成好人的，不应该由于某些人违反了性道德，就只镇压他们而不进行教化，这就是"诲人不倦"①。儒家也并不主张由官府去直接纠察人们的性关系和性行为。由此演化出后世的"吏不举，官不究"②，甚至逐渐变成了"民不举，官不究"。

宋明理学：性的精神禁欲主义

从宋朝到明朝，儒、道、佛这三大意识形态，在性文化方面出现了"同流合污"。原来各派都有一些"反性"的方面，但是在承认性的存在的总体框架之内，还没有显示出多少危害，此时则是把三种意识形态中最恶劣的方面都集中在了一起，表现为性的精神禁欲主义的发展和鼎盛，并成为理学的一个重要组成部分。

到了清代，这种带有浓厚佛教色彩的"乐极生悲，纵欲成患"③的思想，被集大成地表述为："闺房之乐，本非邪淫，妻外家之欢，虽无伤碍，然而乐不可绝，欲不可纵，欲纵成患，乐绝生悲。"④也就是说：性交总会有乐，可以；若想主动去寻乐，不行。

这是典型的佛家语言。乐极生悲就变成了现在一切反对性快乐主义的人最后的思想武器。这其实就是来自佛教里的"因果报应"的基本理论。直到今天，有一些对年轻人的所谓性教育，说的其实也还是因果报应，就是所谓"不能为了今天而牺牲明天"。这就是精神禁欲主义，就是不太管你的肉体，先把你的心给控制住。

结果，儒家原来的四个相对宽容的特点，几乎都被宋明理学给改造了。

其一，早期儒家承认性的客观存在，就是"食色性也"。可是宋明

---

① 《四书大全》。
② ［清］郭小亭《济公全传》：知县说："圣僧可曾听见？这件事叫我难办了。吏不举，官不究，没人来告状，我怎么办呢？"
③ ［清］佚名《宜麟策》。
④ ［清］王春亭《济生集》。

理学开始吸纳佛教与道教的禁欲思想，最终在元末明初提出了"万恶淫为首"的主张①，并且流传于后世。

其二，早期儒家强调性道德主要靠个人的修炼，就是"吾日三省吾身"②，可是到了宋明理学却变成了"广教化以变俗"③，就是由皇权直接来管束人的行为④，后来发展为民间所说的"不打不成材"。

其三，早期儒家并不直接管理性的事务，主张统治者应该以身作则⑤，宋明理学却主张由皇权来直接治理"风俗"⑥。

此外，宋代之后，三教合流的理学虽然没有推行性的肉体禁欲主义，却更加专注于管制"淫念"⑦，标志着其精神禁欲主义的完成。

总之，自从宋明理学占据统治地位之后，"饿死事小，失节事大"⑧的礼教就达到了极致。例如树立"贞洁牌坊"、捉奸杀奸⑨、在性生活里对"正经"的崇拜等，都是宋朝之后才占据统治地位的。

宋明理学标志着中国的性文化从早期儒家的唯生殖目的论走向了性的精神禁欲主义。它的操作化就是把下面这些性的准则，贯彻到人民的日常生活中去。

1. 首要目标：传宗接代。这就是说，性是应该的，但它仅仅是为了生儿育女，绝不是为了寻欢作乐。结果，古代书生在过性生活的时候，嘴里还念念叨叨："为后，非为色也。"⑩即为生殖后代，不是为了色情

---

① [明]张三丰《天口篇》。
② 《孟子注疏》。
③ [明]丘濬《大学衍义补》。
④ [唐]《毛诗正义》：有风俗伤败者，王者为政，当易之使善。
⑤ [唐]《毛诗正义》：随君上之情，则君有善恶，民并从之。
⑥ [清]毕沅《续资治通鉴》：上言："帝王之治，必先正风俗。风俗既正，中人以下皆自勉于为善；风俗一败，中人以上皆自弃而为恶。"
⑦ 道教的[唐]吕嵓《吕祖全书》：谓之淫。凡创为淫词，造作淫具，起一淫念，述一淫事，皆是淫机未除，淫根未断。佛教的《戒因缘经》：向淫念淫意炽盛。世尊尽说淫之恶露。向淫念淫意炽盛。卿云何不观此淫行。而为此恶行。《女子丹经汇编》则说：念莫过于淫念，淫念一动，灵气散矣；淫念久住，灵气亡矣。
⑧ [清]《御纂朱子全书》。
⑨ [清]祝庆祺《刑案汇览三编》：向来办理杀奸之案如奸所亲获当时将奸夫奸妇一齐杀死并无间隔时日者律予勿论。
⑩ 《四库全书·御定资政要览》：君子之重其妻，非为色。

的享受。

2. 性别角色规范：女为男用。也就是女人应该如何表现，全看男人有什么样的需求。例如讲治国之道时，女人是祸水和狐狸精；讲传宗接代时，女人是生殖工具，偶尔还可以来点"伟大啊，母亲"之类的感叹；讲婚姻时，女人则应该是贤内助；男人想性交时，女人又该是十八般武艺都会；男人另寻新欢，女人则应有"不妒之贤"[①]。

3. 婚姻是一切性活动的主宰，靠"夫妻恩爱"[②]来调节婚姻，贬斥浪漫爱情。

4. 性生活的质的标准：反对"寻欢作乐"，也就是反对追求性的享乐，特别是精神快乐；更不可以沉溺其中。因此夫妻性生活被叫作"敦伦"[③]，就是必须一本正经地去做。

5. 性生活的数量极限，就是男人的"劳色伤身"[④]，成为至少一千年来始终盘旋在中国男人头上的梦魇。女人呢？没有这方面的标准。这并不是宽容妇女，而是忽视，因为理学觉得女性根本就没有性这东西，所以连提都不提。

6. 性生活中出现"规定动作"，就是男上女下的性交姿势。"程颐传曰，天在上，泽居下，天下之正理也，人之所履当如是，故取其象而为履。"[⑤]

7. 性信息的传播禁忌，"中冓之言，不可道也"[⑥]，就是民间说的性是"许做不许说"，就连夫妻之间也不许说。据我的调查，直到2015年，夫妻之间经常谈论自己的性生活的，也仍然只占18岁到61岁总人

---

① [明] 沈龄《六十种曲三元记》：今特封尔为始平郡公。其妻金氏。劝夫娶妾。有仁慈不妒之贤。
② 道家隋唐《太上洞玄灵宝出家因缘经》：家有二义。一者恩爱之家……男女恩爱，眷属恩爱，共相缠缚，系恋在心。
③ 原意是循规蹈矩。[南北朝] 颜之推《颜氏家训集解》：夫其言闺以内，原本忠义，章叙内则，是敦伦之矩也。后来演化为夫妻性交。[清] 袁枚《子不语》记载某人：每与其妻交媾，必楷书"某月某日，与老妻敦伦一次"。
④ [清] 潘德舆《示儿长语》：寻乐则必逐欲，逐欲则必伤身。《家庭宝筏》：有用之人。不数年而废为无用。皆色念欲火伤身之病也。
⑤ [清]《御定孝经衍义》。
⑥ [宋] 朱熹《诗经集传》。

口的十分之一。

8. 社会控制手段："防患于未然"①。在性发育之前就应该开始防范，例如"男女七岁不同席"②。这叫作从大处着眼，从小处着手，就是从小就训练你只许规规矩矩，不许乱说乱动。

9. 惩罚机制。违反上述八条的行为，主要靠宗族或者乡绅来制约和惩罚，但是皇权一直行使教化权。

综上所述，宋明理学的混杂的性哲学，并不是要具体地规范性的动作，因此它的典籍中对此所言甚少。它实际上是要给性来一个"定岗定编"。只有在这个位置上，在如此范围内，理学的社会才会承认性的合理性与价值。

那么，这种理学为什么偏偏兴起于宋朝呢？因为北宋、南宋从来都是半壁江山，没有统一过汉族地区，是王朝走向衰败，走向颓废，走向灭亡的开始。在这样一个大的历史背景下，那些在战场上打不过敌人的精英，就只能朝着自己人使劲儿，把对外的一切失败与屈辱，都归结为中国人的世风日下，道德败坏。因此他们就要更加强化对人的精神控制与道德管束，期望靠自己的"精神文明"来抵御外来危机。所以说，宋代的大儒们必须"发明"出理学这一套东西，或者说，这一大套东西因此才能够流传开。

至少在最近一千年间，中国人的"性"大概就是这个样子。

火之弱：男人的"恐阴情结"

唯恐"阴盛阳衰"

恐阴情结是中国性方面重要的特色之一。我是学世界史出身的，查过资料，还专门请教过许多西方学者，结果发现，西方的主流历史上虽

---

① [明] 丘濬《大学衍义补》。
② [明] 冯梦龙《喻世明言》：之曰："古者男女七岁不同席，不共食，你今一十六岁，却出外游学，男女不分，岂不笑话！"

然有过"厌女"的情况，但是与中国的恐阴情结全然不同，而且仅存在于基督教的圈子里。西方的父权制理论很容易诱导其信奉者以为，中国历史上的男人都是凶神恶煞般绝对、一边倒地欺压女人。其实，恰恰是由于阴阳哲学的指引，男人中也存在着一种非常普遍的恐阴情结，尤其在性方面更加严重。下面我细细道来。

从道家的始祖老子开始，对于虚、无、柔等"阴性"的事物就充满了崇拜，认为"阴"实际上远远比实、有、刚等"阳性"的事物更加强大①。直到今天，在中国人的日常语言中，仍然有大量的成语，在表达着这种思想，例如虚怀若谷、无中生有、以柔克刚等。

道家认为男女性交对男人来说是非常危险的事情。②《素女经》直言不讳："御敌，当视敌如瓦石，自视如金玉，若其精动，当疾去其乡。御女当如朽索御奔马，如临深坑下有刃，恐坠其中。若能爱精，命亦不穷也。"

这种思想，其实儒家也是相信的，只不过论述不多而已。也就是说，除了佛教以外，在中国本土所产生的思想里，从来都是认为"阴"实际上更强一些。例如，你是一个非常阳刚的战士，可以打败一切敌人，可是你怎么能够战胜一个虚无的人？你可以拥有无数的实实在在的物质，可是你怎么能够用它们来填满一个"无底洞"？所以说，"阴"其实只是处于被动状态中的隐而不发。如果"阴"与"阳"真的冲突起来了，或者阳去挑战阴，那么失败的一定是阳，而不是阴。

正是基于这种认识，在儒家治理社会、道家讲究养生的时候，都非常注意三大原则。

其一，必须保持阳的统治地位，不能变成"阴盛阳衰"③，因为那是不好的状况。

---

① [南北朝]《太上老君虚无自然本起经》。
② 老子《道德经》：天下之牝，天下之交也。牝常以静胜牡，以静为下。
③ 这本是一个《易经》中的概念，但是被引进到社会秩序中，[元]赵汸《周易文诠》和[清]陈梦雷《周易浅述》都说：阴盛阳衰，小人壮而君子病。再被引入性别领域，例如[清]陈端生《再生缘》：这叫做，阴盛阳衰女压男。

其二，阳的这种统治不能使用向阴挑战的方法来实行，因为一旦双方开战，阳必败无疑。

其三，最好的办法，就是使阴继续保持在被动的、消极的、不发作的状态。

明白了这三大原则，我们就可以明白，儒家与道家的许多主张与做法其实就是创造与宣扬恐阴情结。它并不是个别的、偶然的现象，而是有理论基础的普遍认识，是当时的社会主宰者们为了维持自己的统治而想出来的好办法。

男人的"劳色伤身"

凡是看过房中术经典的人都会发现：它讲的就是"阴阳有七损八益。一益曰固精"①。道家认为，男人射精的次数非常有限，而女人接受的能力却近乎无穷，所以男人与女人的性交，根本不是寻欢作乐的事情，而是在"御女多多益善"②之中，如何保住自己的命，不至于"精尽则死"③。

时至今日，仍然有相当多的中国男人认为，射精过多就会损伤自己的身体，甚至每一次射精都是在"劳色伤身"④。这种想法根深蒂固，在我调查小姐的时候就发现，如果有些男客因无法性交或者无法射精而烦恼，那么小姐就会劝他说：保重身体更重要啊。

房中术之所以设计出种种稀奇古怪的性技巧，表面看来是为了"采阴补阳"⑤"闭精引气，还精补髓"⑥。可是，如此强壮的阳，为什么还不得不从女人那里采集一些阴来补充呢？为什么不这样做就会危及男人

---

① [晋]葛洪《抱朴子内篇》。
② 同上注。
③ [南朝梁]陶弘景《养性延命录》，[宋]《锦绣万花谷》。
④ 《家庭宝筏》：男女居室。人之大伦。人不能无色。特不可近而好之耳。近则好之。好则必浓。浓则必伤身毙命。
⑤ [明]张三丰真人《玄机直讲》。
⑥ [明]杏溪浣香主人《紫闺秘书》。

的生命?这说明道家实际上认为:在性生活里,男人永远是女人的手下败将,只有一方面采集阴,另一方面保住阳,才能勉强与女人保持平衡。

道家的这种思想,已经深深印入了中国男人的脑海。例如,明清之际的小说写道:一些尼姑骗男人来性交,而且扣住不放,直到男人奄奄一息,被女人叫作"药渣"。

道家的这种思想,倒是暗合最近几十年才在西方流传开的女权主义口号:"Sex, you are weaker!"(性,男人才是弱者!)也就是说,男人你别老一天到晚说性,真放开了做,你根本不是对手!

当然,也有一些西方人不明白房中术的奥妙,把"采阴补阳"责骂为"性剥削",说这是男人对于女人的摧残。其实在中国的历史记载中,有一些女人就是靠着"采阳补阴"[①],最后得道成仙的[②],其中甚至可能包括西王母[③]。也就是说,在性生活中,女人也同样可以采集男人的精华。只不过道家可能认为,女人太容易做到这一点了,根本不需要去教,所以在房中术里没有多写。

1963年,美国的马斯特斯和约翰逊发表了里程碑式的著作《人类性反应》,通过真人实验总结出:女性在性高潮之后可以没有"不应期",因此可以具有连续性交和连续达到性高潮的能力。男人则相反,在"不应期"的制约下,性能力其实有限得可怜。

那么,中国古代的男人知不知道这个现象?他们当然不可能做实验,但是自从有了阴阳哲学,他们就总结出来了!《易经》说:"阴可克阳:天下莫柔弱于水,而攻坚强者莫之能胜,以其无以易之。"这实际上就是承认女性具有无限的性能力,足以"克"掉最雄壮的男人。这种想法到了老子以后的道家,被总结得更加精细和系统。所谓以柔克

[①] [明]张三丰真人《玄谭全集》:婴儿姹女自然交合,此是采阳补阴。
[②] 例如,[宋]张君房《云笈七签》就有记载。
[③] [明]徐应秋《玉芝堂谈荟》:西王母者,九灵太妙龟山金母也,生于伊川,厥姓侯氏,生而飞翔,为极阴之元,位配西方,母养群品,三界十方女子之得道者咸隶焉。

刚、以虚克实等，都可理解为在性方面，女能胜男。

中国历史中的这种恐阴情结，是当时的男性世界非常心虚的表现。《易经》中堂而皇之地写道："阴疑于阳必战。"后人解释为："阴盛为阳所疑，阴乃发动，欲除去此阴，阴既强盛，不肯退避，故必战。"①

当然，这种恐阴情结并不是凭空产生的。

首先，它来自古代"妻妾成群"的婚姻制度。这种制度常常被认为是男性压迫女性的产物，但也迫使男人不得不与很多女性频繁地性交，因此《易经》中那些玄而又玄的抽象议论，才能在男人的日常生活中找到现实根据，才会被总结出来并流传开来。

其次，这是男人"中年危机"的表现之一。人到中年，男人在性生活中开始日益力不从心，再加上妻妾制度，所以恐阴情结就再加上一层"怕老"的成分。尤其是，恰恰这些中年以上的男人才能够掌握社会的话语权，所以恐阴情结得以广泛流传和长盛不衰。

因此，在性这个领域中，那种一概给男人加上"恶魔假设"或者"强大假设"的做法，其实就是不顾事实，故意制造敌人。

总而言之，恐阴情结是中国的性的特殊语境。它与西方非常不一样。如果要讨论中国的性，就不能忘记它，更不能否认它。

"生我之门，死我之户"②

这是明朝小说中男主人公的话，意思是女人的阴户或者阴道，既是男人出生的通道，也是男人"劳色伤身"而死的地方。

那么真的会"死"吗？其实不会的，只要不使用药物、毒品或者外力，男人的"不应期"就会保护自己，不可能连续射精，更不会死掉。但是反过来说，男人所谓的纵欲只不过是一个美丽的梦想，其实是做不到的。那么男人为什么还是相信这些说法？不是因为不懂科学，而是来

---

① [唐]孔颖达《周易正义》。
② [宋]张伯端《紫阳真人悟真篇注疏》、[明]《肉蒲团》、[清]《钦定协纪辨方书》均有此记载。

源于对女性的无限性能力的深深的恐惧。

尤其是人到中年的时候，高比例的中国男人会出现一个"心理更年期"，就是对性生活出现畏难情绪。直到今天，很多40岁左右的男人，把夫妻性生活叫作"交公粮"或者"交作业"，就是形容自己是不得已地尽义务。中国男人的恐阴情结更多的是从"中年转折"开始的，越老越厉害，而"知书达理"的男人们往往又足够老了。正是这些老男人把恐阴情结作为一种文化传播开来并传承下去的。

"避火图"+"水火不相容"="壮阳崇拜"

小时候，我在北京城区，有幸见过"避火图"。它本来是明代的"秘戏图"——描绘男女性交的木刻印刷图画，但后来却被挂在仓库里，据说这样可以防止火灾。人们认为，在性交过程中，实际上是"阴"在极大地宣泄出来，可以压制住"火"这个最大的"阳"。也就是说，性交意味着"阴"的胜利与"阳"的失败，所以才能防火。反过来，如果像某些极端言论所说的那样，性交是阳在欺负阴，那么"避火图"就成"引火图"了，人们是绝对不会挂在仓库里用来防火的。

阴阳本来应该和谐相处，一旦失调，阴与阳就变成了如水与火般不能相容。① 所以古人觉得上床这事是最大的冒险。水跟火凑在一起，最后怎么样？肯定是水浇灭了火。② 所以汉朝之前就已经出现的房中术，其实不是讲男人应该怎么寻欢作乐，而是教男人如何才能在"水火大战"中保住小命。这也是中国男人恐阴情结的突出表现之一。

因此，中国男人只能拼命地补充、强化自己，这就是中国特有的"壮阳崇拜"。它最突出地表现为对"壮阳药"的迷信与神化。据估计，截止到明末清初，仅仅在性小说里描述过的壮阳药就有几十种，而且常常说是来自"番国"。到最近这些年，中国的商人们把不管沾边不沾边

---

① 《四库全书·易原就正》：水火不相容阴阳失和。
② [日本] 丹波康赖《玉房秘诀·医心方》：夫女之胜男，犹水之灭火。

的滋补品、保健品和普通饮食，统统或明或暗地加上"壮阳"的字样，捞了一大笔钱——而且越有秘方越好，越是祖传的越好。

中国的"壮阳药"绝对不是西药中的"伟哥"。后者是专门治疗男性勃起障碍的药物，中国的"壮阳药"却是没病的时候吃的，是为了增加男人的性交能力，而不是为了克服勃起障碍。

这是一种文化上的巨大差别，因为中国男人无论有没有勃起障碍，都会认为自己的"阳"还不够"强壮"，还不足以对付"阴"，因此时时刻刻都需要不断地补充"阳"。也就是说，"壮阳"是中国男人的一种日常行为与生活方式，而不是由于出现了具体的疾病。

"女阴神威"与"裸女禁忌"

中国的历史书籍中有一些这样的记载，在战争中，男人们迫使女性对着敌人裸露自己的外生殖器，以便抵御敌人的兵器、炮火或者诡计。[①] 还有记载说，只有女性把自己裸露的外生殖器对着敌人，我方的炮火才能准确地击中敌人。[②]

这来源于"阴阳五行"思想中"相生相克"的说法，就是把女阴视为水，把敌人的炮火视为火，而裸露女性外生殖器则是模仿着"水克火"的过程。这种做法，反映出中国男人从敬畏出发，把女阴当作了克敌制胜的法宝。

与此类似的是，在明清小说的性描写中，经常把男女的性交过程比喻为两军对阵，把阴茎与阴道比喻为双方的大将，而且往往是在大战数百回合之后（比喻性交时间很长、抽动很多），阴茎终于败下阵来（比喻射精之后男人的疲软）。这也是"女阴神威"的另一种表现。

在中国历史上，对于女性肉体的审美，尤其是对于女性裸体的审美，基本上是一片空白，与西方从古希腊时期就开始的女性审美的历史

---

① [清] 徐鼒《小腆纪年》：贼乃掠妇女裸而淫之，已而断其头，环向堞，植跗倒埋，露其私以厌炮。炮迸裂，或喑不鸣。
② [清] 俞蛟《临清纪略》：清乾隆三十九年（1774）发生的事情。

大相径庭。这种情况，当然可以从男权社会的假设出发，认为这是对于女性整体价值的一种忽视；但是也存在着另外一种可能性，那就是由于男人的恐阴情结，根本无法直视女性裸体这样一个赤裸裸的"阴"。

双重性道德标准的来源

所谓性道德的双重标准，就是对男人管得松，对女人管得严。可这并不是专门来欺负女人，而是有下列原因。

儒家特别强调女人的"贞节"。可是儒家为什么非要这样做？其实，在明朝的小说里早就说出了其中的道理："男人偷情隔重山，女人偷情隔层纸。"① 也就是说，在现实社会中，如果男人去偷情，绝大多数女人都不会答应，于是男人很难成功。但是反过来，如果女人主动去偷情，那么拒绝她的男人会非常少，因此女人偷情成功的概率要远远超过男人。

儒家非常明白这一点，所以才严加管束女人，因为哪怕男人全都"性解放"了，只要女人还坚守"贞操"，那么整个社会中的偷情现象无论如何也多不起来，就不会破坏儒家的社会秩序。

同时，儒家也非常明白：男人的性欲是很难禁止与控制的，所谓"好色之心，人皆有之"②。虽然儒家也在不停地教育男人，但是没有抱多大的希望。反之，儒家认为女人是更容易管住的，因为"阴"本来就处于消极静止的状态，就是所谓的"阳动阴静"③，只要不让女人在性方面变得积极起来，就很容易维持社会的性制度。所以，儒家格外严厉地管束女人的性。

男人偷情隔重山，还有另外一个意思，就是"舅权"。男人搞了女人，她可能拿你没办法。可是那女人有丈夫，没结婚也有爹，有兄弟。这些人也都是男人，要是一起来揍你，你不死才怪！所以说，男人只是

---

① [明]天然痴叟《石点头》：自古道：女子偷郎隔重纸，男子偷女隔重山。
② [宋]《四书纂疏》：好货好色之心皆天理之所有而人情之所不能无者。
③ 《元始八威龙文经》，载于《正统道藏·洞真部本文类》，疑似出于唐宋间。

偷情的客观可能性更多一些，真要实行起来，没那么容易。

女人偷情隔层纸，也有另外一层意思：女人的性能力是无限的，搞上再多的男人，客观上也完全可能，那传统社会就完蛋了。

所以，历朝历代才会制定双重性道德的标准，就是为了维护婚姻制度，维护初级生活圈的稳定。说到底，就是因为他们深深地恐惧女性无限的性能力。男人可以管得松一些，反正他们往往是嘴炮多多，可是一定要格外严厉地监管女性之性。

这种情况，在中国历史上是非常清楚的事情，可是在现在的中国，却变得模糊起来了。有些激进分子责骂"性解放其实就是男人的解放，是欺负与压迫女人的"。可是，如果女人不性解放，男人跟谁解放去？难道都是去嫖娼或者"搞基"？或者说，如果社会上真的已经出现了男人的性解放，那么就证明有许多女人其实也已经性解放了。因此反对性解放的女人其实并不是反对男人，而是反对另外一部分与她们不同的女人。所以，问题是这种出于恐阴情结的双重性道德标准，究竟是保护女人还是束缚女人？说到底，女性解放究竟包括不包括性的解放？

恐阴文化中的中国古代男性

综上所述，祖祖辈辈生活在恐阴情结文化中的中国男人，与西方女权主义者所责骂的"男人"不是同一种人。因此，这样的男人所创造出来的"父权制""男权社会""社会性别权势关系"与性关系，也必然不同于西方。生活在这样一种社会情境之中的中国女人，当然也不会与西方妇女一样。

中国男人的性实际上更像是一个非常恐惧战争的士兵，把女阴当作敌人的阵地，小心翼翼地侦察着。尽管它遇到"敌人"的时候也会奋勇作战，打败"敌人"之后也会疯狂地撒野，但这更多是一种在战场上侥幸逃生的庆幸，而不是奴隶主式的逞威风。现在一些人所责骂的"男人在性生活中的霸权"，其实只是这个士兵后半段的故事。人们，包括这个士兵自己，已经无法认清，也无法承认那前半段的故事了。

因此，为了实现男女平等的伟大理想，不但需要改革社会制度，中国的男人与女人也需要认清自己，从而改变自己。在平等制度的保障下，中国男人为什么一定要作为士兵，先是担惊受怕，后是称王称霸？为什么不可以作为一个朋友，坦然地走进女人的客厅？同样，中国女人既不应该作为战俘，也不应该成为防贼者，她们应该可以自信地接受一个朋友的来访。

最后要说的是，21世纪以来，西方的"厌女症"（misogyny）这个词传入中国。它与我记述的"恐阴情结"似乎是针锋相对，后人自会决断。

水之情：女人的"惜阴意识"

女性躯体的珍惜化

历史上，女性自己如何看待和体验自己的躯体呢？中国罕有这样的记载，稍微沾点边儿的都是卦象、中医或者生产（分娩）。即使有些描绘"女"与"阴"的片段，或者仅仅涉及男女之间的吸引[1]，或者与"淫"联系在一起[2]。女性在这方面的表现，基本上反映在明清之际的小说中，可惜被视为不雅，难以引用。

在现实生活中，传统女性往往更加珍惜自己的躯体，这是不言自明的现象。可是从建构主义的研究视角来看，这绝不会是自然而然的事情，而是女性的躯体被"珍惜化"了。暂且排除其他因素的影响，这种珍惜化的主要路径就是性，就是因为性对于女人具有不同的意义。

按照"性系统"概念的解释，性的感受器官是皮肤，而皮肤又附着于躯体，因此女性对于珍惜的认同是沿着外围向中心的路径，一步一步聚焦的：从肢体到裸体，再到乳房，再到阴部，最后直达外阴这个核心部

---

[1][唐]《毛诗正义》：女是阴也，男是阳也。秋冬为阴。春物得阳而生，女则有阴而无阳，春女感阳气而思男。
[2][明]万全《广嗣纪要》：女，阴物而晦，时淫则生内热惑蛊之疾。

位。同时，这也就是女性自我珍惜化的操作路径的构建：从时时处处的遮掩躯体和裸体，到更频繁和彻底地清洗乳房，再到密不透风地让阴部保密。

这种珍惜化的结果就是传统女性中非常普遍的一种心理、认知与认同的路径：从把男女性交视为自己的躯体被侵入，到认为是自己被使用了，再到认为每一次性交实际上都是女性的自我献身。

这是一种生活实践意义上的存在，没有好坏之分，只是会带来不同的派生物。

第一种派生物：由于珍惜自己的身体，因此女性更加积极地去争取享有"性"，促使这种珍惜获得它应有的价值与意义。这样的情况在当下的中国愈来愈多，只不过由于社会的压力，这样的女性直到今日也仍然很少敢于公开发声，更缺乏合适的渠道来发声。这就造成了中国舆论界仍然陷于"女人都反性"的迷雾之中。

第二种派生物：由于珍惜自己的躯体，把本应是双方共享的而且在日常生活中已经大概率实现了的性生活和谐，强行定义为男人获得、女人丧失的"权力关系"。有些人由此提出"性交都是男人强奸女人"的口号。结果，"性"被构建成一种伤害，全然否定女性自己的性欲望和性要求，更是彻底抹杀了性生活中的一切快乐。长此以往，女性就会被构建为真的无性之人。

第三种派生物则是一些女人把这种珍惜当作筹码，争取在性关系中换取多种多样的权益。这种情况不必细说，在民间舆论中早已广为流传。我不知道这算不算"女性被物化"，也不知道这是不是"父权制"的产物，更不知道这属不属于"女性的觉醒"。

第四种派生物是自我珍惜化过头之后，女人已经无法与任何一个他人（无论男女）来共享自己的躯体，无论婚姻还是爱情都无能为力。

阴道连着女人的心

这说的是女人一旦跟某个男人有过性生活，就很容易爱上他，甚至矢志不渝①。

可是在当前的现实生活中,我们却越来越多地遇到相反的情况。例如有的男生吐槽:"我拿走了她的第一次,可是她怎么反倒把我给甩了?"还有很多离婚的丈夫则抱怨:"性生活那么和谐,她怎么会想起离婚?"

如果说这仅仅是女人们"人心不古",那就太简单化了。

在传统社会中,女性一生的理想就是找到一位如意郎君,相濡以沫,生死相依。但是这并不是天性使然,而是在那种社会制度之下,女人在社会中没有任何其他的发展机会。她不能读书,不能经商,甚至连外出打工都不可能,只能在婚姻这一棵树上吊死。这就使得女人不得不格外重视贞操,不得不把性生活与自己一生的幸福紧紧地捆绑在一起。所以阴道连着的,不是女人的心,而是男女不平等的社会制度。

反之,为什么阴茎就不连着男人的心?其实也是这个道理。他不但有着更多的社会发展机会,甚至可以妻妾成群。所以性生活这样的事情,只不过是他一生事业中的一个不那么重要的部分。多则多,少则少,无关大局才是好。

时至今日,中国的男女日益平等,女性的社会发展机会虽然仍然少于男人,却已经多到她们的母亲做梦都想不到的地步了。因此,很多女性在自己的生活目标顺序中,把性生活越来越往后排,越来越不认为它有多么神圣,越来越不会把它跟自己的终身大计扯在一起。这就造成了相反相成的两种结果:一方面"宅女"和"剩女"越来越多;另一方面"开放"的女性也越来越多。其实都是来自同一个原因:阴道就是阴道,什么也不连着。

---

① 张爱玲在《色戒》里面写道:"想要进入到女人的心,那条路就是通过阴道。"

2015，主体建构论的确立

主体建构的研究视角，是我与黄盈盈在 2007 年提出的，又经过反反复复的思索与锤炼，终于在 2015 年确立为一种权且称为"主体建构论"的初级理论。专业的读者可以去读我与鲍雨合写的《论"主体建构"的认识论来源及理论意义》，否则就从这里读下去，了解一下究竟什么叫作性的主体建构和主体建构中的性。

性，只能由主体来标定

在我们研究性之前，一定存在一个对于性的定义，也就是我们的研究范围究竟是什么。我们可以说某种行为或者现象是性或者不是性，可是当我们真的去访问这些当事人的时候，往往会发现他们的看法可能跟我们的产别很大，甚至是背道而驰。

主体建构论的性研究的戒律也就由此而生。

第一，研究者必须知道这种情况、这种差异、这种不可避免的存在。

第二，绝对不可以一厢情愿地拿自己的定义去衡量研究对象的行为。

第三，研究者必须首先去了解对方的主体建构，也就是他们如何定义他们的行为，他们认为这是不是性。

第四，在了解这些以后，研究者才足以做出自己的判断。

以下，我们用生活中的实例来加以解释和说明。

不同的主体，对全性的定义也不同

2005年，我在深圳看到过一次裸体女模特的展示，供人拍照。那些女性表演者认为自己正在进行的活动，根本就不是性。因为她们没有性的生理反应，没有面色潮红，没有心跳加快，没有血压升高，什么都没有。她们就是在做一个普通的工作，就是从事一个职业。

可是那些拍照的男人，他们认为这是什么呢？往好里说，他们可能认为这叫裸体美，但更加可能的是，他们大概很多人认为这就是性，至少也是性的展示，所以才会如此聚精会神地观看和拍照。

在社会管理者看来，这种裸体摄影算不算黄？该不该扫？至少在官方文件里从来没有说清楚过。这可能表明，某些社会管理者大概也不认为这叫性。但是，社会管理者不是一个具体的人，也不可能时时事事都保持统一，因此如果有人把它拍成视频放到网上，那就不行了，那就变成性了，就可能被扫掉了。

所以，在同一个被认为是性或者不是性的事件中，不同的参与者由于各自的身份不同就一定会做出不同的标定。

在不同的人际关系中也会有不同的标定

这方面的生活实例不胜枚举。例如，在老夫老妻之间，已经没有年轻人的那种性，相互挠背就是他们这个年龄段里的性。再例如，某个男性已经是植物人了，某个女性仍然在亲吻他，那么这就叫性。中年的老公给老婆做做头发，在恩爱夫妻里这就是性。哪怕是两口子吵架，也可以成为一种性的交流。反之，在传统婚姻里，夫妻双方陌如路人，甚至相互仇恨，那么他们的性生活也很难被视为人们通常所说的那个性。

所以，在不同的社会关系中，只有当事双方达成共识后，他们的实际活动才能够叫作性或者不叫作性，而不是来自别人的客观判断。

不同的社会性别也会有不同的标定

以"打飞机服务"为例，去购买这种服务的男人认为这就是性，他也确实因此达到性高潮了。可是做这种按摩的小姐，她们很可能认为这跟洗胡萝卜没什么大区别。而且，现在所谓社会性别已经不仅仅是男人和女人了，男同性恋也好，女同性恋也好，他们也可能有不同的看法，还有各种各样的其他性少数群体的视角，都不可能出现相同的对于性的标定。

不同的社会阶层也会有不同的标定

一个人的社会阶层是不可逃避的。农村里那种半包办的婚姻，即使再不美满，也会被同阶层的人们标定为性。在城市的中产阶级里，婚外的男女互相聊天可能不是性，但是一起吃饭或者逛街，恐怕就会被标定为性。在高阶层里，人们往往把性标定为浪漫情爱，可是这个情爱一旦发生在非婚状态下，就会被认为是性。

这种阶层化的标定不但根深蒂固，而且往往成为一种道德武器，无论其中有多么大的逻辑矛盾，各个不同的阶层都倾向于使用自己阶层的定义去评判甚至攻击其他阶层，所以才会形成"性的阶级偏见"。

在不同的社会环境中也会有不同的标定

举例来说，男女混浴这种风俗后来是被谁定义为性了？如果不被标定为性，也就没有理由禁止了。结果，这种禁止已经塑造出人们对于裸体的高度敏感甚至是狂热反应。可是，时至今日，中国某些汉族地区的男女仍然可以在一块洗澡。他们从来也没有把这种活动标定为性。男女双方或者大人小孩，大家都仅仅把这标定为洗澡，那么就真的不会有任何人出现任何生理反应，所以才可能延续到今天。

早在20世纪20年代，中国的一个记者到苏联访问，去了黑海之滨的裸体浴场。他就问那些苏联人，你们男男女女赤裸裸在一块，会不会太不道德了？人家回答说：我们裸体相处却什么事都没发生，有些人衣冠楚楚道貌岸然，其实什么事都有，谁更不道德？

我在 1996 年夏天去过温哥华的裸体海滩，那是号称北美最大的一个海滩。刚一进去我还有些不习惯，尤其是男男女女挨得出乎意料地近，可是一分钟都不到我就飞快地剥光了自己，因为穿着衣服实在是太尴尬了。这样的裸体海滩得以存在的基本理由，并不是所谓的人体美，也不是所谓的身体解放，而是所有参加者都共同认定——裸体不等于性，因此一般也真的禁止在裸体浴场从事性活动。这种共同的认定具有很强的制约力：首先，不认同的不要来；其次，来了就必须自觉遵守戒律；第三，没什么人会去这个场所之外裸体。

其实，就是这么一个简单的道理，当裸体被某些社会力量标定为性以后，就必须禁忌、必须遮掩。1969 年，我刚到黑龙江下乡之初，有一次无意中看到一位当地的女青年在稍远一些的地方洗脚。我没在意，就照常走过去，没想到她大惊失色，连蹦带跳地逃走，把洗脚盆都踢飞了。后来才知道，人家念我是外来的知青，不懂当地的风俗，否则女方家人会胖揍我一顿的。

如果现在还有人争论裸体的问题，那争论的绝不是审美的问题，也不是社会风化的问题，而是裸体是不是性。

在不同的情境中，标定也不同

情境，就是人们所处的那个小小的时空。在不同的时间和地点，有什么样的人在注视，自己的心态如何，都会促使当事人对于性做出不同的标定。例如接吻，中国人一般都认为是爱情的表达。在过去，有些青少年躲在犄角旮旯里偷偷接吻。后来变成了在车站、机场送别的时候接吻，大家都觉得没问题。进入 21 世纪，有些地方开始举办接吻大赛，双方接吻甚至长达十几个小时。他们是不是可以在日常生活中也总是这样做，外人不可能知道。这就表明，当事人在不同的情境之中做出了不同的标定。

因此，任何一个研究者都必须承认：如果没有去访谈当事人，仅仅看某件事情的表象,那么研究者无论做出什么样的判定,都可能造成失误。例如,接吻大赛一定是为了挣钱吗?那两个当事人可能说,我们的爱情足够,我们真的就可以接吻十几个小时。所以如果研究者不说清楚那个情境,就不应该做出任何判断,更不应该妄加评议。

不同的意义中也有不同的标定

性对于人类一定是具有某种意义,才能够被人们所认知、所讨论,因此,如果给性赋予了不同的意义,那么性的定义也就随之而变。最典型的例子就是爱情这个概念。例如,现在的年轻人往往不说"找对象",也不说"谈恋爱",而是说"求爱"。这就是当事人对于"试图结成性关系"这件事赋予了不同的意义,所以才使用不同的词语来标定。其结果就是一个希望"找对象"的人遇到一个要"求爱"的人,双方接触的程度就会大大不同,成功的概率也会极大地减少。

主体建构论的哲理化表述

人走进河流的比喻

希腊哲学家有一个著名的说法:人不能两次走进同一条河流。就是说:时空在变化,当你第二次走进去的时候,河已经不是上次那条河了。

主体建构论可以把上面的命题扩展为以下这些道理。

不同的人也不能走进同一条河流。因为不同的人走进去的感受是不一样的,会游泳的人进去觉得是快乐,不会游泳的人则是胆战心惊。同一条河不变,但是走进去的人不一样,就会出现不同的主体建构结果。

不同的人也不会都认为自己走进了这条河。例如一个去游泳的人,水刚到腰间,他不会觉得这是走进河流,必须水到肩膀才能游泳,才算是走进了这条河。可是一个不会游泳的人,水刚到脚面,就会觉得已经走进这条河了,已经很危险了。所以说,即使是对某个确定不变的对象做出某些相同的动作，也会由于动作的程度不同而产生不同的感觉、认知与标定。

同样是走进这条河流，对于不同的人具有不同的意义。对于游泳的人来说，这是"我游泳去了"；对于不会游泳的那个人来说，这是"我试探一下，看看能不能下水"。

跟不同的人一起走进河流，意义也不同。跟游泳冠军一起还是跟"旱鸭子"一起，其意义区别之大足以造成走进这条河还是不走进的不同结果。

无感受，则无性

无论生物学给性一个什么样的定义，它只能存在于主体对于这件事的具体感受之中。因此，不存在什么客观上的性，只有确实被某人所感受的那些东西，才足以构成他/她的性。

主体建构论反对任何一种客观测定，反对贴标签，拒绝别人给我贴标签，我也绝不给别人贴标签。因为那个现象里的当事人的欲望、感受和反馈都是不一样的。凡是根本不去了解人家的感受就给别人贴上某个社会标签的活动，都不足以称为研究，仅仅是主观臆断而已。

无认同，则无性

所谓的性，并不仅仅是由激素分泌这样的生物机制所产生和决定的，更加重要的是当事人自己必须事先就认同某种对于性的定义，才可能做出相应的行为。反过来也一样，尽管某个人一直在从事某种性活动，但是如果他/她的认同改变了，那么性也就变了。最典型的就是小姐们从来不认为自己"做生意"的时候是"性"，因此也就无动于衷；却把自己与所爱之人的性生活视为做爱，因而激情澎湃。

即使在最普通的日常夫妻性生活中也是这样的。某些性技巧往往被不同的社会力量定义为正常或者不正常，如果某人认同了其中的某种定义，那么他/她就会倾向于灌输给对方。如果这一过程一帆风顺，则皆大欢喜；倘若出现冲突，就非常可能把整个婚姻都给毁掉。

正是在这样一个主体建构论的视角下，性方面的任何一种认同才会如此重要，而且所谓的"糊里糊涂"或者"什么都无所谓"，甚至"酷儿"，其实也是一种认同，也会带来一系列相应的结果。恰恰因此，人类的性才可能如此丰富多彩。

无情境，则无性

只能在某情境中当事人才能标定某些行为或者感觉是不是性。最典型的就是色情影视中的演员，同样是性生活，在性表演的时候那就是一种工作，但是在与自己所爱的人从事的时候，那就是自己的性了。

所谓情境，不但可以是最细微的生活内容，也可以是最宏大的文化环境。例如，在我们中国，有一些人买性、卖性。它们与性工作的主要区别是：不是与职业的性工作者发生，也不是在性服务的场所里发生，就是在日常生活中通过性行为，一方给予而另一方获得，可能不是钱而是礼物，也可能是某些实际利益，甚至仅仅是某些优惠。所谓的"以权谋性""性贿赂"等都是这样。最普遍的就是在中国的很多商业来往中，有些人不得不跟客户搞暧昧，甚至不得不跟客户发生性行为，才能把这单生意做成，才会有业绩。

凡是没有脱离生活的中国人都知道这些情况。但是从 2000 年开始，我几次在国际学术会议上报告这种现象的时候，大多数外国人都听不懂。他们认为买性就是嫖娼，卖性就是卖淫，不可能分开。所以说，任何一种性现象只有在某个具体的情境中才会产生，才会被如此定义，也才能被这个情境之中的其他人听懂和理解。

全性的主体建构

主体建构的认知原则与价值导向

认知原则至少有下列四条。

首先，人不仅是被决定的，还是自己主动创造的；个人在特定的情境中创造了自己的世界，人们共同构建了整个世界。

其次，所谓的研究不是表述我们认为对方是什么样，而是发现对方是如何把自己构建成这样的。通俗地说，我们研究的不仅是"是什么"，更是"怎么会变成这样"。

第三，对方在被研究的过程中，其实一直在构建自己，然后呈现给我们。因此所谓的研究必须尽可能地发掘和分析这个过程，绝不能把对方的任何表述视为"原汁原味"的或者一成不变的。

第四，两者矛盾时，以主体的建构为本，然后再加上研究者的分析。后者绝不能湮灭前者。

正是出于上述四个认知原则，主体建构论认为，一切"天生如此"的假设和一切"客观测量"的研究方法都远远不够而且很容易误入歧途。因此这种新视角不是为了颠覆，而是为了更加深入，是对于传统研究方式的巨大修订和发展。

主体建构论的价值导向，可以归纳为以下两个警句。

第一，一切关于我的学问，必须包括我自己的体验、感受和领悟，否则就是兽医学。

例如，所谓的性教育，绝对不应该是成年人给青少年灌输某些知识，而是应该帮助他们不断提高认识自己、总结体验、寻求参照、分析反馈的能力。这其实也是一切教育的最终目标，只不过被目前的应试教育给湮灭了。很多"出事"的青少年其实并不是故意的，仅仅是因为缺乏上述的那四种能力。反之，那些循规蹈矩、墨守成规的青少年，也是因为缺乏这四种能力。

第二，我要努力说出自己的话，把我所占据的那个小小的时空染上自己的颜色。

之所以提倡这个，就是因为中国的传统文化其实与西方传来的各种"决定论"非常接近，也就是所谓的"命"，似乎每个人的一切都是被某些外界因素所决定的，根本逃不出这个天罗地网。结果就扼杀了几乎一切个体的主观能动性和创造性。主体建构论就是要反其道而行之，拼命地倡导：这个世界其实是我们自己创造的，当然也就是我们可以改变的。

总而言之，主体+建构就是反对一切"天生如此"，反对一切"客观测定"，反对一切"一成不变"。这不是一个单纯的方法论的问题，而是一个价值立场的问题，就是站在哪一边的问题。

主体建构论视角下的全性

按照我的理解，这种性的主体建构论可以初步表述为如下两个方面。

"建构"的视角反对把性视为天然的静态存在，强调对于它的形成和发展过程进行分析和解构，尤其重视社会、文化、政治、历史等因素所发挥的作用。它至少可以分为三个层次：第一个层次，建构的基础、动机和意义；第二个层次，建构的过程和方向；第三个层次，建构的机制及其所蕴含的互动关系。

"主体"的视角反对研究的客观化，主张从主体出发。它也可以分为三个层次：首先，强调被研究个体的主体性和体验性；其次，在自己的文化中，侧重的是个体之间的互为主体的机制；第三，在多文化中，我们所处的文化就是一个主体。

主体建构论可以说是这两个方面、三个层次的融合所形成的更大的总体。尽管这一学派其实很反对把自己"定义化"，但是我还是可以把主体建构论集中表述为把现象作为主体自己建构的结果（而不是天然存在的或者仅仅由环境决定的），以主体的感受和体验（而不是研究者的认知）为基础，更加侧重去研究主体自己的建构过程（而不仅仅是建构结果及其作用）的诸方面。

运用这一视角，可以总结出性的基本特征以及它与生物学意义上的性之间的区别。但是下面表述的各个命题，并不表明这些基本特征存在着结构意义上的先后顺序和逻辑关系。它们是在共同发挥复合作用的。

在主体建构论的视角下,性可以用以下的命题来描述。

首先,性是由主体来感受的,也是被主体所标定的。

性并不是一种可测定的客观存在,它只能存在于主体对它的具体感受之中。或者说,只有确实被某个主体所感受到的那些东西,才足以构成该主体(个人、群体、民族等)的性。它是主体依据自己的感受、认知与自我反馈所做出的种种标定、解释和评价的总和,以及由此而产生的种种日常生活实践(选择、策略、路径等)。

例如男人找小姐,去找什么?如果按照客观测定学派的思路,我们确实可以分出从"打飞机"到肛交的不同行为层次,但是从男人自己的感受与体验来看,其实存在着千差万别的情况,例如购买性对象形象(骚、浪、风情万种等)、亲密相处(陪伴、交谈等)、性的自私(被伺候、撒野等)、性技巧(包括"虐恋")等,不一而足。如果否认这些现象的存在,那么性研究就会堕落为兽医学。

其次,性是弥散式的。

它不仅仅是男女之事、床上之事、生殖相关之事,更是爱情和亲密之事、情感表达之事、人伦和交往之事、生存体验和生命价值之事。它当然包括同性恋等各种处于少数地位的性现象,还包括种种"涉性现象",例如谈性、听性、感受性及性感的日常实践等。

性的意义也是弥散的,不但当事人自己很难说清楚,即使研究者帮对方整理和总结,也仍然很难说清楚。中国民间有一个很流行的词:爱恨交加。在书斋学者的定义中,爱与恨是对立的,是非此即彼的,可是在现实生活中爱恨交加的状况确实存在,因为爱与恨是弥散的、模糊的、相互渗透的、难分难舍的。如果研究者非要去分析其中的爱占多少恨又占多少,那就是扭曲生活,就会变成文字游戏。

第三,性是意义化的。

它虽然会带来种种生物学意义上的结果,但是对于人与生活来说,更重要的是它可以对主体以及各种相关物产生各式各样的价值和意义。

以个人为例，一个人不仅要标定什么是性，而且必须赋予它某些价值和意义，才能够成为他/她自己的确实存在的性。例如相当多的人必须把性认定为爱，才能投入性生活；反过来的情况也屡见不鲜。

性的意义来源于主体与情境的互构。意义也是弥散式的。意义的建构是一个持续可变的过程。意义更多地来源于主体的日常生活实践，而不是单纯的认知或者外力作用。例如前文论述过的"性的生命周期"，就是人在一生中不断地给性赋予不同的意义而且不断变换。

第四，性来源于主体之间的互构。

与不同的人过性生活，就会有不同的方式、感受和意义，这就是主体之间的互构。

例如，2004年，我在四川雅安调查，访谈到一位三轮车司机。他坚持认为，一位在职的小姐是他的情人，他俩之间是爱情而不是买卖。虽然他们两个也会给钱和收钱，但是他认为这根本就不矛盾，妻子如果没工作，那不也是丈夫给她钱？也就是说，司机与小姐这两个主体之间通过互动与磨合而达成了一个共同的主体建构，那就是不考虑女方的职业，仍然按照双方相爱来共同生活。

如果仅仅从书斋学者的定义出发，我就会把三轮车司机的这种主诉斥为撒谎或诡辩。但是如果从主体建构论出发，我们就会发现这其实是性研究的宝藏与机会。所以我一贯提醒自己，对于其他阶层，千万不要用自己的价值观来判断他们的生活。

主体与情境之间也会产生互构，在不同的时空中与不同的人使用不同的方式过性生活，不但会构建出不同的性，而且会构建出不同的情境。这很可能是"度蜜月"的运行机制。

第五，性，存在于发展过程之中。

性的建构是一种结果，而构建则是一个持续可变的过程。在日常生活实践中，这个过程就是使用某种策略，沿着某种途径，不断地进行选择，而且随时随地可能出现变化、转折，甚至逆袭。

例如，在小姐当中，有些人一直是听天由命，结果，她们在很长时间以后依然故我,几乎没有任何发展变化。可是也有另外一些小姐,大多数都是在生活实践中比较有心计、会学习的,很快就琢磨出男人的性是怎么回事了。她们会看人下菜碟,会使用一些策略使男客尽量多掏钱,结果就可以更快地达到自己的那个小目标,然后可能就回家了或者嫁人了,在性产业中见不到她们了。

如果我们不去了解或者对小姐当中存在着的不同发展过程视而不见,尤其是不去了解那些已经"转业"的小姐,就很容易认为小姐们就是"一失足成千古恨"。那这就是歪曲了生活。

第六,性的变化更多地来源于主体的日常生活实践。

还是以上述那些"成功"小姐为例。她们中间有很多人虽然也号称初中毕业,其实几乎完全没有文化,在性产业的小圈子里生活也非常闭塞,更没有什么亲朋好友来关心,可是她们仍然能够从生活中学习,并且很快就可以实现自己的"小确幸"。反过来也一样,有些"不思进取"的小姐往往并不是由于自己愚钝,而是因为她们在自己所处的小环境中,生活实践过于单一,很难促使她们去向往改变,更不要说去实现改变。

第七、性与社会性别、身体等概念有着千丝万缕的联系。

性与社会性别是互塑互构的。通俗地说,就是什么样的性别就会有什么样的性,例如传统女性总是消极被动。反之,有什么样的性就会变成什么样的性别。最典型的就是同性恋者,他/她们与其他同性别的人没有任何可分辨的差别,仅仅由于性行为的对象不一样,就被认为"不男不女"。

性与身体的关系可以说是尽人皆知。性存在于我们的肉身,同时也典型地通过身体来表述并且具有身体体验性。

第八、性是自我认同的。

主体如何构建自己的性,这还是第一步,然后必须与自己所在的社会文化环境等因素进行协调,才能得出一个相对更加明确和持久的认知。这就是所谓认同的现象。也就是说,我们不是要研究"他/她是什么人"，而是要研究"他/她认同自己是什么人"。这种思路在近年来方兴未艾的同性恋平权运动中得到了充分的体现与运用，但是在整个性研究领域中仍然非常缺乏。

认同是一个根本的问题。例如，最近开始流传"无性"这样一个新词。如果按照客观测定学派的传统认识，这个词根本就是概念不清且逻辑混乱，因为"无"的究竟是什么样的"性"呢？难道可以把性梦与性幻想也给"无"掉吗？可是，如果从主体建构论和认同的视角来看，疑问就迎刃而解——"无"的是当事人自己所认定的"性"，而不是专家学者所说的"性"。

更加常见的例子就是在炎炎酷暑之下，所有的五星级酒店的大堂都有空调，都可以随意进入，但是实际上没有多少普通人真的去"占便宜"，因为他们早已认同"那不是我们该去的地方"。

主体建构论的普适性

研究不是贴标签，而是促进对方呈现自己的世界

例如，所谓的"早恋"，究竟是谁说"早"？谁说是"恋"？基本上都是家长、老师或者社会舆论。当事人自己是怎么体验和加以定义的，几乎没有人去研究，都在一股脑地去分析所谓的成因，然后提出某些莫名其妙的所谓对策。

再例如，所谓的"婚前性行为"也是研究成果甚多。可是，当事人自己认为"婚前"是什么意思呢？究竟是正式登记之前，还是举办婚礼之前，订婚之前，确定关系之前？这个，别说几乎没人去研究，就连意识到应该去研究的人也寥寥无几。

类似的生活实例还有很多。[①] 例如男男性行为者（MSM）、男同性卖淫者（Money Boy）、一夜情等，为数不多的论文虽然打破了研究禁

---

① 《中国男人的多伴侣与性交易之间马太效应的实证研究》（第二作者，2011）。

区，功不可没，但是却仍然停留在由研究者去测量和评判对方的低水平上，还没有意识到，对方认同什么——这才是第一位的和本源的研究目标。

主体建构论其实是一个非常生活化的概念，也非常适用于研究日常的具体的生活实践。这至少表现在如下这些方面。

生活与制度的冲突

在主体建构论看来，同样的一个社会现象可以从两个不同的视角去研究、去解读，从而带来大相径庭的不同认知。第一个视角是"生活实体"的视角，就是直接去考察这个现象在日常生活中实际上是什么，而不去考虑社会文化对它的定义是什么。第二个视角则恰恰相反，是仅仅从"制度设置"的角度来看问题，最常见的就是所谓"合不合法"的视角，就是完全按照法律规定来解读生活，不管生活中实际上是什么样。在性研究领域中，这样两个视角的冲突太常见了，仅举几例如下。

生活实体视角所说的恋爱，在制度设置视角下被说成是择偶。

人们所说的做爱，被制度设置说成是发生性关系。

生活实体中的婚外恋，在制度设置看来是第三者。

在生活实体中是找小姐，在制度设置中则是嫖娼。

在小姐们自己的生活中是"做生意"，但是在制度设置中却是卖淫。

以上不同的说法，不仅仅是用词不一样，也不仅仅是由于观察的角度不同，而是价值导向的不同。例如，生活实体中的谈恋爱，强调的是此时此刻双方处于一种相互爱恋的状态，最后并不一定会结婚。可是制度设置所说的择偶，却一下子就把双方的关系给定死了，也就是现在时髦的说法"一切不以结婚为目的的谈恋爱都是耍流氓"。

因此，任何性研究都面临一个根本问题（只是研究者还很少意识到）：我们从哪一个视角出发、使用哪一套概念去进行研究呢？任何站在制度设置立场上的所谓研究，最后终将自我矮化为粗浅的法制教育。唯有从生活实体出发的研究才能带来新的认知，促进社会的发展。

尤其是，这还不仅仅是专业研究者的问题，更是日常生活中的一种表态。使用生活实体的词语，还是沿用制度设置的概念，你一张嘴，"三观"就暴露无遗，就大概率地促使你认同或者进入哪一个社会群体。例如，如果有人找我谈"卖淫妇女"的事，那我根本就不会见他，免得话不投机半句多。

谁是小姐

任何一种现象，都是主体自己构建的结果，而不可能是天然存在的，也不可能仅仅是环境所决定的。下面仅举一例。

对于小姐，任何研究者或者旁观者都会有自己的定义。可是却很少有人去了解一下，那些被别人称为小姐的女性，她们自己是如何看待自己的？

我在调查中曾经遇到这样的情况。我问一位发廊妹，她为什么不去收入更高的桑拿按摩场所工作。她惊讶地反问我："啊？你让我去做小姐啊？"可是另外一位小姐却跟我说："我以前是做按摩的，生意不好，才来发廊做小姐的。"

这可不仅仅反映出小姐内部的不同分层，更是提示我们，这些女性都不认为自己现在或者过去是小姐，她们对于小姐的定义与我们这些局外人的定义天差地别。如果研究者仅仅把这种情况归结为小姐们相互之间的偏见，那就错失了研究的良机。

我当时是马上抓住小姐的这句话聊起来，才得以逐渐搞清楚，她们判断谁是小姐的时候，其实根本就不考虑实际上做什么，而是考虑是不是"被人看见"，也就是公开的程度和羞耻的程度。那位发廊妹认为"背着人没好事"，所以那些深藏不露的桑拿按摩里的才是见不得人的小姐。可是那位曾经的按摩女则认为"抛头露面没好人"，发廊妹们是明晃晃地在大街上开门迎客，不要脸得很，因此她们才是小姐。

由此我们可以联想到，有些人总是在纠结"中国到底有多少小姐"，这真的是索然无趣。即使是为了预防艾滋病而不得不统计这个数字，也仍然仅仅是聊以自慰，因为如果一个女性根本就不认为自己是小姐，那么任何预防性传播的宣传，对她们来说都只是耳旁风，最多也就是隔靴搔痒。所以应该调查的是：多少女性认同自己在做小姐。

从更加深入的层次来看，那种不考虑小姐的主体建构而仅仅由研究者来加以定义的思维方式，其实有着深远的文化传统，即男人和女人对于"买性"和"卖性"的理解，背道而驰。

在传统文化中，女人容易把自己通过性来获取钱财或者其他好处看作天经地义，因为靠丈夫养活的所有妻子从来就是如此。可是男人由于自己是付钱的人，所以很容易认定，凡是收钱的女人就都是卖淫。在这种传统文化的熏陶下，现在统计小姐人数的那些人，或者本身就是男人，或者是受到男性文化长期规训的女人，因此他们只能按照男人对于卖淫的理解来定义哪些女人是小姐。虽然被标定的那些女人自己不这样认为，但是由于缺乏发言权，她们的主体建构默默无闻，即使发声也会被认为是强词夺理和狡辩。

问题，究竟是谁的问题

当前，在女性性工作者中预防艾滋病的工作正在大力开展，必将功德无量。但是，从学理的角度来看，艾滋病传播，这究竟是谁的问题呢？恐怕仅仅是公共卫生学科的问题，而不是小姐们自己的问题。

在目前的环境下，小姐自己的生活逻辑主要是下列这些，而且是按照以下顺序排列的。

第一，小姐要生存。这关系到性产业的组织形式，关系到小姐自己的流动机制、支持网络、博弈能力等因素。

第二，要安全，包括小姐自己的人身保障、财产保存、被剥削程度等内容。

第三，要生与育的保障，包括防治妇女病与人流，保持自己的生殖能力等。

第四，防止自己堕入"脏"与"贱"，以便在一个被污名化和被歧视的行业里，多少还能保住自己的一些人格。

只有在上述四个方面都得到最起码的满足之后，小姐们才可能考虑预防性病与艾滋病的问题。这是因为主流社会越强化宣传"做性工作会得病"，小姐们就越可能把性病、艾滋病看作自己从事这一行不得不付出的必要的代价。她们的应对策略只能是听天由命，不大可能接受预防艾滋病的宣传教育。

因此，在客观测定学派看来，这是小姐们愚昧的表现，研究者只能恨铁不成钢甚至不愿意再对牛弹琴。可是在主体建构论看来，这却是由于主流社会根本不愿意去了解小姐们，却蛮不讲理地把自己遇到的问题强加给小姐们。

卖淫不是性

到目前为止，至少在网上的讨论中，这样一种思想正在日渐传开——小姐是公民，不仅其人权理应受到法律与国家的保护，而且她们自己就是法律与国家的合法性来源的组成部分。如果不从这样的角度出发，那么一切关于小姐的讨论就都会莫名其妙甚至南辕北辙。那种"坏人无权利，坏人不是人民"的潜意识，终会伤害到每一个自以为不是坏人的人。

我不准备重复自己历来的论述，也不准备直接评论网上已有的讨论内容，而是希望能够点出问题的深层症结，人们也就自然会发现，研究性工作问题的诀窍究竟是什么。

此前的一切讨论都存在着一个元假设：无论正方还是反方，都先验地认为卖淫无疑是一种性行为，甚至是夫妻性生活那样的性。也就是说，所有这样认为的人，都没有首先去理解小姐的真实生活，而是从自己的假设出发，把卖淫强行标定为一种性行为。因此双方只能在性道德的层面上针锋相对，结果，背后的情感动力就不可避免地大发作，双方往往都只会暴跳如雷，无暇思索。

可是，果真如此？

问题的关键在于卖淫是男客的性,却不是小姐的性。

在通常情况下,男客只有获得自己所需要的性满足(往往是射精)才会付钱,因此对于男客来说,嫖一次就是一次货真价实的性行为。

但是小姐呢?在大部分小姐的绝大多次卖淫过程中,她们在生理上都不会出现任何性的反应,不会血压增高、心跳加快、面色潮红、阴道分泌,至少绝对不会像她们跟所爱之人的日常的性生活那样。反过来说,如果哪位小姐确曾如此,那么她也不可能长此以往,更不可能多多益善,结果也就不可能持续地从事性工作。

这就是说,小姐卖的并不是"淫",更不是"性",而是身体接触,仅仅是把自己的身体或器官暂时地工具化。因此,所谓的"性工作者"其实连"性"也没有,就是纯纯粹粹、地地道道、普普通通的工作者,仅仅是在从事一种普普通通的体力劳动。

明白了这个生活常识,还需要讨论小姐该不该"合法化"的问题吗?

主体建构论的性别应用

我在1987年曾经访谈过一位女性。我问道:"你有过婚前性行为吗?"她说没有。我说:"那你还是处女啊。"她却说:"也不是,因为我爱过。"从此我开始明白男女两个世界的巨大差异,也成为我多年之后提出主体建构论的思想源泉之一。

在客观测定学派看来,这就是自相矛盾、违反逻辑,甚至是撒谎。但是在主体建构论看来,这才是进一步的真实。也就是说,该女性认为自己做的是爱,可是你非要问人家有没有过"性行为",人家当然回答说没有。可是你又问一个生理事实,那么人家并没有撒谎,承认自己也不是处女。然后,人家教导你说:"因为我爱过。"

那些客观测定学派只相信数学的逻辑,完全不知道实际生活的逻辑,甚至不知道"男女有别"这个生活常识。这就是他们最重大的缺陷。

结果,作为主体的我们,总是被其他人来描述、定义和评判,从来没人关注过我们自己是怎么想的。结果,所谓的性知识与"性科学"就变成专家说的、只有专家才拥有的、用来教育"无知者"的那一套东西。结果,现状就是一些外人用"非我"的话语在评判我们自己的全性。

对性教育的启示

命题 1:以主体的感受和体验为基础,而不是研究者的认知。

举例:不是我们要讲什么样的和多少知识,而是,首先,他们已经知道多少了?其次,他们已经具有的知识有多少是我们不知道的?最后,无论他们的知识是对还是错,他们是如何认同这种知识的?

命题 2:把现象作为主体自己建构的结果,而不是天然存在的或者仅仅由环境决定的。

举例:现在仍然有一些青少年坚定地相信自慰有害论。我们的性教育如果仅仅是大加批判,那么很可能不但无法说服他们,反而会激起他们的抗拒。因此我们必须去探索:他们是如何筛选信息以便构建自己并使自己合理化的?他们是怎么一步步信以为真的?他们是如何批驳自慰无害论的?

命题 3:更加侧重去研究主体自己的建构过程的诸方面,而不仅仅是建构的结果及其作用。

举例:在互联网高度发达的今天,在避孕知识已经唾手可得的当今中国,为什么还是有些人实际上不避孕?无论男女,他们对于有关避孕的信息,进行过怎样的筛选?是羞于了解还是充耳不闻?在实际的性行为中,他们自己假设对方是什么样的,是男孩子以为女孩子自己会避孕,还是女孩子不好意思让男孩子戴套?不避孕的具体情境是什么样的,是男孩子来不及,还是女孩子心存侥幸,抑或是试过避孕却没有成功?

命题 4:主体的任何一种建构结果,只有呈现出来,才能够产生人际互动。

举例：任何一种性教育，如果使用课堂教学的方式进行，其呈现效果就最差。我们应该举办"主诉聚会"（心理疏导法），开展"辩论赛""A片影评"，以便充分调动对方的积极性。即使是我们自己讲课，也应该是集中、密集地分析典型案例。

新视角的意义

首先，主体建构论完全可以从性研究这个切入点，更好地辐射到更加广阔的学术领域。

其次，在风起云涌的当今中国，主体建构论可以促使我们去抢救主体的声音，以免等到一切都成为历史之后，再去依靠文献来进行研究。

最后，主体建构论可以回应"后现代思潮只破不立"的质疑，促使我们百尺竿头更进一步，不仅要打破性弱势群体的他者性，还要积极地去挖掘和构建他们的主体性。

当然，我所论述的一切，仅仅是反对唯科学主义，即反对用自然科学来解释一切社会现象。至于有人非要这样做，那并不是自然科学的错，而是这些人自己错了。同样，性的主体建构论也并非"生物因素取消论"，而是更加侧重社会与文化因素的作用。

我和我的团队在21世纪以来，坚定地贯彻了这一学派的基本思想、视角与方法。

我在1996年的论文《性学：期待着方法论的突破》中就提出过，中国的研究者如果想继续沿袭西方传统学派的生物学、心理学、社会学三大方向来发展我们自己的性研究，基本上是不可能的。这不仅仅是因为我们中国目前的社会环境、学术积累与研究条件都远远不够，更是因为这三大传统学科之间，本身就存在着在可预见的将来根本无法化解的矛盾。①

---

① 专业读者值得一阅。

与此相反，属于后现代主义思潮的性研究中的主体建构论，很可能是我们这些后发研究者最容易成功的突破口，尤其是最容易做出我们中国人的原创、本土的学术贡献。

当然，后现代主义思潮的任何一个有价值的学术批评，恰恰都是建立在精通并且深刻理解各种传统学派的基础之上的。通俗地说，只有专家，才有可能批评自己的专业，否则就成"无知者无畏"了。正是因此，我才仍然不懈地进行着一些属于经典社会学的定量研究（问卷调查），只不过是力图在方法论的高度上，争取破茧而出。

主体建构论也可以是一个研究的新视角。例如对于任何一个社会事件，无论已经有多少人从客观测定的视角研究出多少成果，你只要颠倒视角去研究当事人自己究竟是如何看待、表述和处理这个事件的，就完全可能得到新的发现，做出新的分析。所谓学术创新，手到擒来。

更为重要的是主体建构论不是传统的价值中立的纯粹研究方法，而是一种新的世界观。它的价值观就是人权理念：研究者不是科学家，对方也不是实验用的小白鼠。对于性教育来说，教育者绝对不是"园丁"，没有权力也没有资格砍掉受教育者的枝枝蔓蔓，迫使他们成为我们希望的那样。性教育者只能是"蜡烛"，燃烧自己，照亮别人。

因此主体建构论至少具有两大社会责任。其一，从旁观的研究者走向对方的代言人；其二，主张多元平等，坚信虽然信仰不可争论，但是真理并不唯一。

最根本的主体建构

在几乎一切民族的语言中，男女性交从来都被描述为"他插入她"。可是，它为什么就不是反过来呢？在"女上位"的性交中，难道不是"她吞没了他"吗？这才是真的和根本的性别问题。

在明清之际的性小说中，屡屡使用一些专有名词来描述这种情况①，还有相应的论述②。这意味着女人同样拥有性的积极性和主动性。问题仅仅在于，为什么在现代的中国，已经没有几个人还记得老祖宗的这个概念与哲理，更没有人去发掘其中的文化意义？

随着"男尊女卑"的身份制度的确立，"卑"的阴道就再也不被允许去吞没"尊"的阴茎了。这不但成为男权中心社会的支柱，而且成为排斥异性性行为多样化的思想武器，更是压制同性性行为的法宝。

这样一来，性交就变成了一种社会的定规与礼仪，即所谓"伦常"。由于社会首先把我规训为"大男人"，所以我才会信奉和贯彻"插入论"。反之，如果社会把我培养成"淑女"，那么我就很难承认"吞没论"，即使这样做过，也绝不能这样想，更不能说出来。也正是因此，直到21世纪，据我的四次全国调查，中国夫妻中仍然有30%到50%的人从来没有采用过"女上位"。这并不是因为这种体位有何优劣之分，而是因为传统的男女很难接受这种"乾坤颠倒的""男人有失身份而女人不守妇道"的方式。

从性与性别的视角来看，这其实是牵一发而动全身的主体建构的选择。男人如果愿意承认"吞没论"，那么他至少会对女性有所敬畏，可能成为双方平等的基础。如果一个女人也肯于这么说，那么她往往就会更加自强自立。

这就是话语的神奇力量，就是你自己的主体建构的结果。你用的是哪一个词，你就会具有哪一种"三观"，就会做出哪一种选择。

---

① [清] 丁秉仁《瑶华传》有长篇论述，但是原文不雅，只得隐匿。
② [明]《肉蒲团》有具体论述，因不雅而无法列出。

2014—2018，播下另类的种子

"民间性学"登上大雅之堂

"性学"在西方发展了120年，在当今中国也崭露头角。这种性学是"正规"的，基本上从属于西医或者中医，基本上由专业医生来执掌。

但是中国古代的房中术曾经流传千年之久，中国普通人在日常生活中也积累了大量的实践经验与理性认知，却没有被纳入"正规性学"。

我一贯奉行"主体建构"的视角：任何人主动创造出来的任何思考、见解与理论，哪怕是奇谈怪论、异想天开，也都是人类知识宝库的重要内容，与"正规性学"享有平等地位与同等价值。

因此，我和我的研究所在2014年12月6—7日在北京召集"民间性学"恳谈会，欢迎任何一位对于"性"有自己独到见解的非专业人士参加，以便集思广益，切磋交流，共同把这些"民间性学"的丰富知识聚拢起来，促进其发展，并逐步在知识海洋中恢复它应有的地位与价值。

这毫无疑问是中国的首次，总共有下列的发言。

黄友林：人口再生产制度与性伦理道德价值观；潘海：当代性学研究应弘扬性的核心价值；杨东：新型的具有革命性的相对最高级最科学最完善的性爱；邓卫东（代发言）：国学中的重德轻色；王珺：建构

一个有性爱的乌托邦；孙长同：性文化说文解字；刘才泽：从"猿搏"到"龙翻"——兼谈人类起源；蔡成：一份不完全的北漂性爱问题调查；夏叶玲：知己知彼，提升女性性潜力；阳春："催眠式多元缓慢性爱"在性治疗中的运用；蔺德刚：性与女性；文涛：男女双修的经验与体会；徐丰盈：性与迷信；刘涛：已婚女人的出轨问题讨论；陈荟楠：高尚与低俗——从信仰角度看卖淫嫖娼的问题；白志伟：中国的光棍问题。

按照学院派的衡量标准，上述发言的主题相对纷杂，有一些发言并无新意，总的来说研究质量并不高。但是这次活动最宝贵的，一是来自民间，就是一个专业研究者也没有；二是恳谈，就是想啥说啥，没有条条框框。第三则是正名，就是由我的研究所这样一个体制内的正规学术机构来组织。因此，它的价值不在于得到了多少，而在于开始了什么。

老年的性，不都是性的老年

在 2014 年 9 月 17—18 日、同年的 12 月 8—9 日、2015 年 11 月 21—22 日，由中国人民大学性社会学研究所连续三次举办了"老年知性"恳谈会。其召集书是这样写的：

> 举办这几次活动的宗旨是：在世人的眼里，老年男女越来越没有"性"了。这似乎是全人类的定律。但是，整体不应该湮没个体，总有一些老人仍然可以积极地、活跃地投入性生活；"性"难道仅仅是阴茎出入阴道的行为吗？很多老年人创造出许多其他方式；"性"绝对不仅仅是生理的，老年人肯定有许多心理满足的方法；"性"的意义是可以变化的，老人在其他活动中，也能得到各种形式的性满足；即使以上情况都没有，老人对于"无性状态"也有自己的各种理解和处理方法。
>
> 凡此种种，无论世人，还是子女、社会、老年工作者，其实都

知之甚少；而老年男女也往往三缄其口。但是在人口老龄化时代，如果我们老人自己不发出声音，那么指望谁来理解我们呢？

事先我检索关于中国老年人的论文，在"中国知网"上，从1980年以来共一万多篇文章，大多数是医学角度的，社会科学方面的也有将近一千篇。但里面关于老年人的性的只有四篇——三篇小豆腐块，还有一篇是文学评论。这个情况我没想到，大吃一惊。

这个社会怎么了？人人都知道中国已经进入老龄化社会，"白发浪潮"已经席卷城乡，可是为什么没有人关注老年人的性问题呢？

到底怎么了？这么多的老年工作的机构，再加上什么老龄委、干休所、老年活动中心等五花八门的单位，为什么没有一个来谈谈老年人的性问题呢？

到底怎么了？为什么讨论老年之性的文章——哪怕非常粗浅，一共只有区区四篇？难道中国的医生和学者中，就没有一个超过60岁的？就没有一个敢于谈谈自己性问题的？

说到底，我们这些中国老年人自己又怎么了？我们为什么不愿、不敢、不能、不屑于说出自己的性问题？

我举办这个活动，客观上也有个刺激。最近一两年传媒上在说，老年人嫖娼的人数增加了，得性病的人数增加了。两年前我也不理会这些信息，因为跟我没大关系，因为我没把自己划进老年人里头。退休之后我意识到，这就是侵犯我的利益，按人权观点我就得跟你辩论了。

其实，他们那个错误根本不值一驳。我觉得最可笑之处在于，这些人都是学自然科学出身的，数学比我强一万倍，怎么能拿构成比来代替发生率呢？所谓构成比，就是在已经得性病的人里，有百分之多少是老年人。分母是所有得性病的人，却不是所有老年人。可是发生率，分母应该是所有老年人，中国现在两亿老年人里究竟有多少得了性病，这才叫发生率。老年人的性病构成比为什么会升高？不一定是真的增加了，还可能是因为以前从来也不检查老年人有没有性病，所以构成比是0。

现在专门去检查老年人，只要发现一个人有，就不可能是 0 了，就一定会增加了。这可真是天大的误导啊。闹得卫生部还专门批准一个课题，要研究需不需要在政策上做出改变。你说荒谬不荒谬？分母搞错了，小学四年级的算术啊。

当然，"无性"或者"不再要性"的老年人也非常多。可是，是自然就没有了，还是认为应该没有才没有的？大多数老年人其实是根据中医推论出来的劳色伤身、戒欲保命等。这里面就出现了一个逻辑上的误区，中医有两千年经验积累没错，可两千年里中国人的平均寿命恐怕连五十岁都不到，人生七十古来稀嘛。因此，中医在别的问题上经验都很丰富，可在老年人这里却恰恰是最没经验的。你怎么能盲目相信呢？

尤其是，哪个中医告诉你不能相互抚摸和按摩？谁告诉你不能给他/她挠痒痒？谁告诉你不能挨着睡了，你干吗就分床分房？

很多老头儿都说：老太婆不要了，我当然就没有了。可是老太婆不要什么？不就是不要插入吗？她们不要抚摸？不要依偎？不要牵手？别老是把性想得那么狭隘啊。

在恳谈会上，大家一个个都积极发言，也没有发言时间表，都很活跃，而且还有争论。但都是老年人嘛，心态比较好，没有吵架的。大家发言说的东西我基本都没想到，因为过去我没研究过这个。尤其是女性，她们对可替代物品的接受程度远远比我想象的要强。男人总是觉得，要么有要么没有，有的话往往是不可替代，比如说用性玩具、充气娃娃，大多数老年男人都反对。他们觉得那是替代，他们觉得哪怕是拥抱接吻也得是个真人，这个不可替代。

老太太发言比老头儿们开放。她们认为，有些医生错误地用老头子的"猝死"来恫吓老妻，结果给她们带来极大的心理压力，想做也不敢了。

她们还提出来：孙子辈是"敌人"。孙子孙女一出来，老夫老妻活生生被拆散——这是原话。本来是还有点儿（性生活）的，或者还可能继续有的，老太太一去看孩子，得，就拆散了。男人一般不太想到这种事，她们就很敏感。

再一个说更年期，我以前也没仔细琢磨过。她们都反映，根本就没有什么更年期。她们觉得这东西根本就是人造的，一旦信了你还真跟着变了。其实不就是阴道分泌物减少了吗？且不说有一大堆技术手段可以解决，为什么还去强求插入呢？女人的性、性敏感区和性行为方式都比男人更加广泛更加丰富，活到老了，女人为什么还不为自己活一回啊，为什么还要坚守那种其实主要为男人服务的性生活方式啊！

再说，所谓的雌激素减少就不想性了，那是说青少年，没有性发育就不会想性。可是老年人活了一辈子，就不再是一张白纸了，会不留恋性的美好吗？会只希望苟延残喘却不再需要生命的辉煌吗？干吗自觉地把性给"戒"了呢？一切的一切，只不过是具体方式变化了而已。还是要想，才能想要，才能获得啊。当然你可以说这种第二春是特例，但是这特例以前咱也不知道啊。

通过恳谈会大家都了解到，老年人的性生活其实是无比丰富的，是超越了年轻人那种"唯有插入"的狭隘层面的。人类的性，繁花似锦、万紫千红，具有无限的多样性，老年人也是一样。在我们的恳谈会上就有各种不同的呈现：既有纯生理的，也有纯精神的；既有生机勃勃的，也有心静如水的；既有旧梦重圆的，也有老树新芽的。尤其是年过八旬的刘达临教授的开诚布公，令人心动。大家都能够深切地相互理解，不仅没有阻碍交流，反而加深了友谊。但是关键是，要说出来，一定要说出来，非说出来不可！

对于一个物种来说，生命的意义仅仅在于传递基因。可是对于任何一个个体的人生来说，生命的意义却如同千年古酿，愈老愈醇，而且五彩缤纷，美不胜收。

所以恳谈会上有人提出，老年之性就是智慧的性、知性的性、感悟的性，是阅历＋经验＋心胸＋新知识。它可能没那么有激情了，也不会那么频繁，但是更加醇厚，更加自如。因此这不是衰老而是创新，不是走向"无性"而是迈向"性"的更高要求，因为我们的判断标准、交往经验、选择能力都更高于中青年，也更高于自己年轻的时候。因此，我们不是夕阳红,最终也不是日落西山,而是"会当凌绝顶,一览众山小"。最终,哪怕是化作一缕青烟,那也是"直上重霄九"。

这就是我们最宝贵的精神财富。因此我们应该抓牢最后的机会,把它传输给下几代人,为中国的性文化,抹上我们自己这一代的亮色。

这个"老年知性"的系列恳谈会对于我自己来说意义重大,因为我早年虽然写过相关的文章①,但只有我自己成为老年人这个"主体"之后,才会感触尤深。

一开始老年人都说,你想做这个研究很好,我愿意给你提供点材料。我说你看看有人记录吗?一不录音二不记录,而且不是老年人一概别来。这不是我自己要做研究、写论文,咱们这个恳谈过程本身就是目的,就是要提倡:我们老年人,如果自己不谈自己的性,那还指望谁来理解我们、支持我们和帮助我们?即使我们真的是"万念俱寂、心如古井",那也应该大声地说出来:我就是"无性",我不再需要性,我渴求其他的补偿或者替代。这就是主体建构的研究方法。

在会上我也谈自己的经验。只要没退休,你就想着,似乎还能一直往前走。2014年3月一退,马上觉得,哎,我是老年人了,忽然想到自己还有这个身份。所以我现在开会说话,就不是客观研究者了,我第一次变成研究的主体了。

这就是我提倡了十年的"主体建构论"的思路,现在我自己开始做了。主体自己站出来进行构建,这个过程就是结果,就是意义,就是价值。如果最后大家都认可,那就是我们这帮人构建出一些东西了。即使这东西别人不知道,也没传播开,但它在这个世界上曾经存在过。就算我们都死了,它也存在过。

有一位参加者还想编一本"老年性知识手册",来找专家,结果被大家给剋回去了——如果老年人自己都不站出来说话,你能瞎编出什么来?咱们自己才是专家,能听懂不?

---

① 《对老年人性生活的正确认识》(1987)等五篇,载于《老年生活百科知识全书》。

《我在现场》：研究者的心路历程

我退休之后，我的学生们与我一起写了一本书，2017年终于出版了，书名是《我在现场——性社会学田野调查笔记》，由山西人民出版社出版。

其实，这本书稿早在2015年就被一家著名出版社要走，而且我也交了两万元的出版资助，但是到最后一分钟被"枪毙"并且退钱了。我猜到了原因而且后来被证实了——因为我是主编。但我还不死心，就去找我的朋友尚红科[①]先生，我主动提出把主编改为黄盈盈，这本书才终于修成正果，得见天日。

这本书发行量很大，所以我也就不多写了，摘录书中的一些片段吧。

扉页文字：

这本书，都是我们的亲身体验，也是心路历程，更是人生价值。希望大家喜欢，不但喜欢这本书，也喜欢我们这些人。

我写的"前言"：

一说起"性社会学"，大多数人感兴趣的肯定不是"社会学"，而是"性"。

这既非错误，也不低俗，因为"性"的背后是生命，是我们全部人格的凝聚，是社会运行的基本维度之一。

…………

可是说到调查"性"，而且不仅是"实地"的，还是"现场"的，那么大多数人感兴趣的，就绝不仅仅是"你调查到什么"，而

[①] 北京汉唐阳光文化发展有限公司总经理。

是"你怎么调查的",尤其是"你也做那个了吗?"。

本书的各位作者,都参加过性社会学的实地调查。可是,在大家写出的学术论文里,几乎全都是调查所获得的知识,似乎"我"并不在场,似乎那一切都与"我"无关。

这固然很学术化,但是我们毕竟是活人啊,怎么可能无动于衷地进行调查,又怎么可能在调查之后一如故我?实际上,我们每个人在调查过程中,都获得了刻骨铭心的体验和感悟。我们都觉得,这才是最有意思的,不但对我们自己的人生最有意思,对于学术发展,其实也是最有意思的。

于是在我退休之际,学生们都提出应该共同写这样一本书:

不是学术专著,而是我们每个人的心路历程;

不仅仅是描述被调查者的情况,更是呈现我们自己的人格升华;

不寻求中规中矩,而是实话实说、真心告白。

…………

性社会学,乃至整个社会学,从来没有研究禁区。它所关注的仅仅是该研究的学术水平如何,更关心研究者自己从中获得了什么体悟。我们每个人都努力去做了,但是本书却希望更多更深地表达后一层意思。

下面是该书的篇目、作者及作者概况。

姓名	章节名称	工作单位	职称/学位	年龄(岁)
黄盈盈	1. "你要自甘堕落":记"小姐"研究中的朋友们 2. 中国社会调查中的研究伦理:方法论层次的反思	中国人民大学社会人口学院	博导	30—40

（续表）

姓名	章节名称	工作单位	职称/学位	年龄（岁）
潘绥铭	1. 我在"红灯区" 2. 与"同志"们相处：我的第一次田野调查	中国人民大学性社会学研究所	博导	60+
杜鹃	非典型"性"调查	中共北京市委党校社会学教研部	讲师	30—40
江秋雨	真实的"谎言"	加拿大麦吉尔大学	在读博士	30+
游珍珍	她们的纠结与纠结的我	自由职业者	硕士	30—40
张娜	激情的投入与焕发	北京科技大学文法学院	副教授	30
赵军	义行江湖：警察、兄弟、小姐之间的学术游走	北京师范大学刑事法学研究院	副教授	40—50
张楠	透过酒杯的霓虹	重庆大学人文社会科学高等研究院	讲师	30—40
刘中一	可以抱抱你吗？姐姐	中国人口与发展研究中心	研究员	50
王文卿	生活世界的碰撞与视界的融合：性研究的断章	北京理工大学社会工作系	讲师	30—40
姚星亮	小姐主体之性问题：兼论敏感问题社会学研究之困与思	常州大学瞿秋白政府管理学院社会工作系	副教授	37
夏冰	身处共境：我与大妈聊"月子"	马萨诸塞州大学历史学	在读博士	27
鲍雨	研究，浸透在日常生活中	江苏省社会科学院	助理研究员	28
王晨娜	田野之准备——走进［近］未婚人流女青年	中央民族大学、比利时法语鲁汶大学	在读博士	30
王小平	从叙事看自我："性"的解释功能	山西师范大学政法学院	教授、硕导	42

"汉唐阳光"（此书的发行单位）的编辑说：

这本书何止是好奇心，内容与标题齐飞，专业共深情一色！真正意义上的"男人看后沉默，女人看后流泪"。

这本书经历了诸多波折才得以面世，它不仅仅是社会学者在田野调查过程中酸甜苦辣的原始记录，更饱含着对社会边缘人群境遇的共情共景与对某些社会问题的深刻反思。"对每一个人而言,他的生活就是他的宇宙;对社会而言,宏大之下亦是个体的欢欣和苦痛的汇聚。一滴水而知寰宇,一朵花而见春天。"这是一本诚心诚意的笔记,也是对生命的理解与尊重。

作为该书的主编,黄盈盈在接受《新京报》的采访时说:

本书聚集了我们长时间积累的一些想法,触及我们平时师门聚餐时经常会聊的八卦,跟我们自己特别切身相关的田野感受。好多人会把自己作为一个研究者"悬挂"起来,但在这本书里,很难说主角就是我们,但至少"我"的痕迹是很重的。这些学术八卦与想法,在目前的学术期刊上是发表不了的,所以大家觉得不如写成一本调查笔记出版,不是特别严肃,也不用循学术八股,想说什么就说什么。从我们学生的角度来说,也希望作为给潘老师的一份退休礼物。不过,本书从策划到最后出版,起关键作用的还是潘老师。我是沾了大家的光。不过也没有想到,这样一本书,从交付给第一个出版社到现在,居然三年后才面世。

2017，理论探求不负勇往

2017年10月16—22日，在我退休之后，玛丽·斯特普（Marie Stopes International，MSI）中国代表处邀请我做一个整整五天的讲座，给该组织联系到的基层性教育工作者讲述"性社会学"的基本内容，一方面促进他们提高自己的理论水平，另一方面也是给我一个机会——把我一生的研究成果总结一下。该组织的年轻人王龙玺与我成为忘年交，还争取到玉润基金会的十万元资助，该讲座全程录像，被发布在网上，还专门整理出文字稿。

在我以往的教学中，大量的内容是描述历史发展的事实与对现状的分析，虽然很生动活泼，学生也爱听，但是作为一个学科，系统地讲述理论还真是不多。所以，我很珍视也很感激这次机会，本篇的部分章节就是这次讲课内容的拓展。

但是我也必须承认，这些理论内容对于主要是大学生志愿者的基层的性教育工作者来说，确实过于深奥也过于遥远。虽然我几乎时时处处举出性教育中可能遇到的情况来作为例子，但是对于新手来说可能还是雾里看花。

不管怎么说，我还是希望把这些成果留存下来。

决定论的各种理论

所谓决定论的视角，就是把 A 视为 B 的作用的结果，就是 B 决定了 A。这是一种源远流长、根深蒂固的思维方式，来源于人类最古老的二元对立的思想。因此，在可以运用于性研究领域的各种理论之中，这种视角的理论最多、最显赫、最吸引人。

信念主义：个体的性目标

以人本心理学为基础，这种理论认为，个体是有性目标的，区别只在于自己明不明白，能不能表述清楚。这是需要一定能力的，不一定是文化水平。民间有好多人大字都不识，但是故事讲得栩栩如生，那就是表达能力。所以，信念主义研究思路的基本假设就是被研究者必须具有足以清晰表达自己想法的能力，否则这个方向的研究就无法进行。

这个研究思路的价值在于性的目标会对自己的性关系和性行为发挥巨大的作用。

例如，有人研究女大学生约炮，发现有时候她并不满意，而是靠一种信念坚持下去："自己约的炮，流着泪也要打完。"这叫作愿赌服输，是契约精神，完全不同于弱者的撒娇耍赖。这种信念是怎么来的？怎么会贯彻到约炮这种性行为中去？这可以算作"性的目标"吗？最终解答这些问题才可以算作一个研究，而不是停留在猎奇或者仅仅描述情况的初级层次上。

再例如，性教育也有一个信念的问题。无论我们讲什么内容，都是我们把这些内容总结为知识，变成概念，变成一些陈述句，再教给青少年。因此我们想传授"纯粹的性知识"也不可能，那些知识已经被理性化、信念化。所以，我们不得不思考三个问题：其一，我们高度理性化、文字化、图像化之后的性教育，其中究竟渗透了什么样的理念，就是我们希望被教育者实现什么样的性目标？其二，那些被教育者自己的性目标又是什么样的，有多少种，如何发展而来？其三，我们性教育的信念与被教育者自己的信念之间，究竟是什么样的关系，出现了哪些互动，可能带来什么样的结果？

可是，反过来看，我们从小到大，我们的性冲动，我们的性梦，我们的恋爱，是理性思考的结果吗？人类有情感，有情感的冲动。相爱的两个人，大概永远说不清楚为什么会爱上对方。如果真的是在某种信念的指导之下才爱上对方，那就是择偶而不是恋爱了。因此信念主义研究思路的命门就是它的元假设有漏洞：全性，必然会存在一个目标吗？行为主体需要这样一个目标吗？这样反思下去，我们才可能不被某一种具体的理论所束缚，而是步步深入，乃至无穷。

欲望—需求论：性趣的社会变化

所谓的"性趣"也是老百姓刚开始传播的一个词，学术语言就是性的欲望，也可以说是性的需求。这本来是一个非常严格的生理学概念，可以有一大堆生理指标来加以测定。但是时至20世纪后期，后现代主义思潮下的人文社科研究对它提出了颠覆性的挑战。最简单地来说：性欲是无指向的生理反应（例如，胎儿的勃起），性欲望却是具有不同指向的社会意识（例如，不同的性取向）。后者，是主体与所在的社会共同构建出来的，不但因阶层、性别、情境等诸多社会因素而变，也因时间和生命周期而变。所以，性欲望才足以成为一种希望在人际关系中获得满足的需求（例如，性交），而不是简单的性张力的释放（例如，手淫）。

性欲望随着社会的变化而变化。在21世纪的中国，"缺乏性趣"和"少性状态"都在增加，即使在18岁到29岁的年轻男性中也是如此。这不可能是这么大比例的中国人都缺乏激素分泌了。那么这些人的性欲望和需求是确实减少了，还是转移了，还是被替代了，还是被压抑了？这首先就是一个生活实体的问题，需要随机抽样调查才能够搞清楚。如果要分析其中的原因和机制，就不得不回过头去重新思考性欲望理论的元假设是不是足以成立，是否还有改善与发展的余地。如此这般，这个研究就会从描述式的呈现深入到理论式的思维，从而丰富性欲望这个方兴未艾的新概念体系。

性总量理论："性释放途径"的结构差异

这是金西早在1948年就提出的一种理论，就是说，一个人、一个民族的性活动总量不可能大起大落，只是释放的途径可能变化。性梦、性幻想、"撸管"、"意淫"、"裸聊"、"磕炮"、"文爱"，这些都是性释放的可能途径。以前只有婚内性生活这一条路，现在的途径不仅丰富多彩而且日益增加，但是总量不可能大变，只是各种分流更多了。所谓的性革命，无论西方的还是当代中国的其实也是这样，不是性增加了，而是性的释放途径不仅增加了而且分散化和多样化了，因此我们需要多多研究"性"的内部结构及其变化的机制。

现在很多人都在研究互联网对于人们的性实践产生了哪些影响，但是千万不要说互联网增加了性活动的总量。互联网改变了性的什么？就是把性给虚拟化了，已经不再需要真人的肉体接触了。这就增加了一条全新的性释放渠道，不但最容易做到，还最刺激，还没什么后果，难怪投入者日益增加。结果，原来的性的内部结构就改变了，性已经不再是20世纪的那个性了。如果跟不上这个社会发展，还在那里争论一些过时的问题，例如贞操、性取向什么的，就会陷入停顿与荒废。这才是研究互联网与性的真正意义，也是性总量理论的与时俱进。

其他理论列举

消费文化论，可以用来研究"性的时尚"。社会现象是处女情结、贞操、女德的复兴。发生的情境是最近30年中国女性的飞速进步。对于性教育的启示：多元性别时代，年轻人开始逃避自由、出现选择恐惧。

支持系统论，可以用来研究性的社会支持系统。社会现象是性的独处、独立、独自，它们的背后是什么？发生的情境究竟是什么？对于性教育的启示则是青少年的团伙现象来自于缺乏其他支持。

交换论，研究"性的匹配"。社会现象是从 20 世纪 90 年代的试婚走到当前的"不婚同居"，双方在交换什么，又不愿意交换什么？

脚本论，可以研究的是"性风采"。社会现象是性魅力下降、"正经"的回流。发生情境是我们已经走进性化的时代。

社会行为学可以用来研究"性取向的运行机制"。社会现象是同性恋的"变成论、诱惑论、机会论……"大肆流行。发生情境是"将男作女"的传统认知无法接受同性恋是单独的另外的性别。

决策推动论就是说，任何一种性关系，都是由其中的一方首先做出决策，然后才能进行下去。谈恋爱就是最典型的例子。我首先认定"我爱上你啦"，然后我表白，你也不反对，那就成了。如果双方都不决策，那就散了。这种理论可以用来研究在 21 世纪以来的性化时代，人们性关系的结成机制是否以及出现了什么样的变化。

建构论的视角

社会分层理论：性阶级

西方有一个最新的理论叫作"性等级"。它说得很巧妙，也没什么错误，可是它说的一切现象都只能发生在后现代的社会里。在时下的中国本土，恐怕还是"性的阶级"更为突出。

性的阶级至少有两个方面的含义。

其一，阶级决定了性，处于什么样的社会阶级之中，人就会有什么样的性实践。在 21 世纪的中国，我开展的四次全国调查无可争议地显示出：阶级越高，性福越多。也就是说，性革命成功的果实，更多地被社会的高阶级所享有。

其二，个人性实践的现实状况如何，也决定了一个人更可能属于哪个阶级。性方面的自我禁锢成为低阶级被固化的重要动力之一。例如在小姐群体里面，这种互构的机制就非常明显：越是低收入的小姐越不肯做任何"怪招",可是她们也就越无法获得更高的收入,只能被越来越长久地束缚在小姐的最底层。

这就是说,性阶级是阶级与性两者之间互动的概念,既不是要把性划分为不同的阶级,也不是要用性来划分社会的阶级,而是着重表达双方之间互相建构的机制。因此,这是一个比西方的性等级概念更加前沿的理论。

阶级是一个非常古老的概念。在西方的后现代社会里,因为阶级的划分日渐模糊,已经很难用来解释现实生活,所以才会有理论家发明一个"性等级"的新词。所以,问题不在于这个新词好不好,而在于中国是否已经到了那个发展阶段。

在中国的生活实践中,性阶级理论更加实用。民间一直在讨论:性,究竟是"有钱就变坏",还是"变坏才有钱"。人们往往是各执一词,不欢而散。其实如果我们能够把性阶级的理论推广开,那么对于提高我们民族的思维水平肯定大有助益。

在当今中国的性教育里边,也存在着性阶级的问题。大量的校外青少年谁管?我们的性教育能不能伸展到他们中间去?早在 2010 年我主持的全国调查就已经揭示出:14 岁到 17 岁的少年里面有 20% 已经离开学校。他们很难被找到了,已经打工去了,跑到外地去了。这样的少年与在校生相比,真的可以称为不同的阶级了。如果还坚持那种仅仅在学校里的课堂上老师宣讲的性教育,无疑已远远落后于时代。

即使是高中毕业以后走入社会的青年,也存在性阶级的区分。所谓的"屌丝",学术语言叫作"性的独处",就是根本谁都不理,"宅着"乃至躺平的青年,与其他人恐怕也是一种性阶级的区隔了。即便不是屌丝,青年人里还有"闷骚"之人,他/她们与其他年轻人也存在着性阶级的划分。这些词都难登大雅之堂,但是它们恰恰反映出年轻人生活实践中的这些新现象,成为性阶级这个新概念的强有力的证据,而且恰恰因此才被传播开。

社会冲突论：性的社会管制

这个研究思路的元假设是各种各样的社会力量或者群体不可避免地会发生冲突，或者是与整体社会的冲突，或者是各自之间的冲突，只不过原因、形式与频率不同而已。由此也就产生了主流社会如何管制这些冲突的问题。

这方面的研究发展前景非常广阔。例如，各种性少数群体都应该研究一下：自己究竟是在与什么社会力量相互冲突，是主流社会还是其他性取向的人群？为什么会冲突？怎么冲突的？主流社会是如何管制的？双方能否不再冲突？等等。这比单纯地喊一些争取平等的口号要重要得多，因为这会给自己带来长远的良性社会效果。

即使是在异性恋的主流社会之内，也一样存在社会冲突。传统中国的主流社会最恨的是通奸，可是现在只搞禁娼和扫黄（扫除色情）的大规模运动（所谓"严打"）。通奸不惩罚，同性恋不惩罚，性玩具也不惩罚，就连强奸和性侵害，也不是用搞运动的方式来惩罚。

因此，我们不得不研究一下性产业和色情业究竟触犯了什么人的什么利益，造成了什么人与什么人的冲突，为什么要连绵不绝地"扫黄"而不顾其副作用。这个研究题目最靠近经典社会学，比较容易被学术界接受。

最近刚刚时髦起来的术语叫作"社会治理"，可这是一个典型的食洋不化的表现。至少在我们研究的性的领域中，必须首先说清楚：所谓的"治理"究竟说的是什么人来治理什么人，它与传统的性制度究竟有哪些不同，这些不同在当今中国是否确实出现了，然后才能决定用不用这个"舶来品"。

认同论：性的身份

认同论在最近这些年越来越流行，已经渗透到某些性少数群体的社会运动中，甚至局部地成为一种西方意义上的政治口号。

认同论是从"测定论"里破茧而出的。传统的测定论就是把自然科学的方法生硬套用到人类生活上，认为人类的一切思想、感情、行为都可以通过一系列科学手段加以客观的测定，由此给出一个精确的定义。可是到了20世纪后期，人们越来越意识到，这种测定论对于人类生活来说，既不客观又不真实，因为人不是被动的物品，人可以主动地选择自己的一切。由此，学术研究越来越关注的不再是"他/她是什么人"，而是"他/她认定自己是什么人"，因为人类的行为不仅仅是"是什么人就做什么事"，更是"认为自己是什么人才做什么事"，甚至是"想做什么人就会做什么事"。最典型的转变就是同性恋者的定义从过去的被心理学家诊断转变为自己是否认同。朴素地说就是做了那些性行为不一定就是同性恋者，还要看当事人自己是不是认为自己就是同性恋者。

从学术发展进程来看，认同论其实就是与主体建构论的殊途同归、共生共荣。

可是，现在很多人都在强调认同，其实就是为了获得一个合格的身份，只不过什么叫作"合格"的具体内容变化了。以前是同性恋者必须假装异性恋才叫作合格，现在则是同性恋者必须敢于"出柜"才被认为是合格。

这就是一种强求认同与身份一致的社会诉求。它有它的合理性与必要性，但是也潜含着两种危险的倾向。

其一就是强求"表里如一"。可是咱们中国以前没有过排他的宗教，一千多年来就是儒道佛三教合一。我们从来至少是三面人，就像学者们早就总结的那样：谈社会的时候是儒家，谈日常生活的时候是道家，谈精神世界的时候则是佛家。在这种传统的笼罩之下，所谓的"看人下菜碟儿"就不是人格分裂，而是生存智慧。如果强求现今的一个同性恋者必须认同，必须获得合格的身份，那就存在着改造他人的风险，与多元化的理想背道而驰。

其二，强求认同的必然结果就是"身份政治"，就是先不看一个人是什么样，而是首先看他/她是一个什么身份。这是很糟糕的一种倾向，非常可能带来新的霸权——出柜的人可能去歧视没有出柜的人。

其实，从根本上来说，认不认同自己是同性恋者，这本来是一个人独立自主的选择结果，就像婚姻自主一样，不该受到任何他人的干涉。可是一旦把个人自主的认同篡改为一种政治身份，那么就很可能变成"铁的纪律"，严重地压抑那些与自己不一样的人，对个人权利的独立性造成倒行逆施。

那么，这一切都是怎么发生的？为什么中国的性少数才刚刚浮出水面，就出现这种高风险的倾向？研究去吧，肯定是建构主义的优秀研究。

在异性恋人群中，认同论也有巨大的实践意义。只举一例足矣：那些被人们贴上"小三儿"标签的人，她/他们自己恐怕认为婚内那个拒不让位的人才是真正的"小三儿"，但因为主流社会坚定地站在婚姻神圣主义的这一边，"小三儿"们的自我认同才不被理睬甚至被说成"无理辩三分"。同样地，对于任何一个"小三儿"来说，其前景不仅取决于各种客观情势如何变化，也取决于自己如何认同自己——是"小三儿"，还是真爱。

互动论种种

社会行为学：性的运行机制

这个说的不仅是个人的性实践，更是在整个社会生活中，性究竟是怎么运行的？与哪些更为宏观的社会因素有什么样的关系？

这也是个经典的性社会学问题。我前些年曾经提出过，爱情是现在制约性关系和性行为的最主要的和最后的社会力量与思想武器。这就是一个社会行为学的假设，它到2016年还可以成立。我现在就是在等着看，看它到什么时候会不成立了，以及怎么会不成立。

拓展的结构功能主义："性爱婚中心论"

结构功能主义应用在性研究领域中就是所谓"性爱婚三者的完美

结合",就是说,性爱婚如果形成了一定的结构,那么就会发挥一定的功能,产生一定的结果,也就是现在所说的"性福"。反过来说,如果人们需要"性福"的结果,那么就一定会构建出这样一个结构来。

到了21世纪,这种结构与功能的相互建构表现得非常明显,造成一种奇特的现状。一方面,婚外恋、多伴侣现象、找小姐、一夜情越来越增加;另一方面,离婚却没有同步同度地增加。性爱婚结合简直就是牢不可破的"铁三角",什么样的出轨都不能拆散它。这可能恰恰是因为各种非婚性行为越来越多,人们才更加努力地去加固原来那个结构。

从结构功能主义的视角,我们才能发现中国现状的道义混乱与逻辑错误:一方面,无论是在婚前还是婚外,有些人爱另一个人却不跟对方做爱(所谓"红颜知己");可是,在婚内,很多夫妻早就没有爱了,却依然过着性生活。这就是说,性与爱并没有紧密结合。要么是性爱婚的结构实际上已经残缺不全,要么就是这个结构其实并不能发挥人们所预期的那些功能。

由此可以得知,性爱婚的完美统一,这是某种特定的社会结构生产出来的某种特定功能。在中国,那就是久远的小农社会的强制要求被内化为大多数人的理想。沿着这个思路研究下去,很可能会发现至少两个方向的认知。

其一,性、爱、婚这三者对于人生所发挥的功能,在21世纪之初的中国,各自都出现了很大的变化。因此,不是人们的理想出错了,而是这三者的完美结合遇到了越来越多和越来越复杂多样的阻力。同样地,这个理想也不是不可能实现,而是需要全新的实现途径和前所未有的操作手段。

其二,异性恋与性少数(尤其是那些追求同性婚姻的),其实没那么大的差别,都在不自主地追求性爱婚的完美结合,都跳不出社会结构这个如来佛的手掌心。

戏剧论/表演论:"性的呈现"

2012年,曾经有位男同志问我:如果我们在中国像在阿姆斯特丹那样,搞一次"同志骄傲大游行",会引起更多的反对吗?这确实是个问题,因为私下里进行的性实践是一回事,把它呈现出来是另外一回事。这里面至少存在两个方面的问题。

其一,呈现就是希望别人看到,那就不再是个人的私事了,那就牵扯到观看者有没有不看的权利。一切基于隐秘才能够成立的个体的性权利就都要重新解读了。如果说,当众做爱是做爱者的性权利,那么当今人类社会的框架就会坍塌。

其二,呈现是需要承担责任或者付出代价的。各种明星其实就是付出了无隐私的代价。所以有很多性少数或者弱势群体的成员(例如小姐),不愿意出柜或者曝光,那就不是认同不认同的问题了,而是切身利益所在。越弱势的人越不愿意抛头露面,这也是中国文化传统,问题仅仅在于如何保障与发扬他/她们的权利。

那么,性从私下行为到社会呈现,过去是如何转化的,现在有什么新动向,其中哪些因素发挥了多么大的作用?这些都是很好的研究课题。

符号互动论:性的仪式

"我可以骚,你不能扰",这当然是一个口号,一种主张,但恐怕也是一种人际互动中的符号,是一种仪式。这个口号其实根本不在于是否真的可以实现,而在于有些人需要把女性裸露身体这种情况加以符号化和仪式化,以便表达某种社会主张。这个套路在西方历史上很成功,且也培养出相应的社会氛围,就是人们不再盯着裸体看,而是去关注她们在诉求什么。

可是来到中国,这一套思维方式与运动策略变成缘木求鱼了。因为在中国,女性身体的任何一种形式的裸露,虽然也是一种符号,但它既不是美不美的问题,也不是性不性的问题,而是那个女人要不要脸的问题。所以"我可以骚"这个符号，与中国传统互动的结果就是人人都沉醉于道德争论，根本没人去想一下这些女人为什么要这样说。结果，反对性骚扰的仪式，变成了向基本生活方式的挑战，一路走偏，越扯越烂。

行动理论：性交往

一夜情、约炮，实际上都是性交往，那么其中的运行机制到底是什么样的？不光是怎么约的，还有到了地方是怎么做的？跟谈恋爱究竟有什么异同？跟双方在其他方面的情况有什么样的关系？现在网上的"假自述"太多了，都成了套路了，就等着咱们去真研究呢。

已婚夫妻乃至老夫老妻也同样需要持续的性交往，一旦不通顺，婚变的可能性就会剧增。在这方面，其实"性治疗"走的比性社会学还快，他们解决性障碍的重要手段之一就是重构双方的性交往方式。这就启发我们：性少数与异性恋之间有没有性交往呢？性教育是不是双方的性交往呢？这样来看问题，我们的研究眼界就会极大地开阔。

我的多元共振视角：性风采研究

风采是指人的（美好的）仪表举止或神采，也可作丰采。它比吸引、美等既有名词更加突出全面、动态和呈现的特征。在年轻人的日常生活和网络语言中，常常被称为"酷"或者"炫"。

性风采则是指个体以性魅力、性感和性别形象的综合程度为主要基础、自我认同、不一定针对具体对象的社会呈现。它是一个新概念[①]。

我总结相关研究的成果，发现实际上存在着如下十种研究视角。

---

① 在中国期刊全文数据库中检索到以"风采"为主题的文章有 26556 篇之多，但是其中没有任何一篇提及"性风采"的概念。

1. 社会决定视角，强调它其实是历史和文化所构建出来的一种社会存在。

2. 社会资本视角，认为人们是把它作为一种个人的社会资本在构建与运用。

3. 符号视角，着重于它所表达的意义。

4. 身份视角，更加强调它其实是该人的社会地位的一种表征。

5. 社会发育视角，凸显不同成长阶段的不同需求对于它的建构的作用。

6. 心理动力视角，认为主体的感受是它的主要建构动力。

7. 行为反馈视角，强调行为结果对于构建它的反作用。

8. 身体研究的视角，把它视为身体呈现的派生。

9. 社会性别的视角，主要是分析它在建构中的性别呈现。

10. 戏剧论视角，把它的建构解释为一种表演。

经过十种研究视角的统计学检验，其中任何一种都遵循了假设—检验的定量研究范式，都可以有根有据、自圆其说、独立成章，足以写出十篇不同的论文。可是这样的结果促使我不得不反思：社会学需要的就是这种自说自话、孤灯单影的解释吗？它们怎么能给人们提供对于性风采的"全息"理解呢？

这就是"多维建构视角"的检验结果，它所蕴含的意义主要在于以下四点。

首先，无论其中某个理论多么深厚或者多么新颖，如果仅仅使用这一个视角去研究某个社会现象，那么就是先验、人为地排除了其他视角，就等于研究者在自我封闭，其研究结果就难免片面。这虽然像是老生常谈，但是在目前可见的大量研究中，这种"提出单一假设并得出唯一解释"的过时学术成果却比比皆是，而且当事人往往浑然不觉。

其次，如果说在以往的研究中，对于同一个现象的不同理论视角往往会产生矛盾，甚至可能相互排斥，那么多维建构机制的检验则提供了新的可能性，即它们也可能并行不悖，或者相辅相成，或者锦上添花，甚至可能应该同归于尽。这不仅仅有利于化解某些无谓的理论争端，更可以促进任何学派在坚持自我的同时更加开阔视野，兼收并蓄。

再次，既有的任何一种理论视角之所以得以成立，其实都是来源于该理论对于现实生活的分类标准得到了追随者的认同。例如，社会决定视角是首先把所有个体都划分为不同的阶层，然后再用阶层属性来解释任何一个社会现象。凡是认同这一分类标准的研究者，无论研究什么问题，都只可能运用社会决定的视角（例如父权制理论）。可是，生活世界实际上不可能是按照任何一种理论所假设的那样分门别类地存在着。因此，多维建构机制的检验可以在"如何把生活分类"这样一个最基本的研究层次上，提示任何一种理论都来认识清楚：自己作为安身立命之本的那套分类标准，实际上是"剪裁生活"而不可能是"如实反映"，从而激发出所有研究者追求更加全面地了解生活世界的学术动机。

最后，多维建构机制的检验，是走向整体主义研究的起点。

我希望提出这样一个路径启示：在研究任何一个现象的时候，鼓励运用多种理论视角，提出不同的甚至相反的假设，而且多多益善。这样，在分别检验之后，虽然并不必然带来整体的认知，但是至少可以发现天外有天，可以促使研究者不断地探索进一步的问题，例如各种理论之间的关系及其运行机制究竟是什么样的？它们是否可以聚合起来？如果可以，那又构建出一个什么样的整体呢？又如何来检验和呈现"整体大于部分的总和"这样一个系统论的命题呢？我以为，这样走下去，整体主义的方法论才有可能走入可操作的层面。

就性社会学来说，在整体主义视角下，性就会被呈现和解释为：1. 是一般存在，不是特殊现象；2. 是社会化的行为，不是生物属性；3. 是人际活动，不是个体活动；4. 是网络化的组织，不是单独行为；5. 是情境中的现象，不是随心所欲；6. 是"初级生活圈"构成之一，不是独立行为；7. 是作为"生活实体"，与"社会设置"发生互动，不是单独的存在。也就是说,整体主义研究方法将把全性的概念再次推向新的高峰。我希望后来人能够论证我的这个预测。

宿命:"野路子",难归顺

我不是社会学的科班出身,甚至都没有上过大学,是从中专毕业生(还是"文革"中的工农兵学员,其实就是重读初中)直接考上硕士研究生,就再也没有继续求学。即使在20世纪90年代,我这种没有博士学位却是正教授和博士生导师的特例也并不多见。与我类似的人,大多数都是后来再上一个在职博士,就名副其实了。当时也有同事问我,为什么不再读一个博士,就考咱们本系博导的,不是一马平川?当时我也没想那么多,第一位的感觉大概是我1996年已经被评聘为正教授,博士学位就没那么功利化了。第二位的可能是我一直存在"酒香不怕巷子深"的想法,没有太看重博士学位。

可是,不是博士,这危及到我所发表的英文论文。因为我的署名既是M.A(文科硕士)又是professor(正教授),这在美国是根本不可能的,也许在全世界都不可能。结果至少有三次编辑给我直接来信质疑,还有几次是去质疑我的美国合作作者。我费尽九牛二虎之力加以说明(要让外国人理解"文革"之后的中国情况真是比登天还难),才使得他们将信将疑地发表了我的论文。

2015年左右,有位年轻社会学家写文章指出:知青一代的社会学家开始退出舞台。我深以为然,只是不知道这究竟是应该欣慰还是遗憾。我们这一代的"前知青"教授在社会学界里至少有几十位,都是摸爬滚打跌跌撞撞走来的,讲西方理论肯定斗不过下一代,但是要说社会洞察力,那后辈还差得很远。例如,清华大学的孙立平教授,我没见他引用过任何西方巨匠的著作,但是他对中国现状的分析真的是洞若观火、一针见血,令人称奇。

当然,我也从来就承认而且常常宣讲:中国文化缺乏西方那样的神学与哲学传统，我们这一代又成长在闭关锁国时代，在可预见的将来，中国人恐怕搞不出任何堪与西方学者相比的社会学理论。

其实，这恐怕是自我安慰，但是也确实是我的学术宿命。这每每使我想起父亲的一句评价：你可以当一个好记者。如此而已，岂有他哉？

2018，更进一竿：性的社会空间理论

生活世界：性的理想、底线与景深

我想专门讨论一下：性的理想和性的底线，这两个东西是如何相互博弈的，在不同的历史时期又产生了什么样的结果，这种结果与社会结构和生活世界又是一种什么样的关系。这个视角还没有人提到过，但是，它确实可以解释中国性革命的发生与发展，可以促使我们从更加深入的层次上进行相关的研究。当然，以下所讨论的都是从社会和群体的角度来看，并非个体的行为。

性的理想

其实，就是人类的性高潮机制——把人的全部生命潜能都集中在一个瞬间爆发，给人带来无可替代的独特感受。在中国明清之际的小说里把它叫作"假死"或者"小死"，就是形容人在性高潮中如癫似狂，意识暂时丧失，体验到死亡或者濒死的独特感觉。然后，在性高潮的消退期中又体验到死而复生的感觉。

这种性高潮机制必然给人类带来一种性快乐主义的观念，就是人类的性的理想。通俗地说，就是人的性首先是为了寻欢作乐，其他的如婚姻、受孕或者爱情等都是第二位的或者由此派生出来的。这个性的理想虽然并不是人人时时都会自觉产生和拥有，虽然它极其模糊，虽然它后

来受到文明的极大压制，但是作为一种初始状态，它却大概率地存续于人类的生活历史之中。

因此我一贯坚持用"性快乐主义"这个词，从来不用所谓的"性愉悦"。性就是为了快乐，或者叫极乐或者叫享乐。如果连这一点都不敢承认，那你研究的就不是性本身，而是性的异化表现。所以说，性快乐里面包括着性愉悦，但是性愉悦却绝不能取代性快乐。

性的底线

这就是"安全"。它至少包括以下三个方面。

第一个是"性行为的安全"。

人类的一切性行为都需要自己的注意力和感受力高度地集中于性行为本身。当人类达到性高潮的时候，恰恰是最虚弱的时候，是最容易受到外界侵犯或损害的时候。所以，人类一般都会在隐蔽的地方，在自己认为最安全的时候，才去开始性行为和达到性高潮，就连强奸犯也往往如此。

第二个是"性关系的安全"。

当外界的干扰、破坏或者入侵出现的时候，至少有一方会出现程度不同的烦恼、自卫或者反击。人类在各个不同历史时期中所出现的差异，仅仅在于用什么样的方法来保障这个性关系的安全。

第三个则是"性情感的安全"。

且不说失恋、暗恋、苦恋、惨恋这些日常现象，也不说性关系中的各种苦恼与悲剧，哪怕就是在萍水相逢的约炮中，一方说出贬损对方的话，也会导致不欢而散。

控制条件

人类一直普遍存在的这种理想与底线的差别，仅仅是一个必要条件，是一个客观存在的基础。冲突毕竟在不断地普遍发生，这就是控制因素的不同状况造成不同的冲突可能性，所以把它叫作"控制条件"，也就是"可能性的条件"。

最明显的控制，就是性社会学里最基本的内容：性的社会化。例如家庭教化、同龄伙伴熏陶、接收的外界信息、受教育的内容等。

从人际交往的角度来看，控制条件也包括"互动社会学"里各种最基本的内容，例如动机、时机、情境、信号、判定标准等。双方或者多方都会从这些方面出发，相互进行了解、试探、交流和评判。

理想与底线的距离

性理想构成纵向空间的上限，性底线则构成纵向空间的下限。

性的空间的大小，取决于性的理想与性的底线之间的距离究竟有多大。

这又可以分为四种情况来看。

1. 两者同步升降；
2. 理想独升；
3. 理想升，底线降；
4. 理想降，底线升。

第四种情况是最悲剧化的，那就是性的理想在降低，性的底线却在提高，结果性空间就越来越狭小，乃至可能把性给彻底窒息掉。这，曾经或者正在发生在极端原教旨主义统治的地区，令人触目惊心。

这种发展苗头已经在最近几年出现在中国了。

一方面，在我们刚刚获得离婚自由、离婚率不断升高之际，在越来越多的夫妻矛盾可以通过离婚来避免悲剧和惨剧的时候，却有越来越多的人在鼓吹"白头偕老，永不离婚，离婚坑害对方，离婚危害子女"，恨不得直接呼吁"离婚有罪"。如果他们得逞，那么性的理想，就这样被堂而皇之、明白无误地拉低，直接退回到1981年的《婚姻法》之前。

另一方面，性的底线同时在不断地被拉高。例如某男演员，既无公职也非英模，只不过在从事一种演艺职业，仅仅因为曾经嫖娼就被永久封杀，生路被断。我们的身体也越来越被别人的眼光所判定。当众哺乳是"丑"，大老爷们光膀子上街也是"丑"，可是露脐装却是"美"，裸体彩绘也是"美"。这还讲理不？更有甚者，我们恐怕连人际交往都要如履薄冰啦。跟地位低的异性来往，有"利用职权"之嫌；跟地位高的异性接触，存在"性贿赂"之可能；跟少年来往，疑似"恋童癖"；同性之间必须"警惕性侵"；就连幼儿园里也必须"男女大防"啦。

如此一来，长此以往，我们是不是都应该"只许规规矩矩，不许乱说乱动"？可是，这些个"新规矩"经过全民公决了吗？凭什么你们就有霸权来统治那些和你们不一样的人呢？

凡此种种，虽然都是小小苗头，但是其背后的方向感却不能不说。这就是在拉低理想的同时抬高底线。腹背受敌之下，性革命的成果岌岌可危。我们恐怕又不得不战战兢兢地生活在夹缝之中。

更需要说清楚的是这些鼓吹"两面夹击"的人，并不是"传统文化的老顽固"，恰恰是最新潮、更年轻、白领更多的一股社会势力。他们的思想武器也不是孔孟之道，而是相辅相成的两种社会取向。一是西来的时髦。二是他们自己想象和虚构出来的"城市中产"应该有的样子，然后苛求所有阶层都必须礼行如仪。他们自以为是要文明，要现代化。

这难道有错吗？于是他们一下子就占据了道德制高点，而且因此才如此雄心勃勃地开始推动"新生活运动"。他们就是自恃精英，推行霸权，试图"移风易俗"，置老百姓普遍的民俗于不顾。这不仅是历史的反动，也从根本上与他们本应信奉的多元化背道而驰。

这就是当今中国的一大诡异现象：很多坏事和悲剧，恰恰是那些好人在好心地做好事的过程中，不可避免地发生了。

因此，我的主张就是——凡是拉低性理想的事情坚决不做，凡是抬高性底线的活动也要坚决反对，不仅绝不能容许"高大上"成为社会的恶霸，而且要为一切形式的性少数（包括低俗）争取到平等的权利。

景深：性的三维空间

无论是性理想还是性底线，其实都存在两个极端所构成的边界，也就是一个三维的空间。

这可以从全性的三个主要研究维度来看。

其一，从性的欲望（性趣）来看。

在当今的中国，一方面，人们都注意到那些"性致勃勃""性趣横生""性欲难填"的现象和群体，往往喜欢无限夸大其人群规模和激烈程度。这就是性欲望的最强烈的那个极端，其边界可以一直扩展到性梦、性幻想和性崇拜，例如对于选美、车模、裸体彩绘等社会现象的需求与追捧。可是另一方面，在年纪轻轻的人里面，"性趣缺缺"和"不恋不婚"的却越来越多。这就构成了性欲望的最贫弱的那个极端，其边界可以一直扩展到性方面的"躺平"。

其二，从性的关系来看。

性关系的两个极端通常表现为最开放的约炮与最保守的白头偕老。这方面的距离在扩大。我的调查数据表明：在18—61岁的城乡总人口里面，在2000年的时候，有过一夜情或者约炮的男人只有2%，女人则近乎于零；可是到了2015年却增加到男人中的13%和女人中的4%。与此同时，在2000年的时候，一生中曾经离过婚的人（无论后来是否再婚）累计仅占1.4%，可是到2015年已经增加到5.4%，在短短15年间增加了2.25倍之多。

其三，从性行为来看。

在这个方面，性的横向空间在不断地扩大，因为保守到什么性技巧都不用的人越来越少，采用越来越多性技巧的人则在剧增。但内容敏感，不再细说。①

其四，从发展过程来看。

从纯粹的生理学意义来看，没有证据表明中国人的性（sex）出现了什么大的变化。但是，作为一种社会中、生活里、实践的全性（sexuality）却发生了有目共睹、天翻地覆的变化。这就是性的时间维

---

① 可以检索论文《中国人的性技巧之变——21世纪全国18~61岁总人口四次随机抽样调查的实证分析》（第二作者，2016）。

度,也就是社会建构论所说的发展过程或者谱系。

例如,婚前性行为这件事情,在古代被视为"先奸(通"奸",不是强奸)后娶"。可是到了 20 世纪 80 年代,它被称为"未婚同居",语气已经温柔了很多。到了 21 世纪,这种情况被叫作"试婚",已经是一个"顺理成章"的称呼了。这种历史变化,既不是国家或法律赋予的,也不是什么理论家发明的,而是人们在日常生活中日积月累、口口相传,才终于星火燎原的。也就是说,婚前性行为这种情况其实从来没有变过,但是古代社会给它的空间小到间不容发,它几乎难以存在。最近以来则是空间大拓展,就连亲生父母都学会给恋爱中的儿女"腾地方"了。

性制度的社会空间

全性,为什么需要一个制度

直到如今,大多数理论家在说到"社会为什么要管制性活动"这个问题的时候,基本上都是从下列的四种假说出发。

1. 人口意义上的假说。

它认为国家政权之所以要管控"性",是为了增加或者减少人口,前者例如越王勾践卧薪尝胆的"十年生聚",后者最典型的则是 1981—2016 年间的中国独生子女国策。

但是,这种假说存在漏洞:被中国的实践给证伪了,因为性革命恰恰是来自独生子女国策。

2. 婚姻与社会细胞的假说。

这是从 19 世纪资本主义发展以来提出的假说,其基点就是"性会结成人际关系"——婚姻,如果再生殖,就会出现家庭,这两者构成了社会的细胞,国家政权为了社会的稳定就必须管制"性"。

可是,这种说法有漏洞:在以往的农业社会中很可能是这样,可是到了资本主义时代,社会恰恰是以个人为单位参与生产与社会活动的,理应更加放任个体的全面自由,那为什么还要强化性的管制?

3. 父权制的假说。

其基点就是"性就是男人压迫女人",因此国家政权所制定的性制度就是为虎作伥。

这种假说的漏洞不言自明,因为它根本否认了性生活还可能带来快乐与亲密,无论是发生在男女之间还是同性别之间。

4. 性取向的假说。

自从20世纪80年代国际上的同性恋平权运动发展以来,这种假说开始广泛传播。它认为,任何社会的性制度实际上都是多数人(异性恋)的暴政,都是为了保证其霸权而产生和持续的。

这种假说更加适用于犹太教—基督教传统之下的西方世界,但是在中国的历史和现实中是否如此,还需要更多更细的证据。

以上假说的共同根基就是把性仅仅局限在性(sex)的狭小的生理范围之内。因此,只能看到生殖、性关系、性别关系、性取向这样一些侧面,却忽视了全性所具有的更为广泛的价值与意义,无法从这样的视角来解释社会制度与人类性活动之间的关系。

因此,我试图从全性的视角来分析一下,性为什么会有一个制度。

载体的矛盾:个人与集体

性的载体就是自己,在非生殖的本意上来说,性就是个体的,也只能是个体的。

但是,任何一种社会制度都是集体的。无论政体的具体形式是什么样的,制度都倾向于把所有的个体都纳入其管制范围之内。即使在现代发达国家,所谓的多元化也仅仅表现在社会参与这个方面,在基本的社会构成方面,仍然是倾向于集体化的一刀切,例如国籍、国境等。

这就是说,无论一个人的"全性"是什么样的,都与社会制度存在着矛盾的可能性,只不过是程度大小的问题。即使是那些被认为或者自封为"主流的性",其实也与社会制度存在张力。例如,最最正经的一夫一妻的婚姻,直到现在也常常被号召"舍小家,顾大家",而且常常成为英雄模范的典型表现之一。在疯狂的"大跃进"的年代里,还曾经出现过一个更加疯狂的口号,叫作"生活集体化"。这就充分显示出:所谓的性制度,首先就是要用集体来压制个体,只不过有时候并不那么直接地涉及性而已。

激情的争夺:快乐与约束

性是人类一切生活实践中最具有激情的活动,没有之一。性的客观目标仅仅是获得以性高潮为标志的性快乐,也没有之一。性快乐是一种"马太效应",倾向于无限扩张自身,还是没有之一。

但是所谓的社会制度,其实就是一个词:约束。它不仅是肉体意义上的"紧身衣",更是精神层次上的"紧箍咒",就是倾向于管制所有社会成员的喜怒哀乐。

为什么?因为激情也是人类自己最难控制的。激情往往倾向于无方向地冲决一切约束,因此,粗放的社会管制只会单纯地压制,而精致的主流势力则力图把性的激情引导到自己需要的那个方向上去。这在中国现代史中屡见不鲜。

因性而激情,因激情而性,这必然促使人们"走邪路",主流社会岂能听之任之?所以不奇怪,为什么在号称"彻底革命,砸烂一切旧制度"的"文革"中,宋明理学的那一套精神禁欲主义做法反而达到巅峰状态。

爱的指向:生活体验与意识形态

在快乐的基础上,性也会带来爱,包括爱自己。

可是这就会被那些提倡"大目标"的社会制度视为涣散军心,所以必须用一套性的制度来严加管束。在世界历史上,在宗教专权的时期里,性制度总会千方百计地把性之爱扭转到爱各式各样的神。在近现代的民族国家产生之后，性之爱就等于是在分散注意力，就必然与国家政权存在张力，被贬低为"小资产阶级情调"。

最为典型的是各种性少数的社会历史遭遇。直到今天，性制度也说不出他们与异性恋者在生理上有什么显著的差异，可是仅仅因为他们的爱不是指向异性，就歧视或者排斥他们。

人际关系：自为与规矩

性总是倾向于投入某种人际活动，基本都是自己作为的，往往也是后果自负的，因此也就很可能产生某些与社会大目标不相符的"自私自利"的模式，例如现在国家提倡生三胎，年轻人却日益不婚。

性制度其实就是关于性的人际活动的规矩的总和。这方面的情况不胜枚举，因此不再赘言。

性制度的精致化：从爱情到亲情的控制

性制度目前依然存在，表现为一种心照不宣的性的核心价值观。

我一直非常奇怪，为什么中国主流社会总是在批判"西方资产阶级的性观念"，却从来没有人正面阐述过"东方无产阶级的性道德"究竟是什么样。

我只好把现在零零散散的性方面的主张，与历史上儒道佛三教合流的理学思想进行比较，结果发现，两者其实是高度一致的，现在的思想武器唯独多出来一个爱情，也就是五四时期从西方引进、情爱与性爱相互对立、浪漫情爱与夫妻恩爱相互对立的那种爱情。

因此，我把这总结为性制度的最后武器就是爱情控制。这又可以分为下列三个方面。

首先是夫妻恩爱——社会控制的巧妙转身。

夫妻恩爱似乎没有提到性，但是这其实是一种防患于未然，就是使用夫妻恩爱来控制一切非主流的性活动。尤其是其中的"恩"，控制力远远超过那些空洞无物的道德说教。中国人最恨的就是忘恩负义，因此夫妻恩爱不但对出轨的一方构成最强大的杀伤力，而且迫使另一方不得不成为受害人，双方只能斗得你死我活，连破镜重圆都很难。

对于性制度来说，这不但是最巧妙的转身，而且是不二选择，更是无本万利。

其次是浪漫情爱的进攻化。

改革开放带来了中国式的浪漫情爱。

可是到了90年代，反婚外恋的舆论却把浪漫情爱改造成一种进攻性的武器，用来谴责婚外性行为，也就是把情爱强行塞进专偶制的樊笼。这就迫使21世纪的中国出现了所谓"第四类情感"直至"第N类关系"，也就是把婚外恋进行无害化处理。

到2015年前后，"精神出轨"这样莫名其妙的话语也开始广为流传，威胁着所有的已婚者。

浪漫情爱，说的本来是一种初始状态，是一个起点，并不考虑结果如何。但是当前中国的"反性思潮"却神不知鬼不觉地把它篡改为一种终结局面，变成了一种宿命和一种戒律。这样一来，"不再爱我"就被视为一种大大的缺德，不但可以用来攻击对方，而且常常是无往而不胜。这根本不是所谓"爱的义务"，根本就是一种人身奴役。

妙就妙在它生逢其时，恰恰填补了21世纪以来那种公权力强制执行的性制度日益土崩瓦解所形成的社会管制的漏洞。

于是，我们所崇拜和追求的"性福"，其实只不过是"樊中凤"，区别仅仅在于笼子的大小。

自从1991年开始，我七次调查中国大学生的性关系与性行为。其中很重要的一个提问就是：在性方面，无论你现在做到了哪一步，你为什么没有继续做下去？究竟是什么阻止了你？答案当然很多，但是最主要的就是一个：双方的感情还没到那一步，也就是说，爱情还不足够。这样的情况一直延续到21世纪，虽然有所减少，但是仍然占据主流。

与此相类似，在21世纪对于全国成年男女的四次调查中，已婚者中间所谓的"婚外性行为"，其实主要是"婚外恋"，是出于爱情才"出轨"。这其实不难理解：很多丈夫或者妻子，敢于不计后果，甘于承担后果，非要去做，恐怕只有爱情才能激发出这样的决心吧！

反过来看，所谓的"剩女"，其实并不是"条件太高"，她们最主要的动机是坚守自己的爱情标准，绝不迁就。就连在我在2015年举办的"老年知性"恳谈会上，主流意见也同样是：可以无性，不能无爱。

总之，目前的多数中国人仍然是：因为爱，才上床；因为爱，不上床；因为爱，无须床；因为爱，重搭床。

这就是"爱情至上主义"，把它归结为"性自由"，实在是太冤枉了。即使在那些看起来最自由的性活动中，例如"一夜情"，虽然爱情可能不够多，但是却足以对性行为多了一层筛选。

以上分析的是现状，是一种客观存在。那么从价值选择上来说，该如何评价呢？

在发达国家的历史上，"性革命"的一个非常重要的推动力，就是"对于爱情的幻灭"。

爱情当然好，但是它不仅可能是"可遇而不可求"，还可能是"月有阴晴圆缺"，更可能是"毕竟几人真得鹿"。例如在我们的调查中，已婚者中觉得双方的爱情很充分的人，只不过刚刚占到一半。那么另外一半的人该怎么办呢？虽然"心灵鸡汤"漫山遍野，但是终归会有一些人因为爱情太难，只得退而求其次，去寻求"性的快乐至上主义"。从目前情况来看，这样的人只会不断增加，没有任何减少的迹象。

总而言之，把爱情作为性的最后信仰，虽然是现时中国人的选择，但是正因为它是最后的，因此必然会是"抽刀断水水更流"。可惜，这样的预测，就连听我的课的大学生们也难以忍受。他们呼吁我：请不要剥夺我们最后的这一点点信仰！

可是，这究竟是一种宣誓，还是一种悲鸣？还是让我们拭目以待吧。

亲情自卫的绝地反击

亲情，这就是我们汉民族的最强大的思想武器。它形成于漫漫长夜般的小农经济中的村落文化和传宗接代式的血亲家庭①，再加上从儒家到理学的"修身齐家"的久久灌输，造成直到今天的那种根本没有"个人"只有"关系"、根本没有"权利"只有"义务"的生活方式。因此，任何性活动如果损害到"亲情"，那么无须政权干预，道德风俗就可以杀人于无形，甚至就连行为者自己也会觉得羞愧难当，从而痛改前非。

在历史上，这种"亲情自卫"有着伸张正义的一面，我小学五年级的时候就遇到过。在北京的公交车上发现有个男人搞"杆儿犯"（音，我不知道是哪两个字，就是在女性外衣上射精），结果全车的男乘客一拥而上，把那小子打个半死，然后雄赳赳气昂昂地送去派出所。这里面没什么男女平等理论，更没有什么反对性骚扰的意思，就是一句话："你家里没有姐妹？"这就是出自男人们日常生活实践的一种"亲情自卫"。

可惜，现在的独生子的男青年们，家里真的没有姐妹了。男女之间除了性爱关系，真的没有亲情可言了。结果，这个主持正义的理由恐怕也就要消失了。

此外，自从20世纪80年代以来，民间就一直流传着一种说法：如果发生了婚外恋，最怕什么人知道？不是警察，因为警察已经不管了；也不是单位领导，因为"单位管辖"制度早已破产；也不是亲朋好友，因为不管闲事的人越来越多；甚至都不是配偶，因为最多也就是离婚而已。最怕的是自己的父母、子女，因为如果他们知道了，那么损害的就是亲情，是汉民族最脆弱的那根神经。

总而言之，任何一个社会的性制度都必须把"性"描绘成危害人们最珍视的事物的天生大敌，才能有最充足的理由来管制人类的一切性活

---

① 早在《全唐诗》里就至少有三首诗写到"亲情"。白居易《井底引银瓶·止淫奔也》：岂无父母在高堂，亦有亲情满故乡。徐铉《寄外甥苗武仲》：放逐今来涨海边，亲情多在凤台前。王建《荆南赠别李肇著作转韵诗》：自知再婚娶，岂望为亲情。

动。全世界的各大宗教几乎都不约而同地把性视为对上帝的违抗甚至是反叛。可是，中国从来没有那么成形与严格的宗教，"家"就成为中国人的"上帝"，因此，性制度必然会用而且只能用"家"所产生的"亲情"来实施管制。

这样一来，中国式的性管制的逻辑链条就诞生了：由于性危及家，损害亲情，因此一切对于性的管制就顺理成章地变成了"自卫反击"，而且变成了每个人的权利、责任与自觉。如果当时的整体社会感到性的威胁过大，那么就会给这种"亲情自卫"戴上崇高的道德光环，甚至视为见义勇为。君不见，近年来出现的形形色色的"贞操同盟""反色情网站"等，发起者无不以"替天行道"的万丈豪情自居、鼓吹，而且在一定的范围内也确实生效了。

反过来说，这也不是阶级斗争，而是多元化的必然产物。我个人绝不反对这些人说话的权利，只不过希望分析清楚，他们的情感来源与行动逻辑究竟是什么。

性制度还在惩罚什么

除了全世界都在惩罚的那些性犯罪以外，现在中国还在惩罚的性活动——只剩下"扫黄（色情）"和"禁娼"这两大类了。除此之外，通奸罪在中华人民共和国从来就没有，同性恋在中国历史上从来就没有被严厉处罚，包二奶等更是从来就不违法。

于是，中国现行性制度的两个极端的边界就昭然而出：精神层次上严禁"诲淫"，肉体层次上严禁寻欢作乐。如此而已，岂有他哉？

可是，这还是现代国家的性制度吗？怎么看都跟宋明理学差不多，都渗透着浓浓的精神禁欲主义的气味。

从根本上来说，这其实是必然的，不足为奇。因为性制度仍然坚守着小农生活与皇权主义相结合的传统，还没有来得及经受个人权利的思想洗礼，还不懂得任何性活动必须要有受害者才能加以惩罚，更没有把公权力与私领域之间的关系梳理清楚。反过来看，更能说明问题：全世界都如火如荼开展的反对性骚扰的立法运动,为什么中国却雷声大雨点小?就是因为性骚扰虽然严重侵犯个体权利,但既不是"诲淫"也不是"寻欢作乐",恰恰处于中国性制度的宽容范围之内,所以才缺乏足够的立法惩罚的理由与动力。

当然,话又说回来,在这两个极端之间的广阔中间地带里,中国人民在私领域中获得了空前程度的"性自由",这是改革开放在日常生活中的伟大成果。只不过性制度之所以这样网开一面,并不是理性思考的结果,而是由于缺乏"性哲学"的思想积累,只能简单地沿袭中庸的传统而已。

性生活戒律,为什么更少

如果我们横向比较一下中国与其他国家和地区现行的性制度,就会惊讶地发现:无论是具有哪一种宗教的传统,其他国家对于性生活的方式都有具体的限定,只不过是或多或少、或明或暗、或粗或细而已。例如,中国香港沿袭的英国法律体系,直到今天仍然惩罚任何形式的肛交。可是中国却几乎没有任何一条这样的法律,仅仅在禁娼的公安部文件里面规定,打飞机、口交、肛交都算是性行为。这不但没有上升到法律层面,而且并不涉及性工作之外的任何人的任何行为。

不光在法律上,就是在民间的日常生活中,汉民族的性生活戒律也是非常少的,而且在2000年到2015年之间,性技巧出现了很大的增加。这更加表明,我们的性生活戒律即使存在,也不那么坚不可摧。

这就是说,汉民族古往今来的性制度,其实主要是针对各种性关系的,而不是针对性生活方式的。例如,儒家经典里面几乎看不到任何有关性生活方式的记载或者评论;道家虽然有"房中术",但是唐代以后就失传了;佛家则是直接主张肉体禁欲主义,同样也基本不谈性技巧问题,或者是汉民族在翻译中都给剔除了也说不定。

因此,当前中国性制度之所以基本没有性生活戒律,也不是有意为之,而是按照儒家的教化思想,性生活的"正常培训"被潜移默化渗透到行为举止的"有家教"中去了。

合谋：性与制度的互构

在西来的博弈论盛行之际，研究者很容易把中国的全性与性制度之间的互动，看作是一种博弈的过程，把性的现状视为博弈的结果。我在前文也是这样分析的。可是，如果我们从"谁获利"这样一个最朴素的视角来看，那么中国在 21 世纪里的"性化"，其实就是一种合谋，目前性的现状则是一种双赢。

性制度空间边界被模糊化：谁获利

"扫黄（色情品）"和"禁娼"是性制度的二维边界，但是这个边界其实都含混不清。

在"扫黄"这个极端上，究竟什么叫作"黄"，直到今天也没有明晰的表述，而且一直是头痛医头脚痛医脚。例如，裸体彩绘究竟算不算"黄"，为什么算或者不算，从来没有官方说法出现。

在"禁娼"这个极端上，公安部的文件虽然已经堪称表述得最为清楚了，但是今日中国"亲密消费"的迅猛发展却时时在发出挑战。例如"胸推""揉奶""前列腺按摩"等算不算性行为，也一直没有官方说法。

从历史发展的视角来看，这些都是民间理念与国家意志之间的互动，都使得性制度的边界越来越模糊，也就越来越难以贯彻执行。

以"扫黄"为例，可以洞若观火。

"看黄"，在 2015 年，已经是至少 80% 男青年和 50% 女青年的生活实践。如果仍然按照 20 世纪 80 年代之初那样，把裸体艺术也算作"黄"来"扫"，那么年轻人会不满，体制会失民心，执法成本也会大增，形成双输的局面。现在，"黄"的边界日益模糊，就会带来双赢。一方面，民间力量可以堂而皇之地把苍井空请来做大型晚会的嘉宾，在"真黄"之外吸引更多的眼球并获取额外的利润；另一方面，官方也可以在掌握着生杀大权的同时,适当地顺应民意承认苍井空在非色情的表演中仅仅是一个艺人。

从更加广阔的视角来看,性制度之所以会逐步让出私领域这块阵地,恰恰是由于我在前面论述过的那种"亲情自卫"的风头日盛,许多性方面的非主流活动已经可以不由公权力直接出面管束,而是可以指导某些民间势力来实现,很多时候完成得反而更好。这种性的边界与惩罚的边界双重模糊化的局面,与公权力没有直接的联系,所以公权力实际上获得了更大的操作空间。如果某种社会舆论有利于自己却又不那么光明磊落,那么公权力就可以用"民意"的旗号来支持、扶植或鼓励它,而无损于自己的公共形象。反之,那些不利于自己的舆论,则可以授意、挑动、加剧所谓的"网民围殴"。

最典型的例子就是赤膊上街、当众哺乳、婚恋绯闻等现象,过去从来就不在主流社会惩罚的范围之内。现在如果直接下手管制,既不正当也很难服众。但是如果把这些现象与"黄""不文明"等概念联系起来,同时把双方的边界给模糊掉,那么不用公权力出手,就很容易激发出某些人的疯狂群殴,甚至"人肉当事人"。

结果,这些不道德的性活动受到了极大的压制,甚至造成一种不但当事人如履薄冰,而且有志者也噤若寒蝉的一面倒的社会氛围。这不就是千古儒家梦寐以求的那种"德治"吗?

多元性别的搅局

在汉民族的历史上,几乎一切思想源泉,都对性少数视而不见。除了文学描写之外,几乎找不到任何有关的论述。这就造成了性制度的遗产中,完全是阴阳哲学,就连出现例外的可能性都没有。这就使得至21世纪,无论官方还是民间,对于性少数仍然是一脸懵懂、手足无措,不知道该不该把性少数也拉进合谋,更不知道应该如何拉进或者逐出。

这在"禁娼"方面尤为明显。虽然同性卖淫、易装卖淫、变性卖淫已经广为世人所知,虽然官方其实可以很容易地把它们统统装进"卖淫"这个筐,但是在社会实践中,却很少有人愿意承担可能由此引发的责任。

从根本上来说,这不仅仅是由于官方和民间都对多元性别缺乏思想准备和应对措施,更是因为我们沿袭而来的性制度,从来就缺乏任何一个方面的任何一种灵活性和可变性。

这在"同性婚姻"这个问题上甚至更为突出:公权力既不敢公开反对同性婚姻,更不敢支持,因为从儒家到理学从来也没有留下什么思想传承,就连行政处理的手段也没留下。也正是因为如此,"合谋"不但没有在同性婚姻这方面出现,甚至合谋的双方全都不敢正视这个问题。

正是从这个意义上来说,当今中国性少数的出柜,不仅仅是对他们自己的权利与福祉的巨大推进,更是促进现行的性制度真正实现与时俱进的重大契机。

从主体建构论来看,"雪崩中没有一片雪花是无辜的"。我们生于斯,长于斯,参与了合谋,构建了现实。但这不是基督教的"原罪论",而是自我激励:我们也可以构建变化。

2019，刨根问底，继往开来

基本假设必须重构

在全性方面，21世纪的中国情境，再也不是"落后"的，而是在许多方面领先全球。

从大环境来看。

首先，中国现在已经拥有更普遍的男女同工同酬，加上更多的夫妻双方就业，给男女平等提供了更为可靠的经济基础。

其次，中国从1985年到2015年有整整一代独生子女，全世界都没有过。结果，父母的经济负担和精力耗费就大幅度地减少，再加上非常实用的跨代养育，有爷爷奶奶姥爷姥姥四个老人可能帮助独生子女的父母。可是在西方，只有不多的族裔或宗教信徒才会这样做，典型的中产阶级白人很少愿意。

其三，中国大多数男性的气质更加阴柔，夫妻关系更加倾向于"阴阳和合"，客观上有利于出现更加平等的性别关系和性关系。

从具体情况来看，目前中国人的性有以下特点。

由于独生子女政策，中国人的生殖与养育的次数最少，对于性生活的干扰也就最少。

由于严厉的生育管制，私生子女最少，对非婚性关系的制约也就最少。

由于汉族从来就没有任何教规严厉的宗教，性行为戒律最少，对于性的快乐主义的妨碍也就最少。

由于中国没有设立通奸罪，出轨的顾虑最少。

由于独生子女成为"小太阳"，性的家内规训最少，下一代的自由发展更加可能。

由于出现了"单性别成长"，男女交往的前期培训最少，造成"不恋"和"网恋"的增加。

由于中国没有反同性恋的教义和传统，多元性别的阻力最少。

中国没有肉体禁欲主义，没有"性即罪"的文化，没有"性技巧罪"，没有"性成瘾"的概念，这些都是性革命发生与发展的必要条件。

但是在目前的中国，没有任何成形的性哲学，因此情绪吞噬掉一切讨论与思考。

总而言之，在经历了40年之久的性革命与性化之后，在性的几乎一切主要方面，现今中国已经在世界上形成了一种独特的存在。因此，以前那些"压抑""封闭""禁锢"的基本假设都不得不重新构建。这就不得不进行如下反思。

性研究的元矛盾

虽然性研究的人数和成果都越来越多，但是我们应该清醒地意识到：性本身就存在着一系列悖论，无论研究者多么努力，它们也无法消除，反而可能越研究越受阻。因此可以称其为"元"悖论。最主要的是下列两个。

性的生物悖论

性高潮违反了节约能量的客观要求。性高潮就是调动起并且消耗掉人类极大的身心能量。这不是缓慢的付出与疲劳，而是瞬间的迸发与消散。这违反了人类甚至是整个动物界的最基本的原则：尽可能节省能量。这就是个"元"悖论:性高潮带来的快乐与体能充沛的生存需要,往往呈现为非此即彼的相互冲突。

从性与生育的关系来看,人类女性的总和生育率[①]是相对恒定的,在18个子女上下。那么人类为什么还要进行远远超出必要次数的性交?这种生理机能,无论是由于怀孕概率太低还是出于追求性高潮,都在客观上形成了悖论。

再来看性与生命的关系。人类之性主要表现为勃起,从胎儿三个月一直到临终之际都始终存在。那么为什么只有在"性的活跃期"里才表现为"有性状态",而且之后很久寿命才结束?其原因可能很多,但是都无法避免其成为一种悖论。

性与安全也存在着生物学意义上的悖论。性交,尤其是性高潮,必须专心致志、感觉集中,否则就会失败或功亏一篑。可是这也恰恰是人类最容易忽视外界威胁的时刻,很容易被乘虚而入,乃至危及生命。这就是一个悖论。

性似乎必然带来快乐,但是在性高潮中,生生死死这样天差地别的感受连接在同一个过程中,这就形成了悖论。

性与性别的关系更是一个元悖论。无论男女还是性少数,性行为其实就是任何形式的摩擦,因此是"有性无别"。可是人类同时又是"器官有别"。这个悖论安安静静地在人类历史中潜伏了百万年,直到最近才突然爆发,闹得天翻地覆。

总之,**性的本尊原本就是一个充满悖论的矛盾体**,只不过并不必然会产生现实的冲突而已。这每一条悖论,在现在的性研究中——不是我,也不是咱们中国,全世界的人研究来研究去——都没办法解释。所以它也反过来说明,没什么规律,没什么真理。

[①] 女性在一生中,客观上可能生殖的最多子女数。

强人所难的性关系

人类之性，仅仅是为了自身的快乐，还是迫使人们不得不去结成某种性关系（包括各种性少数），这本身就是一个悖论。因为这两种情况都可以生存下去，区别仅在于是否可能生殖——而这仅仅是一个副产品。

性，还要结成关系，我们以为自己是上帝？我们要结成性关系，这简直就是自找倒霉。在人类的任何一种性关系当中都可以看到下列情况。

感受之自私 vs 感情之无私：性的感受必须是自私的，否则很难达到性高潮，可是感情又必须是无私的，否则性关系很难维系。

个体差异 vs 快乐共享：在性方面，无论是要求什么、使用何种技巧还是如何感受，我们每个人都不一样。可是我们的性快乐却必须共享，否则就会削弱性关系。

高潮唯一 vs 生活目标：性高潮是我们性生活的唯一目标，可是我们的性关系却往往有另外的目标，例如生育、互助、亲情等。在性生活中我们都必须感觉集中，可是日常生活中又有一大堆油盐酱醋在牵扯我们。

性本无别 vs 乐同烦异：对于性行为而言，我们跟谁做都无所谓，因为性的快乐是相同的。可是与不同的人做，却非常可能带来不同的烦恼，别说同性恋与异性恋不同，就是不同的夫妻也不同。

所以我们想结成一个性关系，这实在是太伟大了。因此，一部分处于中年左右的男人，就会退而求其次，去找小姐了，"一把一利索"，省得这些麻烦。在洁身自好的人里面，其实有的人不是因为遵守道德，而是因为不想轻易投入另外的情感。因为投入以后，可能有一大堆麻烦，哪怕一夜情变成两次，都有这种可能。

其实，所谓的性关系，不管具体是什么样，其实质就是削弱自我、顾及对方。凡是结了婚的人都知道，你结了婚以后，两口子一块出去参加朋友聚会，跟你一个人去绝对不一样。不用任何人提醒，你就会意识到你的妻子或丈夫的存在，你的言谈举止什么都跟你跑去闺密或死党那里去玩绝对不一样。因为你就是存在于这个夫妻关系之中的，已经没有一个独立的你了。

明白这一点，一切夫妻矛盾、婚外性关系、一夜情等都没什么可研究了，不就是独立的个性与制约的关系之间不可避免的冲突吗？过去为了共同"过日子"，中国人牺牲了自己的个性，现在物极必反，为了张扬个性而不再循规蹈矩。这真的有什么可奇怪的吗？这算是一个问题吗？这难道需要去解决吗？

反对"生物因素取消论"

主体建构论最容易被混淆于"随心所欲论"：全性（sexuality）无论扩展到多么宽广的地步，毕竟还是需要有一个生物基础，那就是我们的肉体。

这个理念也是来自生活经历。2006年，我和彭涛、黄盈盈在墨西哥开会，一帮社会建构论者在那儿说得正热闹，一位医学界的人站起来说：你们这叫"生物因素取消论"！好像一个人可以随心所欲，认同什么性别就可以变成什么性别，今天变男同，明天变直女，后天变成酷儿。可是我们毕竟有一个肉体呀，这个肉体是由器官构成的。肉体在性别变来变去之中发挥了什么作用？如果没有作用，那么变性人为什么还要做手术来改变自己的身体？

当时没人理他，会议也照旧进行。那个人气跑了。过后想想，启发深深。我们性社会学当然坚决反对生物决定论，可是也必须反对生物因素取消论。例如，我们研究了那么多妇女问题，有没有人研究一下女性的肉体（包括身高、容貌、体型等）对于女性的社会地位，究竟有没有发挥作用？这种作用是什么样的，有没有程度大小之分？

在现今中国的生活实践中，这样的例证不胜枚举。漂亮女性与不漂亮女性之间究竟存在哪些差别，造成了什么样的结果？例如，"撩人妹"和"恐龙"、"大长腿"和"大象腿"、"波涛汹涌"和"飞机场"、"老刁婆"和"青春玉女",这些差别都出现在女性之间,这不太可能是一个性别问题,而是一种阶级差别。这样的两种女性之间,难道就不存在斗争?作为一种身份的标签,这些分类究竟是怎么来的?仅仅是因为肉体的客观差异,还是其中渗透了其他的社会因素?

最典型的就是女性减肥[①],就是强制改造自己的身体。一方面,"盲从减肥"的人确实很多;另一方面,在那些体重指数真的不超标的女性当中,希望减肥的比例也确实很少。所以说,肉体的现实状况实际上仍然在发挥着主要的作用[②],不能一股脑儿都归结为"男人的目光(造就)女人的身体"。

性少数:跳出阴阳的最大优势

任何一种性少数,根本就不属于阴阳这个范畴,也不需要追求合阴阳,这就是他/她们相对于异性恋的最大优势。因此他/她们完全可以寻找一个新的起点,一个中国没有的或者被忽视的起点,创立出许许多多中国本土没有的新理论,哪怕仅仅是新看法。

对于男同志而言,明清小说《弁而钗》里有"其七寸中,亦有淫窍"之说,认为这就是男男性行为的生物学依据。我没查到西方人写过这个。这当然可能不是真的,但是我们不仅要知道有这种说法,还应该去探究甚至去实验,无论结果如何,都可以推进我们的认知。

性少数的这个思维优势,说起来容易做起来难。性少数的合理性与合法性的获得,只有两条路可走。

其一就是建立在"外延的变异"的基础之上,仅仅把多元性别视为二元对立的一种拓展,把性少数包含到性别这个传统概念之中去。

另外一条道路则是,从"内涵的异质"这个基点出发,寻找和论证

[①]《21世纪中国女性"盲从减肥"的社会文化原因》(2016),此文曾经投稿给某学术刊物,不料却被人盗走贴在网上,造成我反而无法发表,见 https://www.kuaihz.com/tid23/tid78_199171.html。
[②]《女性生殖健康与性:基于2000年、2006年、2010年三次全国随机抽样调查》(第二作者,2011)。

一个终结式的命题：性少数究竟在性质上（而不仅仅是在取向与行为上）与传统的男女有哪些区别，其根据又是什么。

通俗地来讲就是一句话：任何一种性少数，他/她们还是男人或者女人吗？例如男同性恋这个概念就是第一条思路的产物，就是说，这些人虽然是同性恋，但仍然是男人。可是如果把男同性恋作为"第三性别"，那就是第二条思路，就是说他们已经不再是传统的男人了。

性少数需要边界吗？这是性少数这个概念必然带来的问题。

首先，性少数的外延有没有边界？多元性别究竟有多少种？是可以无限增加，还是实际上存在着一个边界？

其次，从内涵上来看，每一种性少数之间，莫非都是一模一样的？如果不是，那么是不是存在着内部边界，需不需要划分清楚这些边界呢？

按照酷儿理论来说，多元性别根本就不需要边界，任何一种独特的现象都可以作为多元中的一元。这在政治斗争中有它的好处，甚至是必须的。可是如果这样，人类就不可能有任何一种分类，我们也就无法思考，自然科学与社会科学就会全部垮台。我们回到原始人，完全靠感性来行动，那样就好？

理性必然需要定义，定义必然需要边界。可是在现实生活中，那种无类别、不加划分的人类生存状况，却是最舒服、最令人向往的，而且被假设为必定是最平等和最自由的，也就是所谓的"返璞归真"。一切宗教都靠这个来吸引信徒，例如重返伊甸园的理想、死后上天堂的理想、下辈子更好的理想、得道升天的理想，统统都是这种主张。

可是，人类需要两种思维方式的共存：一切伟大的口号都是在说"应该怎么样"，人类在生活实践中却首先需要考虑"只能怎么样"。尤其在现今的中国，人们早就被更加精细、更加严格地分类、定义和命名，因此提倡"去类别的、无边界的多元化"固然很振奋人心，但是所有可操作性过低的口号，最终只能是自己消灭自己。

这就是理想主义与现实主义的区别。两者都存在巨大的风险：前者过头就是疯狂，后者过头则是僵死。中国目前的性少数运动正处于这样一个关口，无论是圈里人还是支持者都需要认真地思考。

多元性别的两个基本命题

基本命题之一：阴阳哲学＝异质同构，多元性别＝异构同质。

阴阳哲学给我们提出一个启示：阴阳是异质同构的，阴与阳，性质是异的，但是它是共同构造在一起的。由此推论，多元性别就必须是同质异构。也就是说，一切性少数，其实仅仅是被社会给构建成不同的类别（异构），但是性质是相同的（同质）。这个性质就是人，是人权。

如果能够这样来思考，那么阴阳哲学与多元性别就不冲突，而是相反相成，就会有利于我们促进性少数的平等权利。

基本命题之二：阴阳哲学＝过程协调，性别平等＝起点还是结果。

阴阳哲学强调，在发展过程中不断协调，以便达到中庸与和谐。它可以启发我们去反思：我们说的男女平等、多元性别平等，说的到底是结果的平等，还是起点的平等？还是在发展过程中不断实现的、阶段性的平等，也就是协调？这在社会学里已经争论了数十年，可是性研究领域还没有开始。

性社会学的元问题

人与人，如何被联结起来？

我们社会学研究的其实就是这样一个"元课题"，没别的。

从社会学的视角来看，以往我们都有一个"元假设"：人类是群居动物，因此人与人之间是天然、自然、必然地被联结在一起，因此目前那种越来越多的"独处"现象是不良状态，需要想办法来解决。可是，如果我们逆向思考一下：倘若人类的天性就是要独处，只不过为了生存而不得不联结起来集体劳动，那么现在生存问题不严重了，人类岂不是恰恰应该恢复个人独处的状态？例如，我们的元假设是人人都需要性，因此才会相互联结。可是现在"无性"的人越来越多，尤其是人工生殖、虚拟性爱、人工智能性爱普及之后，我们的元假设是不是还能成立？我们现在的一切研究成果，会不会被全盘颠覆？

呈现与解读，能做到吗？

我们研究性文化，先别去读西方著作，而是问自己下列两个"元问题"：我真的能如实呈现自己吗？我真的能理解任何一个别人吗？

第一个问题，至少绝大多数人是做不到的。所谓如实呈现，应该是没有自我操纵和控制的。如果写成文字，那就是我自己的一种主体建构。这并不是故意撒谎，而是我虽然希望让你看到一个原始真实的我，但是我做不到[①]。

第二个问题，真的理解别人，我能做到这一点吗？例如"夫妻假象"，就是两人很相爱，长相厮守一辈子，但是也会有一个互相的假象。这不是撒谎，是因为你爱他，你珍惜他，你知道他不喜欢这个，你就会不由自主地把这个方面给遮掩住，不让他看到。结果，长此以往，对方也就以为你真的是这样了。[②]

如此一来，我们性社会学所研究的一切个人或者文化现象，其实都是别人的表演。我们越是深入生活，越可能看到善意的假象。我们只不过是习惯成自然地在使用"社会现实"这样的话语，来支撑自己的学术合法性。总有一天我们不得不回答这个问题：你凭什么来研究社会、研究性？

性是可以理性分析的吗？

理性分析，就是能用概念、术语、语言、文字表达出来，能够进行逻辑思维。可是人类之性只是一种最强烈的感性体验，绝大多数人都是

---

① 本书也不例外。
② 我在为数不多的私下的婚姻烦恼咨询中发现，如果我问：你真的了解他/她吗？大多数丈夫都信心不足，含含糊糊。可是大多数妻子都信心爆棚，如数家珍。可往往越是如此，双方的冲突就越大。

只可意会不可言传。这就造成一个悖论：每个人都说不清自己的性究竟是什么样的，我却大言不惭地论证中国人的性革命与性化。我不知道这在哲学上是否可以，但是作为经验研究的性社会学，这个鸿沟必须加以解释和化解。否则，"一切都只不过是认同"的思潮就会把我们带到不可知论的阴沟里面去。

性，可能有一个文化吗？

性，如此私密与个体化的性，可能有一种文化吗？人们又是如何形成与传播性文化的？日常生活中的任何一个方面产生一种文化，我们都很容易理解，甚至"性关系的文化"也可以理解，因为大家都能看见它的种种表现。唯独"性的文化"莫名其妙。莫非人们互相参照着过性生活？

我这一辈子其实一直在想这个问题，最终在《性社会学》这本教材里专门写了"语汇，建构着我们的性"和"行为训练的构建"。其主要意思就是说，性文化不是直接传播的，而是靠着消除骂人话和"像样"的行为训练，才形塑出每个个体的具体的性行为方式，最终汇聚成一种看不见摸不着却真实存在的性文化。

方法论的再出发

四大进展

21世纪以来国际上后现代方法论的兴起，在我们性社会学领域中，突出地表现为四大进展。

1. 从测量单位的视角来看，从个体（行为当事人）走向双方（行为的互动）再走向网络（整体化的存在）。

2. 在调查对象的角度上，是从单纯的行为本身，走向对于该行为的解释，再走向当事人的行为逻辑。

3. 在考察指标角度上，是从人口特征走向所处情景再走向文化环境。

4. 在分析因素的视角上，是从客观事实走向主体感受再走向价值意义。

从生存体验开始研究

我以为，性社会学的主要研究对象，既不是简单的社会设置（规范与制度），也不是具体的生活实体（具体实践），而是这两者之间的关系和运行机制。这样，社会学才能区别于关于法律的各个学科，也区别于关于人类心理/行为的各个学科，并且在两者的夹缝之中求得生存与发展。

可是，在性这个领域里，法学和心理学还没有发展起来。性社会学又怎么能搭得起来？结果，我经常遇到的问题，不仅是很难知道人们实际上在做什么，往往也很难知道，这个社会的各种规范，实际上是什么样。例如，无论传统还是现在，中国社会的"性生活道德"（而不是"性关系道德"）究竟包括什么内容，几乎没有任何文字资料可查。直到现在，主流社会在这方面究竟要提倡什么、制止什么，也只能查到很少的"原则话"。在许多情况下，这些话的最主要功能仅仅是政治表态，恐怕连表达意愿的功能都很少了，更谈不上操作意义。

当然，仅仅描述清楚这种从"无为而治"到"表态游戏"的变化，也许就足以作为性革命已经成功的定性依据，可是恐怕也不过如此而已。我怎么才能提出自己所向往的"纯粹性社会学"的假设呢？没有好的假设，我又瞎调查什么劲儿呢？

我困惑于此，困阻于此，只好借用我的朋友郑也夫的话，责令自己从"生存体验"出发，先不去规范它，做了再说。

人们实际上都生活在社会设置与生活实体之间的夹缝里。人们在性方面的绝大多数烦恼与幸福，其实主要也来源于这种夹缝式生存的状态，而不仅是来源于生理情况或者双方关系。所以，人们的切身体会，可能恰恰是研究夹缝两边的相互关系与运行机制的最佳切入点和突破口。

对于性社会学这样一个既缺乏研究基础又难以做规范研究的"前学科",恐怕也只能如此这般了。

虚拟之性:走向"非性"

虚拟之性大规模实现之时,人类还需要婚姻吗?还需要真人之间的性生活吗?天啊,对于希望保持传统道德和生活方式的人们来说,这难道不是比"性混乱"更加现实的威胁吗?

从学术上说,如果此事成真,性生物学就将反攻成功,甚至把性社会学一笔勾销。因为按照电脑大亨的说法,甭管你是白人黑人、穷人富人、男人女人,只要你进入虚拟现实,就会见异思迁、忘恩负义,来上一段"镜中缘",还会飘飘欲仙、如醉如痴,胜过"人间烟火"。什么社会教化,什么忠贞情爱,统统都会烟消云散。

其实,在性社会学看来,即使此事成真,且不论有多少人会用它来取代真实的性生活,就是仅仅在生理上,也只会有一部分人产生这样的效果。这是因为,人类对于外界的性刺激会做出什么样的反应,其实也是一种社会行为,甚至可以说,人类的哪些部位对外界的性刺激更敏感,也是被社会化过的。

举些人尽皆知的例子:有的男人一有外遇就阳痿,可另一些男人却是只跟老婆才阳痿。过去的一些女人,奶过十个孩子,也没发现自己的乳头跟性有什么关系;可现在的一些女性,青春期刚到就会自己摩擦乳头以便获得性高潮。这些,能说是生理的必然吗?

归根结底,那些一直被认为是生理本能的现象,那些被生理学甚至解剖学反复证明过的"性器官",其实也是社会存在的产物,从广义上说,也是一种社会行为。

这个命题,从学术上来说,石破天惊的意义并不亚于"虚拟现实"给人类实际性生活所造成的冲击。它已经是性社会学在向生物学"侵略"了,将使人类不得不重新认识自己的肉体,不得不更深刻地质疑(纯自然科学意义上的)"科学"。

我的未竟之业

我临退休前曾计划专门写一本书，叫作《性的猜想》，就是列出许许多多值得研究的性现象和性问题，写清楚研究它们有什么理论价值，有什么创新意义，应该如何设计这个研究，应该如何具体操作，应该如何总结和发挥。总而言之，就是把我这一生能够想到却来不及做到的性的研究，统统留给后人，连路也留下。希望它不仅成为一个性研究的"课题指南"，也成为一个"操作手册"。也就是说，这不是我的研究成果，而是你的研究方案。

可是等到我真的退休了才体会到，什么叫有气无力。再加上我自己很早就下定决心，百分之百全退，绝不饶舌，换个人生，所以只在本书的"2017，理论探求不负勇往"这一章挂一漏万，既是记录遗憾，也是诚致歉意。这是因为人老思祖，我想起我的外祖父卫聚贤[①]的话："想做而不得做，时之过；能做而不去做，我之错。"

[①] 董大中《卫聚贤传》，三晋出版社，2018年。

附录：一个性社会学家的自我修养

2014年3月，潘绥铭退休了。在他从事性社会学研究的30年，正是中国人性观念和性行为发生剧烈变革的30年，他是怎么做研究的？怎么看这些年来中国性观念的变化？

潘绥铭的办公室位于中国人民大学社会学系第一间，门牌号400，听起来像是个编外所在。与其说这里太过简陋，倒不如说主人不大讲究。不知何故，空调外挂箱稀里糊涂地摆在楼道里（不知环境学院的人看见会作何感想）。办公室里是一些陈旧的家具，一面挂钟的指针始终指向两点。另一面墙上则是学生赠送的横幅：师恩如山。这幅字因为反着念也通，因而显出了几分喜感。

第一次采访时，我很自然地坐到他办公桌对面。他指指与他相邻的那一侧："坐这儿不是更好吗？"我知道这种90度的格局比起面对面会让双方更放松一些，显然，他比我更重视交往中的细微之处。

潘绥铭是我见过少有的既快人快语又善解人意的人。他说起话来富有节奏，而那张卡通化的脸则强化了这种表现力，他是个天生的演讲者。几个月前的一个秋夜，北京彼岸书店举办的一次读书沙龙请他去讲"我们时代的性与爱"。主持人致开场白时说："今天晚上我们的主题是性，可能在很多人看来，性是一个神秘的、难以启齿的话题……"他接过话筒："对性还觉得很神秘的有吗？小孩都不（觉得）神秘了吧。"众人哄笑。

潘绥铭的口才在人大是出了名的，从十年前到现在校内流传的各种版本"四大名嘴",里头都少不了他。

在研究性30年后的今天,潘绥铭称自己的神经仍能被轻易撩拨:孩子们提到"菊花"都会让他"一颤",网上也是"爆菊"乱飞。"这个事怎么会这么多中国人都知道了?"他感叹道。

这几年临退休,他发现自己的课没过去那么热了。虽然他也说过自己的终极目标是"没有一个人来听他的课"——这意味着性不再稀奇,但对一个热爱讲台的人而言,台下学生不咸不淡的反应却也让他有些落寞。"体制把人训练得越来越面具化,这么小的孩子都喜怒哀乐不形于色。儒家多少年都没练出来,现在咱们给练出来了。"

大众传媒送给他"中国性学第一人"和"性学教父"两个称号,但是他不认可第一个,说是因为"文无第一武无第二"。

他在20世纪80年代就已成名,不断被人请去,开性问题的讲座,听众是大学生、社会团体、妇女组织,包括医科大学的博士生。他在报刊上开专栏,甚至还客串过一阵心理咨询师的角色。可以想见,在精力最旺盛的中年,他曾以普罗米修斯般挥洒热情去填补社会对性知识的需求。

属于80年代的那种理想情怀,支撑着潘绥铭熬过了90年代的前几年。"救国救民啦,促进社会改革啦,这些情结我那时候还是有一点。"潘绥铭说。对于将个人与国家命运紧密联系,李银河的解释是:"因为在我们青春期的时候,中国乱得实在不像话,大家的命运都跟这个连在一起,你想不关心都不行。"

大约在1995年之后,潘绥铭的想法开始有了变化。"学术做多了,你就会明白学术这个东西,就是为了小众而做。爱因斯坦现在都没几个人能真正理解。所以明白了这个你就心安了,不急功近利了。否则你对社会现实会很失望。你都抱着改变中国的(动机),那中国没变你不活了?"

潘绥铭开始了他学术生涯中最为重要的两项研究:红灯区考察和针对中国总人口性生活和性关系的抽样调查。他慢慢减少了在媒体上露面的次数,专注于自己的"一亩三分地"。

李银河曾跟潘绥铭感慨道:在理论上我们都是残废。潘老师接茬说：你是残废，那我就是弱智了。你好歹在美国拿的博士学位，我可没有。潘绥铭也不讳言他们这代学者的理论功底不如他们的弟子："韦伯到哈贝马斯，他们都背得溜溜的，我是基本上都不太知道。"

你能听出他并不太在乎这些理论。他并不掩饰对空谈理论者的鄙视："很多人读书读傻了，满脑袋理论，没有一个是从生活中来的。"

"这叫时代烙印，最年轻时候的东西往往起作用更大。"潘绥铭说，"实地调查是革命话语灌输给你的，西方当方法论来学，可是50年代长大的中国人都知道这个，没有调查就没有发言权。"

即便在学术专著中，潘绥铭也不放过嘲弄他的同行们（国内和国际）的机会。他根据团队多年调查经验写出的《论方法》一书，在严肃探讨社会学本土调查经验之余，极尽嬉笑怒骂吐槽之能事，批判学界研究中的各种荒诞。自然也顺带挤兑下媒体："大众传媒一介绍某个调查，就喜欢说调查者千辛万苦顶风冒雨，就好像在表扬一个边远山区的邮递员。这实际上是在贬低调查者，难道学术研究只需要克服物理上的困难就可以了吗？"

潘绥铭自己也承认，他们这代学者在学术训练上不如晚辈规范。"有些人会说他没有学术味道，但这是他的风格。"黄盈盈说，"我们这代人科班出身，缺的可能是对问题的见解，这方面是潘老师的强项。"潘绥铭常告诫学生的一句话是："与其细节上精益求精，不如在分析中入木三分。"

他对"理论派"轻蔑的底气，恐怕来自于他持续20年的实证研究，还有据此写成的39篇英文论文还得以在国外发表。

1998年，潘绥铭在广东东莞完成了他的第一次红灯区社区考察。他说："跟普通人接触多了，你就明白，就算要救国救民，也得他们自己来，不是我来救。"

我问他什么叫救，"争取他最好的前程啊，这就是最好的救。"他举了个例子，"你看咱们一个局外人的想法，对小姐来说什么是最好的？越了解就发现真是多样化，有的人真想在这里面解决婚姻问题——在嫖客里找个老公。她的逻辑是：他嫖过我，所以谁也不嫌谁。在咱们这种干净社会中，从来没有想过这个。"

在一次预防艾滋病的调查中，有个矿工曾笑话他："我们明天都不知道会不会被砸死，你还问我戴不戴安全套？"这让潘绥铭感叹缺乏对方的生活体验，老手也会问蠢问题："另一个世界的事情咱们想都想不到，世界是在不确定而非确定性上建立起来的。"

就在他潜心做研究的这十几年间，各类草根组织和 NGO 风起云涌。某种程度上，他们是其在早期扮演社会启蒙角色的接班人，但潘绥铭并不会因此而得到晚辈的敬意，曾有年轻人当着他的面骂："你们就会自娱自乐！"

此时的他表现出良好的分寸感："我想我要是二十多岁的时候，我也是会这么骂别人的，不稀奇。"这句话听起来既有老者的风度，又因其感伤的口吻引人同情。接下来他说道："可是做一个研究如果不是自娱自乐，它一定做不到今天，一定坚持不下来。"

人物周刊：所以你是悲观派？

潘绥铭：不，我根本上来说是乐观派，乐观派你才可能宽容。

人物周刊：但你老是用糟糕这个词。

潘绥铭：这是社会学的训练，社会学的问题意识，一说问题就往往是负面的，问题本身就带有负面含义，这也是社会学带来的。历史学可不这么看问题。

人物周刊：你选择历史学的角度？

潘绥铭：对，要没有这个角度的话，那么看什么都是问题，看什么都糟糕，那我就一定成为保守派了。从保守派角度我也能写无数文章来批判：性爱分离，没有爱了，那个性不就变成动物性了嘛，很多人都这么说。要站在将来批判现在，就是历史学了。所以历史学更深刻就在于这儿，它纵观至少两千年，思路和思想就不一样了，它不会局限在现在来看。

人物周刊：之前有人说你 50 岁会变成儒家，变了吗？

潘绥铭：我也不知道。如果跳出自己来看的话，也可能。我为什么从阶级斗争逐渐走向宽容、多元等，说不定真是受儒家的影响。因为儒家总体就是中庸嘛，摆平嘛，不要太极端。生命周期不是你能抗拒的。人越来越保守，很少有人能跳出去。所以要保持激进状态，只是激进的目标不一样，仍然保持一个奋发向上的精神状态，但具体做研究针对谁不一样，就是不要搞阶级斗争。

人物周刊：黄盈盈说现在网上的段子你比她知道的还多。

潘绥铭：我是专门看黄段子，或者是笑话段子，其实就是为了尽量别落后。

人物周刊：有一段时间你还自己来写段子，是吧？

潘绥铭：那是为了预防艾滋病，功利性太强了，写一点段子，因为段子才真的有影响。

人物周刊：后来怎么样？

潘绥铭：后来被一个家伙抄袭去冒领奖了，然后评委又是我。后来奖还是给他了，他拿走我不拿，这就叫自得其乐，谁都不知道，但我知道这是我的原创，就行了。我做了点贡献，奖谁拿走不重要。

1月31日之后，潘绥铭就可以正式开始自己的退休生活。尽管他享受演讲，但并不热衷于社交。每天在家读书、上网、思考。潘绥铭是个军事迷，号称已经看完了网上能找到的所有战争片，他觉得德国拍得最好，"因为他们是战败国"。得闲他还会玩玩"战地1942"，那是2003年的一款电脑游戏①。"这个游戏有个好玩的地方，就是每个敌军在被打死的时候会显示他的名字。"他介绍自己在这款游戏中发现的"意义"："它能让你意识到，你打死的不仅是敌军，还是跟你一样有名有姓的人啊。"

2014年1月28日《南方人物周刊》记者张雄采访（实习记者谢思楠、姚梧雨童、郑宇亦有贡献），此处是节录，有少许改动

---

① 潘绥铭注：这是第一人称的射击游戏，被全世界的发烧友们一直更新到2018年10月。我也一直追到现在。